七步构建高效协同的组织

[美] 理查德·伯顿　　　　[丹] 伯格·奥伯尔　　　[丹] 多尔特·多伊巴克·霍孔森
（Richard M.Burton）　　　（Børge Obel）　　　　（Dorthe Døjbak Håkonsson）

[加] 鲍勇剑　著

ORGANIZATIONAL DESIGN

A Step-by-Step Approach

中国人民大学出版社

· 北京 ·

特别鸣谢

复旦大学商业文明和共同体研究所

　　我们把这本书献给从事管理实践的专业人士，他们身处世界各地，有丰富的经验。不同行业的管理实践推动新知识的产生，新知识又为管理实践提供指导，从而推动社会的进步。无论我们的文化背景如何，管理都在促进向善的意识的形成，这种意识在环保、减碳、经济可持续发展等理论与实践中表现得尤为突出。

　　新形势下的管理实践特别需要理论的指导。组织设计理论来自多年来人们对组织表现的研究。它告诉我们如何设计一个组织。本书提出的科学理论以近一个世纪的研究为基础，我们称之为组织设计的多权变模型。

　　作为企业的领导者，他们不仅想知道什么是错的，为什么是错的，更希望知道怎样去做。理解有价值，解释很重要，影响最大的是改变。在这本书中，我们系统地探讨了实践者关心的问题。我们从组织的目标开始，然后评估战略，介绍对环境的理解，分析结构，识别领导风格，观察组织氛围并审视激励制度。利用专业经验和组织设计理论，本书分析了组织中哪些工作做得好，哪些工作做得不好，或者根本没做。好的组织设计支持组织协同；而差的组织设计会掩盖真正的错误，降低绩效。组织设计不仅是对错误的诊断，还能纠正错误的行动。

　　本书提出了一个系统的、多权变的组织模型。贯穿全书的基本理论是信息处理模式，简言之，谁和谁谈什么，谁做什么决定。本书为组织设计的实施提供了一个框架，将这一过程分为七个基本步骤：（1）评估目标；（2）评估战略和环境；（3）分析结构；（4）评估流程和人员；（5）协调、控制和激励；（6）设计全系统架构；（7）实施变革。每一个步骤都与多权变模型的九个组织部件相联系。本书还提供了一个匹配这些组织部件的逻辑思考过程。对于关注组织变革的经理人或高管，以及希望了解组织设计原理的 MBA 和 EMBA 学员来说，这是一本理想的指南。本书收录了多个中国企业的案例，以帮助读者更好地理解理论框架。

自 2008 年金融危机之后，世界的变化更微妙。然而该组织设计的基本原理通过了抗风险测试。测试表明，循序渐进的、动态权变的模型更有实践价值。本书提出的模型也与时俱进，引入了智能机器人和人工智能的概念。我们以前认为"谁"是一个人，但现在我们有了自然人代理和智能机器人代理。人工智能可用于实施和修改组织规则。智能机器人在银行、会计、医疗保健和人际沟通等领域得到广泛应用。当然，智能机器人早已被用于制造业，但在服务领域，智能机器人还是新事物。也就是说，代理人，无论是自然人还是智能机器人，都是组织中的信息处理媒介。

我们的组织设计也考虑到了新的组织形式及其影响。例如自组织团队、没有明确等级制度的无老板组织、能够快速适应新情况的敏捷型组织、挑战时区和工作流程的虚拟组织，以及兼顾效率和效用的双灵活组织。对于组织设计来说，这个激动人心的时代给我们带来了新的问题、新的见解，并为实施好的组织设计提供了一个新的扩展空间。

有一种趋势认为这些新的组织形式与传统的组织形式有很大的不同，我们认为这些新的组织形式是信息处理理论的衍生品。不管是什么组织形式，基本的组织设计挑战仍然是把一个组织的大任务分解成更小的单元，这些单元必须协调以实现整体的统一表现。多权变模型及其九个组织部件的设计是一种着眼全局的方法，它同时适用于设计传统的和新的组织，以提高代理人处理信息的能力。

本书也是持续改进和全球合作的结果。

第一版付梓不久，作者之一，格里·德桑克蒂斯（Gerry DeSanctis）去世。格里很有魅力，极富耐心，总是鼓励大家。她极其善良，也讲求纪律性，坚韧不拔，意志坚定。她对学生充满热情，是一个有人格魅力的老师。在合作写这本书的过程中，她让我们在工作和精神上都深受教益。

丹麦奥胡斯大学的多尔特·多伊巴克·霍孔森（Dorthe Døjbak Håkonsson）教授加入到第三版的写作中。我们在组织设计方面的合作研究已经超过 20 年。我们在期刊上发表的文章和其他相关研究为这本书提供了新的见解和想法。

2022 年，加拿大莱斯布里奇大学迪隆商学院终身教授鲍勇剑加入。他负责对中文版进行更新和改写。鲍教授从 2001 年开始参与 EMBA 教学，曾经是上海交通大学和南京大学 EMBA 客座教授。自 2009 年，他担任复旦大学管理学院 EMBA 特聘教授。鲍教授为中文版带来多个中国本土案例，并对全书做了梳理，以符合中文版读者的思考习惯。

经过长达 18 年和 4 个版本的打磨，本书的模型和变量经受住了各种各样的实践检验。我们也期待中文版读者的反馈和建议。一部经典作品需要持续精进。

理查德·伯顿（Richard M. Burton）是美国杜克大学福库商学院的组织与战略荣誉教授。理查德在《组织科学》《管理科学》《行政科学季刊》《战略管理杂志》等期刊上发表了多篇文章。他是丹麦奥胡斯大学的荣誉博士。

伯格·奥伯尔（Børge Obel）是丹麦奥胡斯大学管理、商业和社会科学系以及组织架构跨学科中心的教授，也是布鲁塞尔欧洲管理高级研究院（EIASM）的教授。伯格在《战略管理杂志》《组织科学》《行政科学季刊》《管理科学》等期刊上发表了大量学术论文。

多尔特是丹麦奥胡斯大学管理、商业和社会科学系的教授，也是组织结构跨学科中心的负责人。她是《组织设计杂志》的副主编，也是组织设计社区的董事会成员。多尔特在《战略管理杂志》《加利福尼亚管理评论》

《长期规划》等期刊上发表了多篇文章。

鲍勇剑是加拿大莱斯布里奇大学迪隆商学院的终身教授，复旦大学管理学院 EMBA 特聘教授。鲍勇剑在包括《管理季刊》和《世界商业杂志》在内的国际管理学期刊上发表了 10 篇文章，在其他期刊上发表中英文学术文章 52 篇。鲍教授有丰富的实践经验，曾担任万华化学集团股份有限公司和天平汽车保险股份有限公司的独立董事。他出版了 9 本管理专著，还是界面新闻、澎湃新闻、第一财经、彭博新闻社的专栏作家。

剑桥大学出版社和中国人民大学出版社的许多编辑是本书坚定的支持者。孙偲、丁一、杨扬老师为了中文版的问世付出诸多心血。受益于各位老师的许多修改建议，中文版无论是在结构上还是在内容表达方面都有明显提高。作者与编辑始终是一个团队的成员，编辑往往是幕后英雄。

理查德·伯顿

伯格·奥伯尔

多尔特·多伊巴克·霍孔森

鲍勇剑

步骤2 评估战略和环境

步骤 3 分析结构

第四章
公司的传统结构 / 093

第五章
新组织形式 / 137

步骤 4　评估流程和人员

第七章
领导风格和组织氛围 / 191

第十章
设计结构和协调措施 / 266

步骤6　设计全系统架构

第十一章
设计架构和变革顺序　/　295

步骤 7　实施变革

步骤 1

评估目标

第一章

评估组织的经营范围和目标

⚙ 组织设计的挑战

对每一位高管来说，组织设计都是一项持续的挑战。无论是一个全球公司还是一个小型团队，组织设计都有多种形式，例如矩阵式、模块化、蜂窝式、网络式、联盟式、协作式或意面式，组织需应对的情况包括全球化、跨境竞争、管制放松、可持续发展、地缘政治风险以及不断涌现的新技术，例如数字化、人工智能、机器人技术和机器学习等。新技术推动着组织的持续变革和重新设计。数字化就是一个例子，它推动传统公司转型为数字公司。数字公司是一个总称，指的是那些通过数字网络和数字流程，与员工、客户、供应商和其他外部人员建立核心业务关系的组织。数字公司可能是新成立的，也可能是由传统公司转型来的。

尽管形式多样，但组织设计的基本原则是一致的。首先，组织——无论是数字化组织还是其他新颖的自组织——都需要正式的设计。其次，设计围绕下面的基本问题展开：我们的目标是什么？基本任务是什么？谁做哪些决策？沟通结构是怎样的？激励制度又是怎样的？谁能获得资源？谁承担责任？当然，就决定谁在什么时候做什么而言，在今天的企业中，

"谁"可能是一个人、一个团队或一个智能机器人，"做什么"可能是指提供基于云的服务，而"在什么时候"可能由变化越来越快的需求决定。

组织设计的基本原则也得到了其他研究成果的佐证。许多组织的形式并不是全新的，而是与早期的类型学一脉相承的，如有机和机械组织类型以及横向与垂直关系的分类。同理，虽然现代企业实现差异化和整合的方式已经改变，但解决差异化和整合的问题仍然是最基本的。同时，对组织设计和绩效之间关系的研究表明，大约30%的绩效变化可以由组织设计来解释。因此，正确的组织设计非常重要。糟糕的组织设计很容易导致内部角色混乱、职能部门之间缺乏协调、员工不能分享想法、高管决策缓慢，甚至带来不必要的复杂性、压力和冲突。

下面用私人领域和公共领域的几个例子来证明上述观点。

在2018年的年度报告中，微软（Microsoft）首席执行官萨提亚·纳德拉（Satya Nadella）表示：

> 我们的使命是让地球上的每个人和每个组织都能取得更大的成就。我们的商业模式取决于如何帮助客户和合作伙伴取得成功。我们立足于为每个社区创造经济机会，帮助释放技术的力量，以解决客户面临的最重要的问题。我们的平台和工具使所有人都具有创造力，有助于提升小型企业的生产力、大型企业的竞争力和公共部门的效率。我们的平台和工具还支持初创企业改善员工的教育和健康状况，并增强人类的创造力。我们的目标在于帮助客户取得成功。

这是一个关于效用而不是效率的外向视角。然而，在一个竞争非常激烈的市场中，微软确实还同时关注成本和效率。这一点从微软2023年1月的大裁员中可以反映出来。微软正在从一个产品公司转变为一个服务公司。微软销售硬件产品，如微软游戏机（Xbox）和微软电脑（Surface），但也提供云服务，如 Azure 和 Dynamics。微软需要在效用和效率之间寻找平衡。

丹麦奥胡斯大学（Aarhus University）约有 40 000 名学生和 10 000 名教职员工。几十年来，奥胡斯大学的组织设计非常稳定，整体结构变化不大。自 2010 年以来，奥胡斯大学进行了一系列重大变革。先是通过合并老的奥胡斯大学和六所较小的研究型和教学型大学，以及国家研究机构，建立了新的奥胡斯大学。随后，为了支持合并和新的战略，奥胡斯大学进行了彻底的重组，打破院系孤岛，意在支持跨学科的研究和教育项目，以应对教育国际化的挑战。其组织结构从部门型改为矩阵型，有 4 个学院，4 个学院分别下设教学、研究、人才培养和知识交流中心。此外，许多院系单列的行政部门改为一个全校统一的行政与服务中心。2016 年，奥胡斯大学任命了一位新校长。他所做的第一件事就是启动了一个新的战略，结果行政结构又回到了 2010 年之前的状态。2019 年 1 月，这位校长宣布了另一个战略，对院系结构再次进行调整，划分更多院系，而不是之前的 4 个。他给出的理由是调整是基于对内部效率和效益问题以及国际高等教育领域的变化的考虑。战略调整了，组织设计也要跟上。

再举另一个公共领域的例子。2007 年，丹麦政府决定重组急诊部门。这次重组开启了一系列重大变革，历时数十年。在此期间，政府新建 26 家医院。这些医院采用了当时新的建筑布局和标准，包括配套的信息系统。同时，60 多家旧医院进行了设施改造，以保证服务流程和标准的一致性。新医院收治病人不再按照疾病种类分科，而是统一在急诊部门初步诊断，随后再分配到不同的科室。医院做出这个重大变革的原因是人口老龄化和伴生的复杂疾病越来越多，统一收治更利于对病情做综合诊断，然后提供系统的治疗方案。不过，这样一来，丹麦急诊部门的组织结构、人员配置、决策规则、信息系统都需要重新设计，以支持新战略目标的实现。

博柏利（Burberry）是另外一个基于数字化转型的例子。博柏利花了几年时间创建了一个中台计划来整合其信息系统，之后便专注于数字营销，

将其年度营销预算的很大一部分拨给数字媒体。博柏利用 11 种语言改版了
Burberry.com；与推特（Twitter）合作开发了推特走秀（Tweetwalk），直播
时装秀；与谷歌合作创建了博柏利之吻（Burberry Kisses），允许客户捕捉
和发送他们的"吻"给世界上任何一个人；还与中国的社交媒体平台微信
合作。随后，博柏利开始与科技公司合作将"零售剧场"的概念变为现实，
实现了向全球门店播放丰富的内容。数字技术的应用令博柏利品牌更具活
力。所有销售人员都配备了 iPad，客户能看到全球所有的产品系列。客户
被邀请现场观看时装秀，并可以立即在 iPad 上购物并在 6～8 周内收货。
该公司还在客户服务方面进行了大量投资，在门店里和网站上对销售人员
进行培训。在网站上，客户可以一年 365 天、每天 24 小时用 14 种语言点
击"呼叫"或与客户服务代表聊天。

　　这些举措为博柏利提供了大量的数据，因此，下一步是提升分析能力
来处理和使用这些数据，以便更深入地了解客户的喜好。博柏利的数字化
转型在 2014 年达到了顶峰，但没有达到预期的财务效果。2015 年和 2016
年的收入有所增长，但利润下降了。回顾这段时间的组织设计，博柏利有
一个矩阵型结构，并且为了整合业务、人力资源和设计，贝利（Baily）同
时担任首席执行官和首席设计师。2016 年，博柏利聘请了一位新的首席执
行官，贝利继续担任首席设计师。首席执行官和首席设计师都向董事会主
席报告。一些媒体对新结构表示担忧：博柏利是否在用一个不合适的结构
替换另一个不合适的结构？直到 2018 年，博柏利的情况才有所好转。数字
化转型中，怎样的组织设计更符合公司的需要？这仍然是值得博柏利高管
思考的问题。

　　类似的组织结构变革在中国国有企业实施股份制改革和开展市场化运
营过程中比比皆是。中粮集团就是一个成功的例子。

　　中粮集团于 1949 年成立，是中国最大的粮油食品公司，也是集农产
品贸易、物流、加工和粮油食品生产销售为一体的国际一流粮商，在全球
范围内布局产业链，为全球近 1/4 的人口提供粮油食品。中粮集团连续 29

年入围《财富》500 强企业，2023 年位列第 87 名。70 多年来，中粮集团经历了四个重大发展阶段，基于每个阶段的环境条件和公司战略，它选择了不同的组织结构。

第一个阶段是 1949—1987 年。中粮集团的前身是华北对外贸易公司，于 1949 年在天津成立，1965 年更名为"中国粮油食品进出口总公司"。彼时其组织结构按照大宗农产品的来源和调配，分设华北粮食、华北油脂、华北蛋品、华北猪鬃、华北皮毛、华北土产等业务处。在计划经济体制下，公司主要服务国内市场。

第二个阶段是 1988—2004 年。20 世纪 80 年代中后期，国有企业改革不断推进，外贸体制改革逐步展开，要求外贸公司"自负盈亏、放开经营、工贸结合、推行代理制"。1988 年，各地粮油食品分公司与总公司正式脱钩，由此，中粮集团开始由单一的政策性贸易公司向市场化的实业公司转型。1989 年，中粮集团首次提出"综合性、多功能、集团化、国际化"的战略目标，重在追求效用。为适应新环境和新目标，中粮集团逐步将业务处改组为子公司，从管理职能调整为经营职能，由子公司开展外贸业务。1993 年，中粮集团在香港上市，1998 年改制为国有独资企业，更名为"中国粮油食品进出口（集团）有限公司"，2004 年更名为"中国粮油食品（集团）有限公司"，不再带有"进出口"这一贸易公司的标签，成功转型为市场化的实业公司。

第三个阶段是 2005—2015 年。21 世纪初，随着中国进出口经营权的放开，国际粮商巨头进入中国市场，抢占市场份额，外部竞争加剧。与此同时，集团内部的管理问题逐渐显现出来：上一阶段的业务多元化战略导致内部矛盾增加和协调成本提高，集团业务种类超过 50 种，业务线并不清晰。2004 年，宁高宁担任中粮集团董事长，提出"有限相关多元化、业务单元专业化"，即重新梳理业务逻辑、审慎扩张、精简业务并推进专业化。2005—2006 年，中粮集团按"有限相关多元化"的理念合理扩张，通过重组或收购进入番茄酱、甜菜糖加工产业和生物质能源产业；2008 年第一个大悦城开业；2009 年公司进入信托行业，同年收购蒙牛进入乳制品行业，创办"我买网"进行线上销售。2006 年，中粮集团按"业务单元专业化"的理念将原有的 43 个业务单元整合为 34 个，次年将它们调整为 9 大板块，由总部直接管理，鼓励每个板块上市。变革前，中粮集团的业务群和并购公司是缺乏统一目标和管理的独立经营的业务单元。而变革后，9 大板块享有统一的后台，协同能力、价值链管控能力增强，同时拥有经营自主权。这一变革坚持客户 / 产品 / 服务导向，整合了前端资源，形成了效率更高的部门型组织，有利于打造核心竞争力。2009 年，宁高宁提出打造从田间到餐桌的全产业链——种植、仓储、物流、加工、贸易以及品牌建设、客户管理等，通过全产业链协同提升竞争力。中粮集团先后并购中国华粮物流集团、中国华孚贸易发展集团等国企以及蒙牛，重组中粮粮油和华粮。在生产方面，中粮集团先后打造了 5 个中粮产业园。与此同时，中粮集团加快"走出去"的步伐，收购智利和法国葡萄酒主要产区的酒庄，并购澳大利亚第四大糖厂 Tully、来宝农业和荷兰尼德拉农业，成为大型跨国公司。然而，过快的扩张步伐导致集团下属公司数量剧增，管理层级繁多，四五级子公司众多，同时业务分散，出现"主业不稳、专业不精"的管理难题，许多子公司业绩下滑。随着快速大规模扩张，集团营收增长而利润率止步不前。

第四个阶段是 2016 年至今。公司高层深化改革，中粮集团成为世界领先的大粮商。在 2014 年成为首批国企改革试点的央企之一后，中粮集团于 2016 年发布国有资本投资公司改革方案，正式启动改革。2017 年，赵双连接任中粮集团董事长，调整全产业链，聚焦核心业务，突出效率目标，旨在降低成本、夯实核心竞争力。此次改革，中粮集团明确了成为全球前三的国际化大粮商和世界领先的综合性食品公司的定位。按照"小总部，大业务"的原则调整组织架构，形成"集团总部资本层—专业化公司资产层—生产单位执行层"的三级管控架构。集团将总部的职能部门从 13 个精简为 8 个，将分散的大量子公司组建为"18+1"个专业化公司，聚焦粮、油、糖、棉核心主业进行专业化经营。专业化公司享有人事权、资产配置权、生产和研发创新权、考核评价权及薪酬分配权五大类关键权利。总部主要通过派驻专职董事、监事进行管控，不直接干预公司经营决策和业务运营。中粮集团在合理扩张核心主业的同时逐步剥离低效的非主业（包括涉及包装、土畜产、地产等业务的亏损子公司），优化资产配置。

经此改革，中粮集团盈利能力大幅提升。营收逐年增长，净利润自2016 年以来增长态势良好，尤其是 2016 年、2017 年在营收增速一般的情况下，净利润同比增速超过 100%，这是公司改革取得成效的有力证明。到 2022 年，中粮集团已成为全产业链的国际一流粮食公司。

中粮的发展历史表明，公司战略和组织结构设计要随环境变化而变化。

对组织设计有重大影响的新技术还包括人工智能和机器人技术。人工智能是指通过开发计算机程序来完成一些依靠人类智慧才能完成的任务。人工智能可以解决学习、感知、语言理解和逻辑推理等问题。特别是，人工智能在模式识别和预测方面表现非常出色。机器人是可编程的机器，通常能够自主或半自主地执行一系列操作。机器人通过传感器和执行器与物理世界互动。人工智能机器人是由人工智能程序控制的机器人。它可在生产、服务和营销活动中使用，代替了部分白领和蓝领的工作。云计算能力的提高、大数据以及包括摄像头在内的新传感器的发展，给人们提供了新的互动方式。希尔顿酒店的康妮（Connie）、丹麦银行的客服聊天机器人和海底捞的送菜机器人都是人工智能应用的例子。

优步（Uber）在人工智能方面付出了巨大的努力。一个专门的 AI 团队为整个优步开发 AI 解决方案。优步希望通过数据可视化推动服务差异化和提升业务效率，还希望客户与人工智能产品的互动能够像与朋友交谈一样自然，因此需要利用传感器来感知现实，需要开发算法来解决客户的首要痛点。在利用人工智能技术帮助实现碰撞检测和提高位置准确性等创新功能之后，优步向司机赠送手机支架，以提高驾驶安全性。在美国和加拿大，有近 100 万名活跃的优步司机没有主管，算法经理能看到他们所做的一切。乘车平台记录各种个性化的统计数据，包括乘车接受率、取消率、登录时间和完成的行程。此外，平台还会显示选定的统计数据以激励司机，如"您超过了 90% 的同事！"类似的应用也体现在滴滴打车软件中。

如果说机器人主要带来效率和成本优势，那么有预测能力和建议功能的人工智能则带来新能力、新价值和新效用。自动化和增强功能是人工智能提升效率和效用的两大方向。人工智能正不断满足组织设计的新要求。

北京致远互联软件股份有限公司（以下简称"致远互联"）是一家在上海证券交易所科创版上市的协同软件公司。20 多年前，从协同办公软件起家，致远互联为客户公司的办公、业务、运营协同提供了一个低代码的平台。它的 5 万个商业客户可以在这个平台上搭建各种应用，为实现办公自动化和数字化服务。2023 年，人工智能大模型 ChatGPT 出现后，致远互联立即面临颠覆性的挑战。无论是低代码平台、专业知识图谱，还是特殊流程应用，新的人工智能技术都可以迅速生成替代的产品和服务。尽管人工智能还需要大量的专业训练数据，而且模型的优化也需要时间，但致远互联的高层知道，人工智能对公司核心竞争力的冲击是巨大的。

与其抗拒，不如拥抱。致远互联看到人工智能可以极大地提高业务能力。从知识图谱建设开始，致远互联尝试与多家人工智能公司合作，把语言大模型能力应用到新一代的数字基础设施建设中，为客户公司提供数字化生态优势服务。通过结合人工智能的自动化和增强功能，致远互联更新自己的商业模式，利用新发布的协同云 V8 产品，主攻中国公司数字基础设施建设，力求成为其安全底盘。新产品还可能有额外的增值功能，数字主权归客户公司，支持客户公司迭代创新的软件应用。紧接着的挑战是，如何顺应人工智能，改组总部研发部门与各大区之间的新业务。大区的交付团队同时需要思考新产品对客户组织结构的影响。这些都仍然处于动态调整阶段。

上述例子说明了组织设计的重要性和复杂性。战略定方向，组织出绩效。一方面，组织设计不能只停留在组织结构图上。组织结构图上的设计只有静态和单面的合理性，执行过程中必须同时考虑动态特征。另一方面，动态过程涉及组织的许多环节，需要各个环节能够一一对应，当环节错位或不平衡时，组织绩效也就不尽如人意，甚至所有努力付诸东流。例如，如果组织需要迅速适应环境变化，却选择了一个文牍、刚性的组织结构，那么组织将无法适应环境。如果几个设计要素和执行环节之间存在错位，负面效应就会被放大。在许多情况下，人们改变一些设计要素，以求强化某些组织部件（如组织氛围），但是在实施时没有考虑这些设计要素实际上与组织部件是相互依存的，有联动关系，一旦错位，可能使绩效下降，战略无法达成。在这本书中，我们提供了一种诊断需求、识别错位和实现同步调整的方法，以及一套流程实施方案。

我们强调，组织设计不仅仅是绘制一个新的组织结构图，还涉及许多相互关联的部分，我们称之为组织部件或要素。我们定义"组织"为一个由人组成的社会单位，具有相对可识别的边界，其结构安排和过程管理是为了实现一个集体目标。所有的组织都有一套治理结构，它决定了不同战略活动和成员之间的关系，以及成员的任务、责任和权力。之后，这些工作、活动或任务要经过一个动态协调过程，才能实现集体目标。简言之，结构安排和过程协调是组织设计的两大基本点。组织设计就是决定"何人、何时、做何事"。通俗地说，组织设计是让每位组织成员在信号指令协调下知道自己的工作任务（做何事）、功能角色（何人）、执行时机（何时）。

文献研究表明，组织设计应该考虑特定的环境条件。环境往往是多维的、不断变化的。例如，以前的组织只需要考虑环境对人的影响。环境条件约束着组织设计中的协调、控制和激励机制等。而今天的组织必须同时考虑环境条件对人和人工智能的影响。任务划分、外包、机器人代理、员工与人工智能协同等都需要统筹安排、整体规划。这就提高了组织设计的难度，例如组织要具备应对环境变化的敏捷性。

在合适的时间、以合适的速度做出合适的改变，这种能力称为敏捷性

（agility）。一个高度敏捷的组织能够成功地应对外部环境中的技术迭代、新竞争者的加入以及市场条件的骤然变化。在组织内部，敏捷性用来描述一种特殊的项目管理方式，或者描述一种特殊的组织设计。它通常与"旧"组织迟缓的标准动作形成对比。这里我们采用的是《韦氏词典》中的"敏捷"一词的含义：以快速、轻松、从容的行动能力为特征。因此，我们认为敏捷性是组织的一种能力属性，而不是一种特定的组织形态。在本书中，我们将讨论如何设计一个有能力快速而轻松地行动的组织。结构设计和协调措施将在第十章介绍。

我们将组织诊断、架构设计和实施部署作为一个连续的过程。它从组织的目标开始，然后从上到下考虑战略、结构、任务、人员、协调、控制和激励。这是一种自上而下的顶层设计方法，有助于识别潜在的错位问题和不平衡危害。在组织诊断的基础上，先定制合适的组织架构，然后匹配架构，设计有顺序和事件内容的实施过程。

整个过程可以反复迭代，以保持组织活力。每一次迭代都包括组织诊断、架构设计和实施部署三大模块，并遵循下面的七步法：

第1步评估目标；

第2步评估战略和环境；

第3步分析结构；

第4步评估流程和人员；

第5步协调、控制和激励；

第6步设计全系统架构；

第7步实施变革。

我们建议采用一种自上而下的方法，先由高层管理人员参与，擘画顶层设计，再收集低层问题，反复纳入，循环反馈，定期定点动态调整。相比之下，自下而上的设计弊大于利。它可能避开高层管理人员之间的政治性争斗，但是，它更可能无视一些前瞻性的设计，因为下级对组织的战略变化不如高层管理人员敏感，他们的设想一般会建立在既定的任务和职务上，有生动的现实细节，缺少抽象的宏观视野。上下一心，当然是制胜之道。本书中提及的一些现代组织正积极尝试自下而上的组织设计回路。这更多是为了调动员工参与的积极性、增进其对组织变革的认可、培养集体心理承诺。目前，顶层设计还是主流。通过持续迭代的顺位、微调和平衡，来自基层的微观视角也被纳入宏观设计中。一些公司利用"数字孪生"战略，打造基础变量稳定的"数字母带"，再允许各个部门或生态合作伙伴"树上开花"，按需进行权变、调整、差异化。2018 年前后，中国互联网公司兴起中台战略。其背后的组织设计逻辑就是保持底层数据库结构的稳定性，允许与市场接触的界面做权变和差异化。可是，这种数字技术的战略没有匹配以组织设计，导致许多中台工程半途而废。根据 36 氪和其他媒体的报道，2023 年 4 月，京东零售改变实施 5 年的中台战略，把组织结构再次调整回事业部制，让具体的经营单元有足够的自主权。两个条件下选择中台组织结构是有必要的。一是外部客户的要求千变万化，需要快速定制组织结构。二是内部创新定制的流程和能力没有协同，还没有形成常规程序。这时，中台组织结构能够兼顾能力组合再利用的效率和快速反应的效果。经过一段时间的实验和磨合，外部快速定制和内部能力协同趋向稳定，此时，中台组织结构的运营成本相比较而言就大于它贡献的价值了。于是，许多公司开始修改中台战略。这与多权变和动态匹配的组织设计思想是一致的。

⚙ 多权变模型

组织是一个由人组成的社会单位，具有相对可识别的边界，其结构安排和过程管理是为了实现一个集体目标。组织设计涉及两个相辅相成的基本问题：（1）如何将整个组织的大任务划分为一系列子单元的小任务；（2）如何协调一系列子单元的小任务，使其能够有效地实现大任务和组织的战略目标。所谓相辅相成，即必须以一种能够有效协调的方式来定义和安排这些小任务。一些学者概括其为"分工和整合"的工作设计。展开来说，组织设计涉及任务分工、任务分配、奖励分配和信息流。归结到决策，关系到谁可以做出哪些决定以及在什么基础上做出决定。无论是传统组织还是现代公司，组织设计的根本问题一脉相承。我们使用多权变模型来思考组织设计问题（见图1-1）。该模型由九个部件组成：组织目标、战略类型、组织环境、组织结构、任务设计、领导风格、组织氛围、协调和控制、激励制度。这些部件按照上面介绍的步骤被检查。

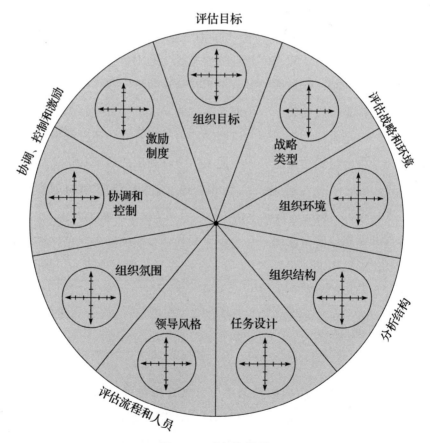

图1-1 多权变模型

该模型由本书主要作者伯顿（Burton）和奥伯尔（Obel）根据组织行为和战略领域半个世纪以来的研究整合、拓展、修订而成。本书历时 20 载，先后修订五版，并被翻译成中文和意大利文，在全球销售。我们在书末提供了详细的文献资料，读者可以根据需要和兴趣阅读。我们希望兼顾阅读体验和本书知识体系的历史传承。

多权变模型的另一个特征是分步骤、循序渐进的。它强调系统诊断、综合设计和按事件顺序规划实施。结合九个组织部件，多权变模型建议运用七步法，循序渐进地设计全系统动态变革的架构。

基于半个世纪以来的实证文献，我们的模型筛选出九个组织部件、七步流程。它极大地降低了组织变革的复杂性。模型为每个流程配备了自我诊断的问卷。它能直接显示九个组织部件和七步流程是否有错位的问题，是否有顺位的机会。诚如先贤之言，没有什么比一套坚实的理论更能展示实践价值了！在此原则指导下，我们提出了本书的多权变模型。

使用多权变模型，需注意两个应用习惯。

第一个是动态错位管理。组织设计是一个持续的过程，既可能涉及短期的、常规的变革，也可能涉及间歇性的、较大规模的变革。在本书中，我们主要讨论较大规模变革时的组织设计。当结构性大关系确定后，九个组织部件之间不一定完美对齐。在较微观的环节之间，可能还存在错位的问题。它要求管理者做阶段性和间歇性的调整。另外，设计图纸上的七步流程与落实的事件顺序和时间顺序可能有差别。这就需要执行者具体问题具体分析，微调执行过程的责任人、事件情节和先后衔接顺序。根据相关文献，如果无法动态理顺执行过程，超过 50% 的变革是失败的。因此，根据七步流程的难易度安排组织变革的顺序至关重要。总之，根据模型，理顺组织设计中的大方向和大关系，然后动态微调。

第二个是追寻和遵循信息流这条管理主线。本书作者伯顿和奥伯尔与组织战略的许多专家的研究表明，抓住不确定性和信息处理需求这两个纲要性质的概念，就可以整合有关组织设计汗牛充栋的实证研究文献。

半个世纪以来，组织设计领域已经出现了大量的核心概念和理论。例如，有限理性、学习理论、认知理论。抽丝剥茧，核心概念和理论还是有一条共同的主线的。那就是学者加尔布雷斯（Galbraith）在 1973 年提出的信息处理理论。其基本要点包括：

（1）组织设计中遇到的不确定性与信息量和信息属性有关，与组织成员处理信息的能力有关。

（2）组织对信息流的处理方式与组织的结构设计相互影响。信息使用的权限也影响组织的决策规则。

（3）当组织对信息的需求发生变化，信息处理能力发生变化，采用不同的信息使用规则，组织的结构和任务流程设计也会改变。

（4）从信息流入手，按图索骥，我们不仅能回看问题的来源，还可以预先理顺大关系。它允许我们从关于"是什么"的经验知识中探索关于"可能是什么"的未来设计。

（5）追寻信息流，我们可以透视组织设计的整体脉络，知晓发生错位的环节，找到实现再平衡的支点，设计顺位的方法。

在数字化和人工智能技术被广泛运用的背景下，信息处理理论和范式是诊断和设计当代组织的关键理论抓手。

⚙ 数字世界中的信息处理观

组织中的工作可以看作一系列的信息处理活动：观察、收集、传递、分析、理解、决定、存储和按信号指示来采取行动。这些问题可能会被贴上其他概念标签，如学习、隐性与显性知识、知识管理和数据挖掘，但其基本思想是相同的。学者马斯查克（Marschak）和拉德内（Radner）认为：现代组织中，工作就是信息处理："谁和谁谈论什么，谁根据什么信息做出什么决定实际上是工作的一切共性。"

机器人技术和人工智能技术投入使用后，这个特征更加显著。所有工作都涉及信息处理。个人和智能机器人基于信息和知识开展活动。他们观察、交换信息或交谈、阅读、写作、在数据库中输入信息、计算和分析。各种媒介让信息处理变得更容易——从书信到智能机器人、大型数据库、社交媒体以及视频会议。组织是处理信息的实体。我们要设计的组织，必须能够有效地处理信息，具体表现为组织对信息处理的需求与它的信息处理能力相匹配。著名管理学者西蒙（Simon，1955，p.1）的观点更加简洁：组织设计"调查对实现组织目标至关重要的信息流，然后研究这些信息流对组织结构的意义"。另一位信息经济学家阿罗（Arrow，1974，p.37）延伸了上述观点：信息渠道"可以被创建或放弃，它的容量和它传输的信号类型是可以选择的，这种选择基于对利益和成本的比较"，代理人，无论是个体自然人还是智能机器人，都拥有处理信息的能力，但"这种能力并不是无限的，信息处理能力也有局限性，这是理解个人和组织行为的一个基本特征"（同上）。

综上，本书采纳加尔布雷斯的信息处理理论的观点，强调"任务的不确定性越大，决策者的信息处理需求就越大"。此外，任务之间的相互依赖性越大，就越需要强大的信息处理能力。我们称这种相互依赖性为复杂性。不确定性和复杂性造成了组织对信息处理的需求。图1-2总结了多权变模型中的信息处理模式。

如图1-2所示，信息处理需求是由工作的不确定性和复杂性造成的，如目标、战略、环境、领导风格、氛围和任务。除信息技术水平之外，信息处理能力来自组织的设置，如组织中的代理人、组织结构和流程、激励制度、权威规则和正规化程度。

工作的不确定性可能来自公司的技术和业务、公司运营的环境以及其他。如果信息处理需求来自许多常规的、可预测的、以效率为重点的任务，那么以清晰规则和严格程序为形式的正规化组织设计可以增加其可处理的任务数量。举例来说，一家购物程序很规范的网上零售店可以利用规则和程序来增加每天接待的客户数量。任务的不确定性很低，所以可以使用规则和程序。可是，当任务的不确定性提高，从而出现例外情况时，信息处理的等级就会上升到更高的管理层面。这是基于例外情况的分级决策的传统做法。不过，这种分级决策只能处理有限的不确定性。如果不确定性超出了垂直等级结构的处理能力，那么就必须为各项任务设定单独的目标，使这些任务在一定程度上能被独立完成。例如，对于白金卡客人，航空公司设立单独的 VIP 服务部门，以满足客人可能经常变化的旅行要求。

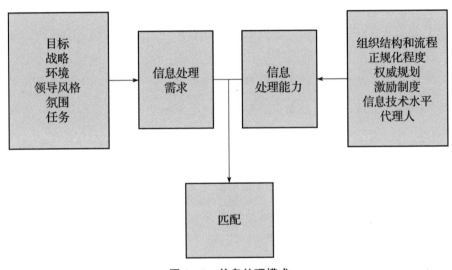

图 1-2　信息处理模式

复杂性被定义为环境空间或任务空间中各变量之间的相关性。西蒙用代表连接关系的矩阵的可分割或可分解的程度来评估复杂性。矩阵的连接越多、越密集，任务就越复杂；而矩阵的连接越少、越稀疏，任务就越简单。

图 1-2 包含的另一重要概念是匹配（fit）。如果信息处理需求和信息处理能力平衡了，我们称之为"匹配"。加尔布雷斯曾建议用两种基本设计策略来实现匹配：通过建立半独立的业务单元来减少对信息量和信息种

类的处理需求，或者通过加强沟通来提高信息处理能力。沟通既可以是纵向层级间的报告沟通，也可以是横向的协调沟通。

具体而言，第一种设计策略是通过增加资源配置来减少组织单元对信息处理的需求。例如，过去公司采用准时制（JIT）方法，靠快速并精准的信息反馈来协调资源配置。假如公司能够保持一定的缓冲库存，那么对信息处理速度和准确性的要求就大大下降。减少信息处理需求的另外一种设计是创建独立的任务和业务单元。如果任务之间不需要大量协调就可以提供产品或服务，员工对信息处理的需求也会相应减少。例如，一个双产品公司可以建立两个自成一体的单独产品部门。这些部门不需要进行大量沟通，就能满足客户的需求。当然，这种减少信息处理需求的组织设计也是有代价的，可能由于省略了对相互依存关系的协调而产生很高的机会成本。两个单独产品部门互无依存关系，互不沟通，也就没有合作开发市场的动机。因此，减少信息处理需求必须与协调活动的回报结合考虑。如今，数字化、人工智能和智能机器人大大降低了信息处理成本，刻意物理隔离的设计也日益式微。

第二个设计策略是提高组织的信息处理能力。例如，阿里巴巴提出中台战略后，北京致远互联开发了中台软件，帮助公司把基础数据库和客户服务的应用做分层管理，在加强客服界面敏捷反应能力的同时，保持基础数据库结构的稳定性。引进卫星、信息计算机网络、互联网、云计算和人工智能可以提高组织的信息处理能力，人工智能公司第四范式利用算法帮助银行精准预测客户未来的需求形态和价值热点，极大降低了银行客服和营销的不确定性。提高信息处理能力的方法还包括提升员工的技能水平，雇用更多受过教育的、拥有更多技能的人，使用移动通信设备，使用智能机器人，或召开可以分享社交信息的面对面会议。在现代组织中，信息处理能力也可以通过组织内的横向沟通来提升。保持直接联系、安排联络员、设立工作小分队和常设委员会等，则是其他可以提高公司信息处理能力的选择。新的信息技术、组织学习方法和知识管理技术的发展确实在总体上提升了信息处理的速度。不过，设计一个能平衡信息处理能力和满足信息处理需求的组织，仍然是一个挑战。

综上所述，组织设计直接关系到战略绩效。它涉及多个层次的组织部件、多个环节的执行步骤。如若化繁为简，我们需要一个实证检验过的综合模型应用方法。本书的多权变模型和使用步骤就是为此而开发的。接下来介绍模型使用步骤中的诊断评估概念：匹配和错位。

⚙ 模型中的匹配和错位

从信息处理的角度来看，模型中两个组织部件之间出现错位是由于信息处理不平衡导致的。例如，如果环境的不确定性很高，而组织流程的正式化和标准化程度也很高，我们就会遇到这样的情况：环境要求敏捷的信息处理能力，而组织却不具备这种能力。

如图 1-3 所示，多权变模型中各组织部件间的关系可以用九个组织部件及它们的 44 个双边关系来表示。各组织部件之间的线条代表了彼此之间的匹配或错位关系。错位是指会导致公司业绩下滑的组织设计缺陷。九个组织部件相互匹配，组织业绩上升；组织部件之间的对应关系错位，业绩下滑。半个世纪以来，这一结论已经获得实证研究的支持。发现错位是设计和实施变革的起点。错位是组织设计过程中的引擎。如果能够根据错位诊断及时启动组织变革，而不是等待财务或其他绩效问题出现后才行动，那么实现战略目标的概率会大大提高。

所有的组织部件都会被映射到一系列二维图形上，我们将在后文逐一讨论。

任何一个图形中的特定象限（如象限 A、B、C 或 D）都对应着其他图形中相同的象限（象限 A、B、C 或 D），这是一种匹配关系，如图 1-4 所示。每个组织部件都由两个维度来描述，说明管理选择、信息处理需求

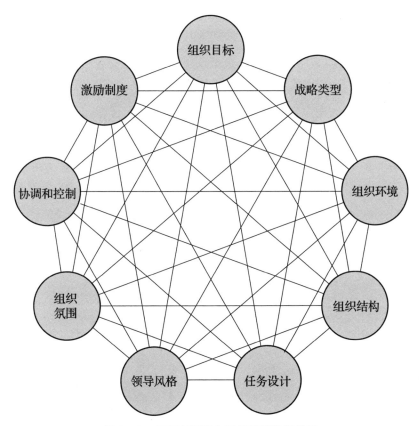

图1-3 多权变模型中各组织部件间关系

和信息处理能力。二维图形的水平维度与其他图形的水平维度一致，同样，二维图形的垂直维度与其他图形的垂直维度也一致。因此，图1-3中的线是匹配还是错位关系，取决于各组织部件是否位于同一象限内。每个组织部件都有一组属性，其中一些是共同的，另一些是特定的。这些维度和它们之间的关系以及属性，将在后续章节中分别介绍和讨论。

我们为每个组织部件提供的图表将使你能够直观地描绘出你的组织的当前位置。然后，确定你希望组织移动到的理想点，通过这种方式，你可以看到组织现在的位置和你希望组织在组织设计空间中的位置。

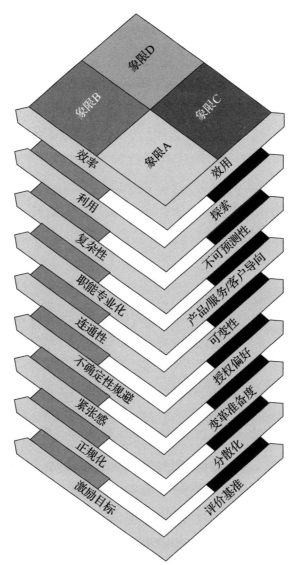

图 1 - 4　联锁的二乘二组织部件说明

⚙ 选择一个组织进行分析

现在，选择一个特定的组织供你在分析时使用。我们将一步一步地完成对该组织的诊断和设计。这个组织可以是一个团队、一个部门、一个分部、整个公司，甚至是一组公司（如一个控股公司或一个战略联盟）。你选择的组织将作为整个七步设计过程的分析单位。在这个设计过程中，坚持使用同一个分析单位是很重要的。它提供了一个稳定和一致的场景。否则，诊断分析容易张冠李戴。在每一章的末尾，我们将提出一些诊断性问题。你对诊断性问题的回答将成为组织设计的基础。我们还将讨论获得诊断性问题答案的方法。

⚙ 评估组织的经营范围

先简单解释一下如何评估组织的经营范围。这是组织设计的起点。我们一般使用"组织"或"公司"来指代团队、业务部门、公司或更大的企业。对于大多数读者来说，组织是一个商业公司，但我们这里介绍的方法也适用于非营利性公司、合伙公司、合资公司、教育机构、医院、政府机构——实际上是任何类型的组织。

一旦选择了组织，就必须说明该组织在做什么。这就是我们所说的经营范围。如果该组织是一家咨询公司，就必须确定它在哪些领域做咨询。如果该组织是一家医院的急诊科，我们需要知道哪些特定类型的病人在这里接受治疗。例如，该部门是同时治疗生理疾病和精神疾病，还是只治疗其中的一种？该组织是生产型公司，还是服务型公司，或者两者都是？它在数字化方面的愿景是什么，它正在做什么，以及它如何与生态系统中的其他公司合作？该组织是一家单纯生产窗户的公司，还是将窗户作为智能家居的一个组成部分来生产？如果是后者，你的分析单位可能是生态系统而不是一家公司。

丹麦纺织品公司克瓦德拉特（Kvadrat）（www.kvadrat.dk）已经从一家纺织品公司转型为一家全球设计公司。经营范围的变化改变了它规划战略、人员和流程的方式。芬兰电梯公司科恩（Kone）已经从销售电梯转向输送人流。这改变了它的商业模式，以人员流动量而不是电梯为定价依据。这意味着，它必须确保电梯全天候工作，特别是在圣诞节期间的购物中心。科恩使用传感器优化维护，并通过智能机器对话来进行电梯操作和维护。经营范围会影响你对公司环境和战略的评估，影响公司的运营，影响组织设计。

牢记为什么做分析是很重要的。这是一次常规的组织审计吗？你是正在寻找公司绩效不佳的原因，还是战略、技术或竞争发生了什么变化，或者是你想知道设计是否仍然正确？

如前所述，组织设计涉及两个相辅相成的问题：（1）如何将整个组织的大任务划分为一系列子单元的小任务；（2）如何协调一系列子单元的小任务，使其能够有效地实现大任务和组织的战略目标。小任务必须用有效的方式来定义和协调。例如，对于一个项目团队来说，项目任务必须被分解为单个的任务。然后，这些较小的任务被整合起来，从而使大公司或项目实现预期目标。在所有的组织中，如何分解大任务，如何把小任务放在一起并保证任务互补，这两个基本问题以多种形式反复出现。

你应该把设计过程看成一系列层层递进的组织设计工作，你要为每项任务或每组任务逐步进行设计。通常，从公司层面开始是最好的，你应该先设计上层，这部分设计好了，再进入下一个层次。例如，在一个部门组织中，首先要设计各部门，然后再确定各部门之间应该如何协调。每个部门的内部设计可以与其他部门不同——比如一个是职能型结构，另一个可以是矩阵型结构。在向下设计的过程中，一次只考虑一个组织单元是很重要的，不要把整个组织的设计和一个部门的设计与任何一个单元的设计混为一谈，必须强调，要保持分析单位的一致性。这个过程可以以迭代的方式进行，每次迭代可能有不同的选择。请牢记，我们实现战略目标的道路选择可能不止一个。然而，现实中，并非所有的设计都是可行的。因此，你可能需要多个方案做备选。

⚙ 评估组织的目标：效率和效用

一旦确定了经营范围，就应该开始评估两个基本目标维度对组织的相对重要性：效率和效用。效率（efficiency）主要关注资源的使用和成本。效用（effectiveness）更多地关注产出、产品或服务以及收入。这两个维度的优先级是冲突的。一些组织更重视效率，专注于最大限度地降低产品或服务的成本。另一些组织则强调效用，重点是创造收入或抓住市场上的前沿创新。在效率和效用两个维度中可能有一些具体的目标，涉及削减成本、改进业务活动、引入创新产品以及其他事项。

所有的组织在某种程度上都希望同等重视效率和效用，但问题是：哪一个才是优先的？例如，像西南航空（Southwest Airlines）和易捷航空（easyJet）这样的廉价航空公司主要关注的是效率。有大量研发投入的公司，如 3M 公司或生物技术公司，则主要关注效用。一些组织同时关注效率和效用，如微软，它的管理难度自然就高很多。

很少有组织直接从效率或效用的角度来阐述其目标。我们往往需要从公司的愿景或战略规划语言中分辨。风力涡轮机的主要制造商维斯塔斯（Vestas）表示，其总体目标是成为现代能源领域的世界第一。这句话意味着，目标必须来自与行业内其他公司的比较。"现代能源"这个词预示着效用和新技术。为了成为第一，它还需要关注效率。

现在，试想一家由私募股权基金持有的公司，其目标是在较短年限内获得特定的资本回报率。这个目标表明，它主要关注的是成本和效率，很少关注长期创新。该目标还设定了时间框架，这对组织设计非常重要。

一些商学院的目标是成为三冠王商学院，获得 AACSB、EQUIS 和 AMBA 三项认证。这一目标将重点放在绝对的特定目的上——几乎无须考虑竞争对手。一些商学院则专注于在《金融时报》（*Financial Times*）上的商学院排名。这一目标的实现在很大程度上取决于其他有竞争力的商学院的表现。因此，有些目标是相对于竞争而言的，而有些目标则有着绝对的衡量标准。绝对目标是内向型的，而竞争目标是外向型的。随着时间的推移，你会发现，这也会反映在组织的组织方式上。内向型的组织强调效率，外向型的组织重视效用。

　　为了在我们的模型中评估公司的目标，你必须检查正式的目标并对其进行分析，以判断该目标是以效率或效用为重点还是二者兼顾。效率和效用也与组织的经营范围有关。专注于削减成本和专注于利用资源快速治疗病人都被视为注重效率，而博柏利这样的公司开发新产品或服务，或中国的三甲医院开发治疗某种疾病的新方法时则注重效用。

⚙ 四个原型的设计

　　图 1–5 描述了作为讨论基础的四个原型组织。

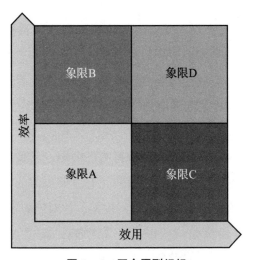

图 1–5　四个原型组织

　　象限 A 代表组织对效率和效用的重视程度都相对较低。它很少或很难关注资源的合理利用，暂时没有更高层次的想法或具体的战略目标，也不太关注客户的需求。这样的组织是存在的，有些甚至取得了巨大的成功。这样的组织可能存在于垄断行业，也可能是处于早期阶段的初创公司，或者是已经有市场控制地位的家族企业等。这种组织的一个例子是初创公司利勃登（Libratone）。这家公司生产扬声器，销售入耳式无线耳机。该公司还在欧洲、北美、日本和新西兰等国家或地区提供配件和维修服务。它通过经销商及网上商店销售产品。该公司成立于 2009 年，正如公司主页上所说的那样：

> 利勃登的目标是通过开发可以随时随地使用的无线技术，让声音自由传播。我们所做的一切，都是基于我们对工程和设计的无限热情。无论是智能扬声器还是降噪耳机，为了传播丰富、纯正的声音，我们不断创新，将无线的潜能推向极限。我们用永恒的丹麦设计将声音带入生活，打造产品形式和功能的完美和谐。
>
> （www.libratone.com/us）

从这个意义上说，利勃登从来没有关注过效率，它的产品一直定价很高。它关注工程技术水平和追求完美设计，但不关注客户和他们的期望——因此，不关注效用。

处于象限 B 的公司将重点放在用最少的资源生产其产品或服务。这个象限的公司继续做它们过去所做的事情，寻求持续的改进。这样的公司往往在稳定的环境中生存得很好，它们可以通过低成本商业战略来维持自己的地位。

一个很好的例子是乐高（Lego），丹麦的塑料积木儿童玩具公司。几十年来，乐高一直专注于玩具积木。在 2000 年之前，乐高赚取了丰厚的利润，多年来一直是一家成长型公司。它通过积极的营销，维护专利、版权和商标，不断地将生产尽可能地自动化来维持自己的地位。在 2000—2004 年，乐高努力做出改变，以满足客户对电子玩具的新需求，但多年来乐高战略重点的不断变化导致了严重的财务损失。2004 年，约尔根·维格·克努斯托普（Jørgen Vig Knudstorp）成为新的首席执行官（CEO）。他意识到，乐高必须重新关注核心产品：可拆解的塑料积木。他在一次采访中指出："到 2004 年，当我成为首席执行官时，乐高已经出了很大的问题。为了生存，乐高需要阻止销售下滑，减少债务，并专注于现金流。这是一个典型的转折，它需要严格的规模控制和自上而下的管理。"乐高随后变得非常成功：2013 年，乐高首次成为世界上最大的玩具制造公司。2014 年，它创造了有史以来最高的利润。到了 2015 年，情况再次发生变化，增长停滞。2017 年，乐高所在的全球传统玩具市场出现了低位数的增长。2017 年，由于清理库存，乐高既定市场的收入有所下降。尽管收入下降，但总体销售仍保持平稳。在中国，乐高继续通过零售渠道、电子商务和数字平台扩大其影响力，出现了强劲的两位数的收入增长。自 2004 年以来，乐高一直非常注重效率，而对效用的关注较少。这种情况直到最近才有所改变，后文我们还会谈到。

象限 C 的公司则恰恰相反。在这里，组织对效用的关注度较高，但对效率的关注度较低。这意味着组织专注于其产品和服务目标，但对资源的高效利用不太重视。这种情况可能发生在高度不稳定的环境中，也可能发生在其他的环境中——组织不断开发新的市场，拥有较强的价格先发优势，而资源成本则是次要的。

海尔智家股份有限公司（以下简称"海尔"）是一家全球领先的家用电器制造商，总部设在中国青岛。海尔设计、制造和销售各种家用电器：冰箱、冰柜、洗衣机、空调、热水器、其他小型家用电器和智能家用电器。此外，海尔还经营着一项物流业务，专注于在中国各地配送大件物品。海尔坚持与时俱进的理念，并致力于创造一个充满生命力的常青公司。如果你阅读海尔最近的年度报告并浏览它的网站，你会发现它关注的重点在于效用，很少关注效率。海尔非常重视能够从容地改变的能力——敏捷能力。正如我们将在后续章节中讨论的那样，海尔为了成为世界上最大的家用电器制造商，进行了许多重大的组织设计变革。

最后一个目标象限是象限 D，这个象限的组织既强调效率也强调效用，面临着竞争激烈的、复杂的和动荡的环境，不仅需要进行产品创新，还需要降低成本，才能成功竞争。象限 D 的组织以同样的力度追求效率和效用双重目标。

许多组织在某种程度上必须同时关注效率和效用。大多数组织都受到不同的驱动因素的影响，而有些驱动因素本身的方向是不同的。对可持续发展的关注——现在由联合国的 17 个可持续发展目标推动——就是同时包含了效率和效用的驱动因素。我们将在第十章讨论可持续发展的组织。

组织的目标定位会影响其信息处理需求。如果组织的主要目标是效用，而不是效率，那么信息处理需求就会多得多。效率信息多为内部信息；效用信息更多的是外部信息，也更多种多样。效率和效用需要不同的管理方法，包括对商业环境的观测和激励措施——因此，需要不同的组织设计。此外，人员的技能和能力也因公司对效率和效用的关注而不同。高效率和高效用都需要强大的信息处理能力，但是提升这些能力的手段是非常不同的。当我们全面考虑组织设计过程中的各个步骤后，这一点会更加清晰。

大多数高管都希望在效率和效用之间获得适当的平衡，几乎每个人都同意现代组织应该关注这两个方面。但是，如何获得平衡？一方面，一些学者认为，组织应通过以下方式依次关注效率和效用。演变期的重点是效率，而革命期的重点是效用。因此，这种平衡是随着时间的推移实现的，而不是同时实现的。另一方面，许多管理者认为，效率和效用的双重目标是可以同时存在的，当然侧重点会不同，能维持双重目标的公司不多，因为管理难度大。

一种中和的方法是，组织中的一个子单元是高效率的，另一个是高效用的；一个子单元运行当前的业务，而另一个则专注于创新。许多公司采用这种方法，并把不同的子单元在地理位置上分隔开。然而，这种方法并不总能奏效。一个著名的失败案例是施乐公司（Xerox）将其业务部门置于纽约州的罗切斯特，将其研究部门施乐 PARC 置于加利福尼亚州的帕洛阿尔托。这些独立的部门彼此之间没有协调。结果是其他公司，而不是施乐公司，向市场推出了基于 Windows 的操作系统和以太网网络协议。尽管施乐公司同时在两地的部门实现了效率和效用，但该公司未能获得协同效果。

组织科学家认为，组织必须在任何时候都追求效率和效用。研究人员在对 10 家跨国公司的深入研究中发现，成功的业务部门能够同时发展与效率和效用都相关的能力，它们有一些管理共性：分布式决策、正式化的程序和目标的控制性相互作用、团队知识分享、跨部门交流、协同组合新能力的组织习性等。我们研究华为海外研发中心和外国专家雇员的知识管理过程发现，在 2010—2018 年期间，华为有一套采集全球先进专家智慧再将其转化为产品创新能力的组织程序。它帮助华为培养了具有自身特点的敏捷性和融合创新能力。

一般来说，组织的敏捷性——代表着效率和效用的最佳平衡——是很难获得的。在图 1-5 中，象限 D 的公司实现了这种最佳平衡。正如我们将看到的，这需要最复杂的组织设计来开发和维护，因此，不是所有的公司都能采取这种方法。许多公司因为这个原因而处于象限 B 或 C。尽管如此，如果你的组织既能实现高效率，又能实现高效用，那么在面临高度动荡的环境时，它就能在市场竞争中处于最佳地位。

总而言之，选择与效率和效用有关的目标状态，对组织的信息处理需求和信息处理能力有着深远的影响，对组织设计也有很大影响。

⚙ 错位以及相互冲突的设计维度之间的平衡

组织设计过程包括两个重要问题：你在哪里，以及你想去哪里。关于组织目标，在对分析单位进行诊断时，你要考虑两件事。首先，现实状态下，公司位于图 1-5 中的哪个象限。其次，战略规划中，组织希望在这个设计空间中处于什么位置。

让我们借助图 1-6 来思考这些问题。假设该组织目前处于图 1-6 中的象限 C，你的注意力集中在效用上。假设竞争环境发生了变化，有低价竞争对手出现，公司现在必须在效率方面进行竞争。因此，你可能希望将组织转移到象限 D。然而，在进行这种改变之前，需要对组织的设计进行更全面的审查。你需要对这种改变的后果进行诊断。这意味着要完成组织设计方法中的前五个步骤，并确定每个主要设计维度在二维组织设计空间中的位置。例如，组织的结构和任务设计大部分位于象限 C（这也是公司成功实现效用的原因）。假设战略和环境（我们将在第二章和第三章介绍）位于象限 B。也就是说，组织部件并不都在同一个象限内。为了解决这个问题，你有一个选择：要么将结构和任务设计向象限 B 移动（从而将组织维度统一到设计空间的同一区域），要么改变所有的设计维度，使其向象限 D 移动。后者是比前者更重要的管理变革，你应该在决定一个设计方案之前仔细评估这个设计方案的影响。我们的循序渐进的七步法将为你提供一个框架，以评估各种变革策略的后果及其对目标和经营范围、战略、环境、结构、任务设计、领导风格、组织氛围、协调和控制、激励制度的影响。

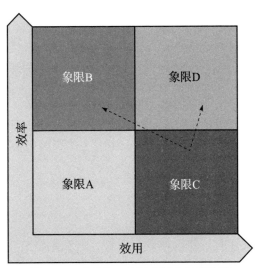

图 1-6 在效率 / 效用空间中做出改变

如前所述，象限 D 在今天的世界中通常是组织设计空间中的理想位置。事实上，当今许多人都向管理者大肆宣传，所有的组织都应该位于这个位置。但是，象限 D 的组织设计空间比单一关注效率或效用的组织设计空间成本高，因此可能并不适合所有公司。平衡是本书的一个关键主题，组织设计需要开发符合要求的组织部件，从而避免绩效下降。我们的研究表明，组织设计的适当调整和动态平衡会带来更好的绩效。在许多情况下，这意味着组织在象限 B 或象限 C 内运作，并优化组织部件，以支持组织在效率和效用的双重目标之间进行可接受的权衡。尽管象限 D 可能是最理想的，但由于设计上的限制，它并不总是最适合的管理目标。在象限 B 和象限 C 内运作的组织也可以非常成功。从长远来看，只有象限 A 是应该避免的，除非公司在一个高度受保护的环境中运营，是一个非常小的组织，或者正处于创业初期。处于象限 A 的组织通常应该计划进行变革，正如我们将看到的，我们的七步法可以帮助这类组织确定变革内容和如何进行变革。

同样，许多管理者可能希望他们的组织在效率和效用方面都很强——成为一个多面手、两栖组织。这是有可能的，但是开发和维护这种设计空间是很困难的，尤其是当组织的部件还处在这个象限之外的时候。

完成设计过程中的所有步骤以确定组织设计中的许多部件之间的良好匹配是重要的。只局部地完成一些步骤而不完成其他步骤不是最优的方法。例如，如果你评估组织的战略，但不评估其任务设计或协调和控制，就无法看到有效实现战略所需要的条件。只有当组织设计的画面完整时，它才变得有意义。

⚙ 诊断性问题

在开始组织设计时，要选择分析单位，并在整个分步式方法中保持不变：大公司的最高管理层，小公司，大公司的一个部门、一个分支部门或一个项目，都可以作为一个分析单位。不过，我们建议从整个公司开始，采取从上到下的逐级分析方法，以获得分析的完整性。在组织的执行层，通过七个设计步骤，对每个主要部门或业务部门重复这个过程。这个过程你可能要迭代不止一次。当然，你的设计方法不一定是针对整个公司的。但我们的建议是，从你所考虑的分析单位的上层开始，所有与评估有关的信息都要汇集起来，并以综合方式进行诊断。为了能够进行组织设计，一旦诊断过程开始，所有的信息都应可以被处理。因此，可能有必要将信息收集定为一个项目，明确分配项目责任和信息收集的阶段性目标。根据组织的情况，信息收集项目可以采取多种信息收集方法，可以是定性方法也可以是定量方法，如历史文献研究法、直接访谈法等。

接下来，评估组织在效率/效用图上的位置。用组织习惯用的词汇描述组织所在的位置。当考虑做出改变时，你将需要这些信息。与组织目标有关的信息通常是通过访谈首席执行官或高层管理小组获得的。通常情况下，组织的使命和愿景声明也会成为组织平衡效率和效用的相关证据。最后，还应进一步检查来自年度报告、前景、展望和公司网站的材料。

回答下面的问题。

1. 运用七步法的分析单位是什么？请写下组织的名称。

2. 该组织是做什么的？它的主要工作活动是什么？

3. 该组织在效率方面的得分情况如何？

a. 公司是否讨论资源的投入与产品/服务的产出之间的关系，公司是否希望很好地利用其资源？（评分 1～5）

b. 公司是否讨论（并重视）员工所付出的努力与他们所生产的产品之间的关系，公司是否想好好利用员工的技能？（评分 1～5）

c. 公司是否支持员工的技能发展和学习，以提高生产效率？（评分 1～5）

d. 公司的领导层是否明确表达了对上述变量之间因果关系的关注？（评分 1～5）

e. 计算平均分，得到效率方面的得分。

1	2	3	4	5
很低		中等		很高

4. 该组织在效用方面的得分情况如何？

a. 公司希望与客户的关系有多密切？公司是否能精准地满足客户的需求——现在的和预期的？（评分 1～5）

b. 公司希望能在多大程度上满足社会，包括其监管者的需求，它是否希望满足环境需求和达到可持续发展目标——现在的和预期的？（评分 1～5）

c. 公司希望与供应商（包括外包商）有多密切的关系，是否希望与供应商的需求和关注有关——现在的和预期的？（评分 1～5）

d. 公司希望与出资人和股东的关系有多密切，是否重视与业主、银行和金融机构的关系——现在的和预期的？（评分 1～5）

e. 计算平均分，得到效用方面的得分。

1	2	3	4	5
很低		中等		很高

5. 在图 1-7 的效率 / 效用图中标出你的组织。

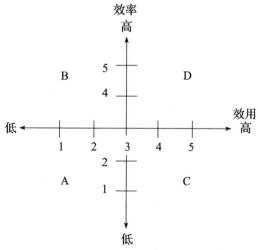

图 1-7 在效率 / 效用图中标出你的组织

这是联锁的二乘二矩阵中的第一个坐标点。在第二章中，我们将标出你的组织在其他二乘二矩阵中的位置。

⚙ 总结

依据半个世纪以来的实证研究，本书提出多权变模型和七步骤组织设计流程。我们建议先诊断组织部件之间是否错位或匹配，再设计顺位与平衡计划，在执行中微调。诊断和设计的主要线索是组织决策过程中的信息流，通过它发现错位节点，解决组织部件之间的错位与匹配问题。第一步是分析组织的经营范围和目标。战略定方向，组织出绩效。所有组织的目标均可以简化为效率与效用两个方面。它们组成一纵一横两个维度，划分出四个象限。通过七个步骤，本书将九个组织部件分别匹配到四个象限中，并为全系统动态变革提供靶向。

步骤
2

评估战略和环境

第二章

战　略

⚙ 简介

在第一章中，你描述了一个分析单位，并评估了其经营范围和目标。在我们的七步法中，下一步是评估该组织的战略和它所处的环境。在本章中，我们将重点关注战略。公司 ① 的战略是决定组织设计的基本权变因素。我们的重点是评估公司的战略，而不是分析公司如何或为什么选择某一战略。钱德勒（Chandler）有句著名的格言："结构服从战略。"也就是说，给定一个战略，有一些组织结构比其他组织结构更适合该战略。战略是目的，结构是手段。战略是公司实现效率／效用目标的执行过程。结构是指按工作角色对任务的划分和工作角色之间的报告关系，或者说结构是实现目标的手段。在本章中，我们将讨论应该采取哪种战略来实现第一章中确定的目标。在讨论过程中，我们必须考虑公司所处的环境。

环境是指市场、监管和法律形势、外部机会以及公司运营所涉及的其他外部因素和条件。

---

① 为了方便起见，我们在本章中使用了"公司"一词，但该分析适用于任何分析单位，包括分公司、部门和团队。

　　然而，战略也会对环境产生影响，这一点将在第三章详细探讨。例如，如果一个原本立足于中国国内市场的本土公司做出了在欧洲开展业务的战略选择，其面临的环境也将随之改变。因此，公司的三大要素——战略、环境和结构——之间必须保持匹配。这种匹配关系在第一章的多权变模型中已经介绍过。

　　公司的战略反映了管理层对公司环境状况的评估，以及对如何实现公司目标的选择。战略可以用多种方式来描述。例如，可以用公司所在行业的五种力量来描述（波特五力分析）：供应商、买方、替代品、潜在进入者和现有竞争对手，这五种力量共同组成公司面临的行业经营环境。权衡这五种力量之后，公司有三种可能的经营战略：低成本领先战略、产品差异化战略、聚焦特殊市场战略。在市场营销中，科特勒（Kotler）把战略描述为对于 4P 的选择：产品、价格、促销和渠道——也就是说，公司应该生产哪种产品，它的价格是多少，应该如何推广和宣传以及应该如何分销。在公司的投入方面，运营战略是对公司供应链的选择，包括供应链管理和外包。它侧重对资源和能力的选择和管理。最近，研究互联网经济和电子商务的学者强调数字化商业战略的概念，建议通过利用数字资源创造差异化价值，公司围绕数字资产和数字化能力制定战略。由此可见，为公司选择战略有多种视角。不过，基本立足点是一致的，即公司在特定环境下应该做些什么以实现其效率和效用目标。

　　描述公司战略的一个简洁明了的方法是将其分为四种类型。这四种类型是迈尔斯（Miles）和斯诺（Snow）提出的：（1）反应者战略；（2）防御者战略；（3）勘探者战略；（4）没有创新或有创新的分析者战略。这种类型学被证明是非常稳健的，在今天也经常使用。这四种战略类型是对主导的战略方针进行综合评估而产生的。这些战略方针体现在资本投资、对质量的关注、与竞争对手相比的价格水平、对产品创新的偏好、对流程创新的偏好和企业社会责任（CSR）等方面。对这些因素的思考和选择构成了公司的战略，但最重要的是实现创新的方法，根据马奇（March）的观点：

这涉及公司是否对现有资源充分利用（exploitation）及公司是否采取了探索
（exploration）的策略。

利用包括改进、高效、选择和实施。利用是指使用现有的或已知的技
术，以更有效或更合理的方式做事情。探索包括搜索、变化、冒险和创新。
探索是寻求新技术或新的做事方式的过程。最初，探索和利用是为了分析
组织学习和知识的性质，这两者都与公司战略有关。战略是对知识的应
用，而组织学习是对知识基础的改变，以制定新的战略。从根本上说，战
略选择、知识运用和组织学习都涉及公司如何在有限的信息基础上采取行
动。应用探索和利用两个维度，我们可以将公司的战略分为四种类型，如
图 2 - 1 所示。

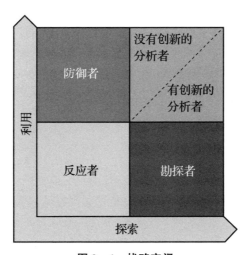

图 2 - 1 　战略空间

如果公司是一个反应者（reactor），那意味着它在探索和利用方面都很
薄弱，缺乏明确的创新战略。它在被迫或者在有紧急需求或问题时才进行
调整。如果公司是一个防御者（defender），那意味着它的利用程度高，探
索程度低；它只在狭窄、有限的领域进行创新，它的创新是封闭的、高度
集中的。如果公司是一个勘探者（prospector），那意味着它的探索程度高，
利用程度低；它对创新采取积极的态度，系统地寻找新的机会。它经常尝

试变革。分析者（analyzer）对创新的态度是混杂的。如果公司是一个没有创新的分析者（analyzer without innovation），它的战略就类似于防御者，但更强调利用。如果公司是一个有创新的分析者（analyzer with innovation），它的战略就类似于勘探者，但更强调探索。

不同的战略需要不同程度的敏捷性或适应性来进行战略调整。反应者不是很敏捷，做出改变时不考虑探索或利用。防御者在探索方面不灵活，但可以做出必要的改变，利用变化来提高效率。勘探者可以灵活地探索新产品和服务，但不注重利用现有资源。分析者对利用和探索的敏捷性有双重关注。在这里，从容地变革是必须的，却很困难，我们将在本书中加以阐述。

下面我们将详细介绍这些战略类型。在图 2-1 中，从左下角开始，移动到左上角，然后到右下角，最后到右上角。这是对比各种战略的一种简便方法。虽然下文的描述和例子是针对整个公司的，但我们强调，战略可以用来描述一个业务单元、部门、事业部或团队——也就是一个较小的分析单位。它也适用于私营企业以及公共组织。如果是较小的分析单位，在探索和利用时必须考虑与其他同等分析单位（如公司内部或外部的其他部门或团队）的关系、它们之间的竞争，以在市场中获得一席之地。

⚙ 反应者战略

反应者既不是公司机会的探索者，也不是公司机会的利用者。一般来说，反应者战略在实现公司目标方面既无效率也无效用。反应者的行动并不以探索或利用为重点；相反，反应者试图在抓住现有机会后针对现状做出调整。它不是很灵活，通常没有创新或没有开展基于特定目标的创新。反应者没有系统地进行预测、计划或展望未来，也没有慎重考虑过如何提高效率或带来效用。在另一个极端，反应者可能是一个追求创新的梦想家，但没有任何创新的重点。这个梦想家既没有高效率也不能带来高效用。

如果公司是一个反应者，那么它的决策主要是基于你所知道的坏消息，无论是业绩不佳，如利润或收益下降，还是一个大事件，如失去一个大客户，或内部问题，如冲突或不合理的资源利用。问题以意外的方式出现，并在发生时才得以处理。反应者战略经常出现在转型期的组织中或创业初期的公司中。一个例子是合并后的公司，可能会因内部重组和管理层的权力斗争而对利用和探索失去兴趣，也可能会丧失敏捷性。另一个例子是新成立的公司，用试错的方式来满足客户的需求，既不努力利用现有资源也不积极探索。20世纪80—90年代，在从计划经济向社会主义市场经济转型的过程中，中国曾进行国企改革。一些国企既不求利用，也不愿探索，成为战略选择中典型的反应者。如果长期采取反应者战略，公司最终会被更多的坏消息困扰，很可能市场表现不佳或内部流程无法在有限时间内完成。甚至公司将不复存在，因为它最终将无法实现销售或获得资本，也许还会导致人力资源流失。因此，很难举出遵循反应者战略还存活很久的公司的例子。如果公司采用反应者战略的时间过长，可能会消失。世界上，消极和无效的政府组织以及处于破产状态的公司都以采用反应者战略而闻名。曾经的计算机巨头美国数字设备公司（Digital Equipment Corporation，DEC）可以归类为反应者。在推出著名的VAX电脑之后，它基本上没有再开发新技术，而且完全错过了个人电脑进入市场的时机。它的反应太慢，同时有一个成本过高的组织结构。20世纪90年代，王选院士以激光照排技术为基础，创立北大方正，并使之成为全国校办公司的一面旗帜。本书作者之一曾经访问过王选院士，调研北大方正的聚焦市场经营策略。最近15年，北大方正的高管热衷于证券市场的资本经营，忽视了生产业务中的利用或探索，成为比较典型的反应者。2020年，受多种负面因素影响，公司破产重组。

娃哈哈在20世纪90年代是中国市场经济大发展中的软饮料巨头。

2010 年后，公司更多表现出反应者的战略状态。1988 年，娃哈哈研制出儿童营养液，占领了这一空白市场，之后其八宝粥和果奶又迅速热卖，积累了一批忠实消费者。1991 年娃哈哈集团有限公司正式成立。1994 年，公司进入成长期，与此同时，联销体模式诞生，公司充分渗透县域市场，推出了 AD 钙奶、非常可乐等至今仍销量口碑俱佳的饮料单品。2003 年，娃哈哈成为全球第五大饮料生产公司。2005 年娃哈哈推出的营养快线和爽歪歪饮品成功进军城市市场，同时公司深耕县域市场，主要客户量继续增加。2005—2009 年，娃哈哈还尝试了童装，但营收状况不理想，只能放弃。2010 年开始，随着饮料行业发展速度变慢，娃哈哈也遇到了瓶颈期。公司曾尝试进入国际精品为主的全国性连锁百货，以失败告终。之后，娃哈哈未有新的爆款饮料单品推出，业务多元化也遇到阻碍。

娃哈哈的早期商业战略可以用"农村包围城市"来做比喻，娃哈哈以联销体模式深耕县域市场，通过低价格赢得客户，后来凭借营养快线和爽歪歪拓展城市市场。在很长一段时间内，娃哈哈主导三四线城市的市场，市场环境相当稳定。随着城市化进程的加快，其在三四线城市软饮料市场上的份额和重要性下降。同时，经销商的议价能力也大幅度提升，联销体模式受到了挑战。另外，娃哈哈所属的软饮料行业产品更新速度较快，功能型饮料很快成为行业内重要的发展方向。而此时的娃哈哈主要通过模仿市场上已有的饮料来开发新饮品。在营销渠道方面，娃哈哈希望跟上互联网发展的步伐，试图推出"线上拉客、线下消费"的商业模式，但结果不尽如人意，其主要问题与公司战略和领导风格有关。

娃哈哈作为典型的家族公司，它的成功来源于其高度扁平化的组织结构。在扁平化的组织结构中，上传下达的路径变短，效率提升。从组织结构可以看出，娃哈哈作为家族公司的代表，其领导力与传统大家庭类似，宗庆后作为"大家长"（领导者）分级授权。扁平化的组织结构使领导者可以统揽大局，被授权的员工可以充分发挥自身才能，将其负责的目标任务进一步细化。但是，当市场出现重大变化时，员工也只能跟随大家长的指挥棒做出反应，无法发挥主观能动性。2010 年后，娃哈哈对待市场变化基本上是反应式的。

反应者也可能是一个初创公司，它有想法，但似乎难以执行。利勃登执着于追求音响效果。它没有扩大规模，或与苹果合作充分发掘潜力。利勃登扬声器的价格并不低，但它的生产效率不高。相反，它专注于社交媒体流量，而该市场的竞争异常激烈，它似乎错过了智能家居的发展浪潮。行业内新老竞争对手，如哈曼卡顿（Harman Kardon）和亚马逊（Amazon）都在更积极地探索新产品和新用途。利勃登的战略不是很有效，也没有探索市场的新机会。它的战略与我们在第一章讨论的一致，就是一个与自身能力和外部市场机会都错位的战略。

⚙ 防御者战略

现在移到图 2-1 的左上角。如果你的公司更注重利用而不是探索，那么你的公司就是防御者。防御者高度重视利用其资源，但对探索任何新事物或在其狭窄的现有范围之外进行创新的兴趣不大。防御者内部的主管人员专注于捍卫公司在市场上的地位，较少关注新的想法、产品或服务。相反，它们强调保持既有的竞争地位，这可以用市场份额或利润率来衡量。销售预测是防御者经常使用的工具，也就是说，依据过去预测未来。制订计划是为了保持竞争地位，抵御竞争对手，或者至少不让它们侵占公司的既定市场。防御者通常制定非常有竞争力的价格，或者有一个别人难以渗透的产品细分市场。为了保持竞争力，防御者需要详细而集中的信息，以便能够对当前的产品和生产方法进行持续的改进（而不是创新）。

防御者通过对资源的高效利用来保持其地位。这种战略使防御者在效率较低的竞争对手面前无懈可击。防御者可以对现有产品和服务的现有流程进行改变，但目标是要提高效率，并保持其地位。因此，正如第一章所讨论的那样，防御者专注于流程改造，并将效率作为首要目标，但防御者的效用很低（相对而言）。

如果你的公司是一个防御者，你会发现你不能改变很多或做出快速改变。你的敏捷性是有限的，而且集中在防守方面。因此，防御者有一个稳定的策略，就是反复有效地做同一件事。高资本往往是进入防御者所在行业的一个障碍。对质量的强调可能是阻止新进入者进入市场或防止现有竞争者抢占公司市场份额的一种手段。

防御者可以在很长一段时间内做得很好。它面临的一个威胁是其产品或服务在市场上不再受欢迎；另一个威胁是新技术降低了高资本要求，从而允许新进入者参与竞争。类似的威胁可能来自新的监管制度或监管的放松，正如我们在运输和电信等行业看到的那样。

防御者做出重大改变的速度很慢。当买家停止购买其产品时，防御者不具备开发新产品或新市场的有利条件。对变化的迟钝和有限的敏捷性，再加上对效率的高度关注，使得防御者在长期内处于弱势。

乐高，丹麦的塑料积木儿童玩具公司，是应用防御者战略的一个很好的例子。几十年来，它一直将重点放在玩具积木上。在 2000 年之前，乐高的利润非常可观，而且多年来一直是一家增长型公司。它通过积极的营销，捍卫专利、版权和商标，并通过推动自动化生产来保持其地位。利用一切法律措施来保持竞争优势，是乐高一贯非常重视的一点。

正如第一章所讨论的，2000—2004 年，乐高努力进行改革，以满足客户对更多电子玩具的新需求，但它没有很好地从防御者战略转向关注创新的战略。多年来，乐高的战略重点一直不连续，而且不断变化，因此造成了严重的财务损失。为了生存，公司需要阻止销售下滑，减少债务，并将重点放在现金流上。这是一个典型的转折，需要严格的规模控制和自上而下的管理。乐高再次取得了巨大的成功，在 2013 年它首次成为世界上最大的玩具制造公司，在 2014 年创造了有史以来最高的利润。

在 2017 年和 2018 年，乐高的增长趋于平缓，处于一个新的状态。与其他零售市场一样，玩具市场也有重大变化，一些主要零售客户如玩具反斗城（Toys "R" Us）在2018年破产了。互联网销售和客户接触点的变化也在冲击着玩具市场。对于乐高来说，传统的市场渠道似乎正在受到侵蚀，它必须利用电子技术和社交媒体以及旗舰店来寻找新的市场途径。

约尔根·维格·克努斯托普（Jørgen Vig Knudstorp）在2016年辞去了乐高首席执行官的职务，成为董事会主席。乐高任命了新的CEO，但他只坚持了很短的时间。2017年10月1日，丹佛斯（Danfoss）的首席执行官克里斯蒂安森（Christiansen）成为乐高的新CEO。

克里斯蒂安森非常重视重新建立乐高的销售体系，同时使乐高的发展更加可持续和数字化。乐高把重点放在经典积木上。克里斯蒂安森指出："将乐高只看作一个实体玩具公司是错误的。"乐高这样的战略转型效果如何？需要哪些新的组织设计？值得进一步观察。

沃尔玛（中国）公司也采取了一种防御者战略。作为一个海外公司，它只能遵循总部的战略部署。自1996年进入中国，面对市场前所未有的剧烈变化，沃尔玛（中国）未能利用既有的产业供应链的影响力，走向类似京东、淘宝的电商道路，错失市场机会。

沃尔玛公司由山姆·沃尔顿（Sam Walton）于1962年在美国阿肯色州创立，经过多年的发展成为全球性零售巨头，连续多年占据世界500强企业榜首。1996年，沃尔玛进入中国，在深圳开设了第一家沃尔玛购物广场和山姆会员商店。目前，沃尔玛门店和配送中心已遍布中国100多个城市，主要有沃尔玛购物广场、山姆会员商店、在线电子商店等多种经营方式。

高新技术和信息系统原本是沃尔玛核心竞争力的重要元素。早在20世纪70年代，沃尔玛就建立了电子收款系统、数据处理和通信中心，实现了计算机网络化和24小时通信。20世纪80年代初沃尔玛发射其商用卫星，以进行存货自动控制。如今，沃尔玛已经完成通过卫星传输市场信息、建立线上管理的采购供销网络、与供应商建立计算机化连接（共享信息）

以便供应商进行补货的多元信息系统网络布局。沃尔玛庞大的信息管理系统涉及顾客信息管理、物流信息管理、供应商信息管理等多个方面，总部可以随时了解全球各分部、各门店的经营情况，进行及时的协调和控制。内部员工和外部供应商也能够方便地查阅装箱单、货运单，从而随时了解货物的运输状态，同时传达新的要求。这大大节省了人力、物力成本，提高了工作效率和物流效率，却没有使沃尔玛（中国）成为中国互联网电商时代的先锋。沃尔玛（中国）的战略和组织结构决定了它的主要使命是维持已有的市场优势，执行成熟的商业模式，各事业部和大区自主协调内部供、产、销，进而积极进行专业化生产和良性竞争。这确实降低了管理费用和交易成本，提高了内部流程的效率，但没有为创造新的电商模式留下足够的空间。沃尔玛在中国市场的战略属于防御者战略。

◎ 勘探者战略

勘探者位于图 2-1 的右下角。勘探者对市场新机会的探索度很高，但对利用现有资源的关注度很低。因此，如果你的公司对探索的关注度很高，但对利用的关注度很低，你的公司就是勘探者。勘探者专注于新事物的创新，忽略了对现有机会的有效利用和精进，它不断地寻找新的市场机会，并不断地试验新的想法、新的技术和新的流程。勘探者是变革的创造者，因此其他公司必须适应其行动。勘探者并不太关心如何利用自己的资源，也不太关心如何提高资源利用效率。勘探者需要不断扫描外部环境，处理大量新的、不同的信息。为了获得成功，勘探者必须具有敏捷性，并能将重心从研发转向推出新的产品和服务。

勘探者保持其竞争地位的方法是保持创新并颠覆市场竞争态势，而其他竞争对手必须对此做出反应和调整。勘探者不断质疑现状、改变游戏规则，这使其处于优势地位，并享有先发优势。勘探者比防御者更容易对产品和服务进行大的改变。正如第一章所讨论的那样,它是由效用目标驱动的。勘探者的效率较低,但由于竞争形势有利,它可能通过较高的价格在成本较高的情况下生存。

勘探者是以变化为导向的,比起现状更喜欢新的东西。质量不是其首要考虑的问题,价格竞争力也不是其首要考虑的问题。相反,这些问题被新产品或服务的新颖性代替。当然,质量和价格对客户来说很重要,特别是当其他公司进入市场,与勘探者的最新创新战略一样时。勘探者对此的反应是开发一个新的产品或服务,在创新中引领市场。勘探者需要不断地推出新的产品或服务以实现发展。敏捷性是其成功的关键。

这种战略是有风险的。从有利的方面看,一个新产品或服务可能带来巨大的回报;从不利的方面看,勘探者可能会迅速耗尽其资源,因为它通常在有限的时间内运作,以获得成功,换言之,新产品或服务的开发周期必须相对较短。随着不断的成功,勘探者可以在很长一段时间内做得很好,当它无法实现创新并向市场提供新产品或服务时,它的脆弱性就会暴露。

海尔集团自 1984 年创立以来一直注重创新,经历了四个战略阶段,即品牌建设、多元化发展、国际化和全球品牌阶段。2013 年,它进入了第五个战略阶段:网络化战略阶段。海尔集团的首要任务是生产满足消费者个性化需求的产品,并高度关注效用。在网络化战略阶段,海尔集团已经从一个生产家用电器的传统公司转变为一个平台型互联网公司,旨在建立一个新的合作平台。

为此,海尔集团在战略、组织、员工、客户、薪酬、管理等方面进行了颠覆性的探索,形成了动态循环体系,加速了向互联网公司的转型。在这个过程中,员工从执行者转变为创业者、动态合伙人,从而形成了一个与上下游客户紧密捆绑在一起的社会生态圈,最好地满足了客户的个性化需求。在薪酬机制上,海尔集团从"由公司支付"转变为"由客户支付",以此鼓舞员工成为真正的企业家并在为客户创造价值的同时实现自身价值。

在管理创新方面，海尔集团通过对非线性管理的探索，努力实现自我进化，最终实现其目标。

2019 年，海尔集团在国际范围内推出智能家居解决方案，旗下七大品牌发布了连接各品牌全套智能家电的平台，让全球客户享受到智能家居带来的流畅生活方式。

海尔集团副总裁兼智能家居部总经理王晔说：

> 海尔集团已经正式启动了其全球智能家居解决方案的推广活动。由于我们的自主创新和品牌建设，以及关键的收购和本地化的成功，海尔集团正在创建世界上第一个扩展的家用电器品牌家族。构成我们整体组合的七个品牌针对不同市场的不同消费者群体，确保全面的地理和人口覆盖。随着我们在全球扩张的道路上继续前进，海尔集团将强化每个品牌的独特定位，使它们成为其所在市场上受欢迎和被喜爱的品牌。

海尔集团非常重视开放式创新。"客户个性化"是开放式创新的一个驱动力。在互联网时代，客户获得详细的产品信息变得越来越容易。随着互联网使用率的提高，客户需求越来越个性化、越来越碎片化，客户对定制产品的要求也越来越高。因此，为了满足客户的个性化需求，公司必须改变传统的创新方式，与客户和一流的合作伙伴一起进行创新。产品创新加速是开放式创新的推动力。在传统上不以高度重视探索而著称的行业中，海尔是一个不同寻常的勘探者。

许多初创公司，例如今天的生物技术公司，也可以归类为勘探者。3M 公司经常被认为是采用了勘探者战略的公司，它不断开发新的创新产品。谷歌也采用了类似的战略，不断创新基于互联网的信息服务。苹果公司传统上奉行勘探者战略，更注重产品的新颖性，而不是价格低廉。

2014 年建立的总部位于北京的人工智能公司第四范式，力求成为一家集机器学习、迁移学习和强化学习于一体的人工智能算力公司。公司创始人有强大的学术背景。在如何将领先的算力广泛应用到商业场景方面，第四范式是行业的勘探者。但是，整个人工智能应用市场还处于培育阶段。这就使得公司的能力只能在少数愿意密切配合的客户的业务中展现。例如它与招商银行合作的成功范例尚未带来能够适合全行业的普及产品。作为行业先驱，第四范式必须面对采用勘探者战略的风险：在高额投资消耗殆尽之前，找到稳定的利基市场。

另一个实例是 Bilibili，又称 B 站，是 Z 世代极受年轻群体欢迎与关注的视频网站，也是二次元的文化社区。它处于局部激荡的环境中，重视为会员创造新颖的价值。

B 站成立于 2009 年 6 月。成立初期，它采用邀请制与会员制，在特定时间对外开放，主要客户为二次元人群，2011 年，B 站接受天使投资，并积累了一批忠实的用户。到 2012 年，B 站的流量已经超过它的起始社区——弹幕网站 AcFun（A 站）。2014 年陈睿加入 B 站任董事长，次年开启多方位融资推动 B 站资本化进程，这也标志着 B 站进入新的探索期。与此同时，B 站开放正式会员进行新一轮引流，客户不再局限于核心二次元人群。B 站扩展到泛二次元的板块，包含动画、音乐、舞蹈、游戏、数码、番剧、放映厅等，一级分区下又有多个二级分区，非二次元视频播放量上升，为其继续积累新的客户。2018 年 3 月 B 站正式上市，上市后获得腾讯、阿里巴巴以及索尼的战略投资。上市后，B 站逐渐在 Z 世代年轻群体中获得高度认可，颇具口碑，客户黏性以及留存率较高。从二次元到非二次元，B 站始终与忠实客户同行，不拘泥于初始产品的形态。

上市之初 B 站的营收十分依赖游戏业务，随着营收结构的不断优化，从 2020 年第 4 季度开始，其第一大业务从游戏变成增值服务，降低了公司对单一业务的依赖。B 站已经形成了游戏和直播增值服务占比约 68%，广告和电商及其他占比约 32% 的"两大两小"业务格局。由此可见，B 站还是保持着勘探者战略，不断开辟新的市场。

⚙ 没有创新的分析者战略

如果你的公司重点关注利用，适度关注探索，那它就是一个没有创新的分析者。没有创新的分析者与防御者非常相似，除了它有一个被动的创新战略或仿制战略。没有创新的分析者会关注其他公司的成功之处，然后仿制类似的产品或服务来满足客户的需求。没有创新的分析者高度重视利用自己的资源，但在探索方面表现一般，会复制他人的创新。它的位置如图 2 - 1 所示。

与防御者类似，没有创新的分析者专注于保持组织在市场中的地位，同时，它也关注其他公司的做法。有些公司非常善于成为快速追随者，观察其他公司的成功做法，然后迅速行动，做同样的或者非常类似的事情。它有一种专注的敏捷性。没有创新的分析者战略可以是防御性的，因为公司可以迅速行动以保持其地位；也可以是拓展性的，即公司实际上超越了创始者的做法。无论哪种情况，这都是一种模仿或抄袭的战略，重要的是认识到别人的成功之处，然后跟随。

没有创新的分析者通过有效利用资源和追随其他公司来保持其地位，这在一定程度上使其不受竞争对手行动的影响。没有创新的分析者可以对现有产品和服务的现有流程进行小的改变，但其目的是保持效率和既有的市场地位。如果有必要，它可以通过跟随其他公司进行创新以捍卫市场地位。没有创新的分析者主要追求效率，如第一章所讨论的，它对效用的追求是中等的。

通常情况下，没有创新的分析者的业务不会有太大的变化，但它可以通过跟随其他公司来改变。没有创新的分析者善于有效地做与其他公司同样的事情，但不时会有一些变化。

没有创新的分析者可以在很长一段时间内做得很好，特别是在模仿其他公司方面。没有创新的分析者所面临的挑战是如何选择要模仿的公司。

当它跟随错误的趋势或未能足够迅速地模仿，从而使其产品或服务在市场上不再受欢迎时，它的脆弱性就会呈现。如果客户不再购买它的产品或服务，实行这种战略的公司也没有能力开发自己的新产品或新市场。由于迅速模仿并不容易，选择这种战略的公司必须有组织力和行动力。在时尚界，你会看到无数没有创新的分析者。它们到巴黎去了解当年的趋势，然后以大众化的方式复制高级定制时装。杂志社和电视台也经常做同样的事情。它们通过积极而巧妙地模仿市场领导者已经建立起来的最新的寻找客户的方法来获得成功。个人电脑市场上有许多低成本的模仿者，它们销售廉价的电脑。你也可以说，思科（Cisco）遵循的是没有创新的分析者战略。思科关注创新趋势，并通过购买拥有新技术的小型创新公司进行大量投资。对思科而言，敏捷性是指整合所购买的公司或其技术的能力。需要强调的是，没有创新的分析者战略不是一个不好的战略，如果与该公司所处的市场条件和公司能力匹配，这就是一个理性的选择。

全球快时尚行业的新秀希音（SHEIN）被认为是没有创新的分析者或者是快速模仿者。希音电子商务有限公司（以下简称"希音"，最初名为" Sheinside"）是 2008 年成立于江苏省南京市的一家 B2C 跨境快时尚电商公司，主营业务是快时尚女装的设计和跨境销售。不同于亚马逊、天猫淘宝、京东等第三方电商平台，该公司属于垂直自营跨境电商。希音精于细分市场并进行市场定位、快速模仿和整合各种组织的能力，以实现跨境快时尚的商业模式。

凭借着平均每天数千款的上新、超低的价格以及随处可见的网红推荐和社交广告，希音正在追赶 ZARA，有望成为全球知名的跨境电商时尚品牌。

成立之初，希音的业务模式主要是从国内服装批发市场低价采购婚纱礼服、毕业礼服、伴郎礼服等，然后利用跨境电商渠道向欧美发达国家市场高价销售，赚取差价。

随着销售规模的扩大，2012 年希音开始转向时尚女装的设计和销售业务，并采用跨境电商独立站模式，自行进行品牌和渠道的运营管理，搭建公司供应链生态体系。

2015年，希音由Sheinside更名为SHEIN，通过全面搭建供应链体系，打造希音云工厂供应链平台，解决了产品的全球供应问题；希音的品类进一步扩大到大码服装、童装、美妆、男装、家居等领域；通过社交平台和网红营销模式进入中东、印度等新兴市场，开始了全球布局。

2016年，希音开始进入阿拉伯等中东国家的新兴电商市场，同年希音的销售额首次突破10亿元人民币。2018年希音进入印度市场，这一年其销售额突破100亿元人民币。

2020年受新冠疫情影响，跨境电商迎来了新的发展时机。希音的销售额同比增长超过100%，接近100亿美元。

2021年，希音在谷歌携手凯度发布的《2021 Google × Kantar BrandZ中国全球化品牌50强》榜单中排名第11位，同年5月17日，希音取代亚马逊成为美国iOS和Android平台下载量最高的购物App，在54个国家或地区的iOS购物应用中排第1位，在13个国家或地区的Android购物应用中排第1位。

目前希音在全球建立了多个运营仓、中转仓，每天上新数千款服装，业务拓展到全球220多个国家或地区，连续多年销售收入增幅超过100%，并在多个国家或地区的购物应用下载榜中排第1位，2021年被评为Piper Sandler美国年轻人最受欢迎的品牌。

希音从不同的渠道汇聚所需要的组织能力，例如快时尚、供应链智能化、跨境电商、小众设计、大众价格等，它们均有成熟的运营模式。希音的特殊能力在于仔细分析市场需求，然后综合各方面的能力抓住激烈市场竞争中的商机。它不是各种市场能力的首创者，却是快速模仿者和有效整合者。

✪ 有创新的分析者战略

如果你的公司高度重视探索和利用，那么它就是有创新的分析者。有创新的分析者战略是一种双重战略，结合了防御者战略和勘探者战略的特点。有创新的分析者利用其现有的资源和市场地位，同时采取积极的创新战略，开发新的产品、服务及交付流程。有创新的分析者既有高效率又有高效用。它的位置如图 2 - 1 所示。

有创新的分析者积极探索，同时有目的地进行创新，寻找新的产品或服务。它不仅仅看别人做什么，而且更广泛地调查技术和市场情况，寻找可以提供新产品和服务的机会。一些公司采用市场驱动的创新方法，因为它们关注市场或客户的需求，然后试图通过创新满足这些需求；它们可能将自己局限于熟悉的市场，也可能寻找新的市场。另一些公司则采用技术驱动的战略，它们投资于更多的基础性技术，试图利用技术发展的成果。

如果你的公司采取有创新的分析者战略，就必须关注两个方面，既要捍卫公司在市场中的地位，又要对产品和服务进行创新。这是一个艰难的平衡，需要高超的技巧、管理方面的知识和组织的敏捷性。公司必须注重发展新的想法、产品和流程。成功意味着定期生产新产品或服务，同时还要保持公司在市场份额或盈利能力方面的地位，制订计划以捍卫公司的地位，抵御竞争对手，探索新的领域。有创新的分析者需要最动态匹配的、最复杂的组织设计。

这种战略有一个缺点。有创新的分析者是脆弱的，因为它可能无法保持探索和利用的结合，这种结合对于它保持其现有市场份额以获得短期经济效益和保证新产品的创新以抓住未来的机会来说是必须的。效率和效用的双重目标引发了矛盾，必须通过一个敏捷而强大的组织设计巧妙地加以调和。这种敏捷性是很难实现的。

最近 10 年的研究表明，一个成功的有创新的分析者需要将利用和探索作为设计的一部分嵌入整个组织。你可以让组织的一部分专注于利用，即作为防御者，另一部分则专注于探索，即作为勘探者，通过这样的方式实现利用和探索的适当平衡。这种分离需要一种机制来选择以后可以利用的新的探索性想法、服务或产品，以及从探索到利用的转变应该什么候、以什么方式进行。这很困难，即使组织的探索部分和利用部分都做得很好，也可能会失败。另一种方法是双管齐下的战略，即在组织的各个部分都同时进行探索和利用。这种两栖战略（ambidextrous strategy）的重点是同时进行渐进的和激进的创新，以及产品和流程创新。复杂的两栖战略需要特别关注领导风格和组织设置。我们将在随后的章节中探讨这些问题。

微软（Microsoft）一直是一个有创新的分析者。多年来，它能够很好地平衡探索和利用。它开发新的服务项目，同时也在市场上大力维护其现有服务项目在市场中的地位。它也有一些没有创新的分析者的特征，比如一直在购买技术。

鉴于不断变化的技术和其对服务的需求，微软在 2014 年重新评估了其战略和组织结构。2015—2018 年，它受够了人工智能、云计算和游戏领域的几家公司在新技术应用市场的挤兑。为了进行实验，微软向公众开放"车库"——一个推动文化创新的项目，以便外界可以对微软的想法进行测试。虽然主要的研发设施位于华盛顿州的雷德蒙德市，但微软还在美国其他地区和世界各地，包括中国、加拿大、印度、爱尔兰、以色列和英国运营着研发设施。除了主要的研发业务外，微软还经营微软研究院。微软研究院是世界上最大的研究组织之一，与世界各地的大学密切合作，推动计算机科学和其他广泛学科的发展。这些组织设计方面的安排与微软选择的战略相匹配。

⚙ 数字化商业战略

今天，如何最大限度地利用数字化技术是公司战略的首要问题。在我们的四个案例公司中，数字化、新技术和互联网都是其战略的组成部分。当数字化成为一种通用技术后，每家公司都需要思考和运用数字化商业战略。

简言之，数字化商业战略是一种通过充分利用数字资源来创造差异化价值的组织战略。数字化意味着为供应商、客户和员工引入信息技术，在产品和服务中利用信息技术，并将信息技术与组织的商业模式联系起来。数字化使普通的产品或服务有可能以与数字产品相同的动态、速度和速率进行开发、分销和货币化。这意味着空前的速度、高频的开发率以及几乎为零的分销成本。为了从这些不断改进的技术中获得真正的优势，公司需要新的流程和新的商业模式。公司需要向外部开放，连接新的生态系统和合作伙伴，并在自己的组织中进行数字化动员。

新技术包括物联网（IoT）、云计算、社交媒体和移动技术。数字平台是一种新的现象，在过去几年中一直是知名度高的管理类书籍的主题。机器学习、人工智能以及虚拟现实、增强现实对组织的影响似乎在组织研究中还没有得到充分的探讨。本书作者之一鲍勇剑撰写的《数字化时代的商业模式转型》可以作为这方面的补充参考资料。

雷蒙德（Raymond）和贝杰龙（Bergeron）在对 107 家加拿大制造商的调查中发现，电子商务能力的属性对组织绩效至关重要。防御者应该以电子通信和电子商务为目标。分析者应该以电子通信、电子商务和人工智能（AI）为目标。勘探者的目标应该是电子通信、电子商务、人工智能和数字化协作。他们还发现，对一些公司——尤其是防御者——来说，实际实施的电子商务根本不符合它们的理想模式。防御者似乎比分析者或勘探者更喜欢自动化的机器智能。然而，电子商务对防御者的业绩贡献更大。因此，根据组织绩效反馈不断审视和选择合适的技术方法很重要。

数字化适用于所有四种类型的战略。在《引领数字化》(*Leading Digital*)一书中，韦斯特曼（Westerman）等根据领导能力和数字能力提出了公司应对数字化挑战表现出的四种属性。初入者（beginners）是指在领导能力和数字能力方面得分都较低的公司。它们通常处于等待状态，并将监管和隐私作为等待的理由。尽管所有四个战略象限中都包括初入者，但反应者的特征最有可能使组织成为数字化的初入者。保守派（conservatives）在领导能力方面得分高，但在数字能力方面得分低。它们行动迟缓，厌恶风险，并在数字化转型中投入了大量的管理资源。它们专注于运营。一般来说，其通过社交媒体和移动设备吸引客户的得分低于平均水平，这表明强大的数字治理能力、监管忧虑和规避风险的文化的结合可能是创新的障碍。保守派与注重开发而非探索的防御者思维非常吻合。

勘探者与时尚达人（fashionistas）有许多相似之处。时尚达人在领导能力方面得分较低，但在数字能力方面得分较高。时尚达人喜欢创建解决方案的孤岛，并会遇到缺乏整合的问题。数字大师（digital masters）在领导能力和数字能力方面的得分都很高。它们通过自己的业务驱动技术发展，并以适当的速度前进。韦斯特曼等发现，数字大师的表现比初入者要好。总之，公司在数字化过程中表现出来的四种属性与战略四象限有着对应关系，可以结合起来分析。

数字化战略和数字化转型不仅可能改变特定的公司，还可能改变行业，从而改变环境。一个很好的例子是人们在家里看电影的方式。百视通（Blockbuster）是世界上出租 DVD 的领导者，在世界各地有 9 000 家商店。然后，一个新的流媒体——网飞（Netflix）诞生了。虽然基础产品或服务是相同的，但它们的交付方式和商业模式是非常不同的。在一段相对较短的时间内，百视通几乎消失了，只剩下一家老店。它现在正试图改变其商业模式，但似乎不太可能成功，因为市场形态已经百舸争流、一日千里，百视通的内部资源组合属于老旧破小的类别，而公司领导力尚未有大开大阖的迹象。

鲍勇剑等学者在《数字化时代的商业模式转型》一书中指出，数字化转型不是一抓就灵的魔法。公司可能进入"败将""施主""赢家""饕餮"四种情境。怎样避免做"败将"和"饕餮"，怎样利用"施主"的社会影响转变为"赢家"？公司需要随环境变化做战略权变。

⚙ 匹配和错位

哪种战略与你的目标匹配？如果组织的战略与目标不一致，那么就需要解决错位问题。存在什么错位，你能做什么？举个例子，假设你所选择的组织有一个以利用为重点的防御者战略。这一战略与效率目标是一致的。现在，请回到第一章，验证你的目标是否主要是效率。如果是这样，你的组织战略和目标就是一致的，没有错位。如果你的目标不符合防御者战略，那么就存在错位，需要进行一些改变，使你的组织保持协调。假设你的目标既有高效率又有高效用，那么，一个更好的战略就是分析者战略，要么有创新，要么没有创新。现在，你要么改变你的组织目标，使之匹配防御者战略，要么将战略改为分析者战略，以匹配你的目标。

表 2-1 展示了组织目标和战略类型之间的匹配关系。这与我们组织设计空间的四个象限相对应。表 2-1 中 A、B、C、D 四列分别显示了组织设计空间中战略类型和组织目标的匹配情况。换句话说，一个组织要想拥有很好的匹配，它的战略类型和组织目标应该落在表 2-1 的同一列中。

表 2-1 组织目标和战略类型之间的匹配

部件	在组织设计坐标系中对应的象限			
	A	B	C	D
战略类型	反应者	防御者	勘探者	有创新的分析者 没有创新的分析者
组织目标	既无效率也无效用	效率	效用	效率与效用

首先，将你在本章中确定的战略当作给定的，然后看看与之匹配的目标是哪一个。如果你的组织的目标与你的战略相匹配，那么该组织就不存在错位；如果战略和目标不在表2－1中的同一列，那么该组织的战略和目标之间就存在错位，就应该改变目标，使组织达到协调。接下来，为了实现修订后的目标，你的组织需要做什么？

其次，尝试相反的方法。将你在第一章中确定的目标当作给定的，根据表2－1中的信息，看看与之匹配的战略是哪一个。如果存在错位，你的组织需要做些什么才能采用这个修订后的战略？例如，更加强调探索或者从利用转为探索是否可行？根据你的组织的特定情况，思考各种可能性。

最后，想一想你的组织是改变战略更好还是改变目标更好，以及你将如何实施这些改变。随着你对本书的不断学习，我们将对你的组织有更全面的了解，并根据需要研究管理和改变组织的方案。

在后面的章节中，我们将增加组织设计要素，组织设计空间将变得更加复杂，但你将能够开发出更完整、更好的方案，以实现组织目标。在第三章，我们将通过考察组织所处的环境来完成第二步。

⚙ 诊断性问题

现在，继续对你选择的公司进行分析。回顾一下，在第一章中，你选择了一个分析单位，并从效率和效用的维度对其目标进行了评估。本章在图2－1的探索－利用维度上对同一公司（同一分析单位）进行定位。然后，将该公司的战略分为反应者战略、防御者战略、没有创新或有创新的分析者战略和勘探者战略。

回答以下诊断性问题。通过这些问题，你可以确定公司在战略空间中的位置。

从哪里可以找到回答这些问题的信息？通常情况下，战略被写在战略文件中，有时会在公司网站上公布。对于公共组织来说，这种情况很常见。高层管理者制定了公司的战略，因此，他们掌握了战略方面的信息和洞察力；他们知道自己希望公司处于什么位置、希望公司往哪里发展。同时，战略在整个公司中发挥着作用，与公司的中层管理者和员工一起确认战略非常重要，如果存在脱节，实施战略就会很困难。

公司的战略信息还有其他来源。年度报告和其他公告通常包含这方面的信息。这些文件以及报纸上的文章，都可以在互联网上找到。大多数上市公司都希望投资者和股东了解其战略。

1. 你在第一章中选择的分析单位是什么？在回答下面的问题时，请对这个分析单位进行分析。下面的问题将帮助你确定你的公司在探索和利用空间中的位置。对于问题 2 和问题 3 中的每个项目，根据 1～5 级评分量表对公司进行评分，具体如下：

1	2	3	4	5
很低		中等		很高

2. 探索：

a. 公司的产品相对于其竞争对手的产品而言，创新程度如何？（评分 1～5）

b. 你的客户愿意为新产品支付高价吗？（评分 1～5）

c. 公司开发新产品的频率如何？（评分 1～5）

d. 其他公司开发相关产品的难度有多大？（评分 1～5）

e. 公司是否使用最新的数字技术来开发新产品？（评分 1～5）

f. 公司是否使用最新的数字技术来开发新的市场，例如，以数字技术来划分、定义客户？（评分 1～5）

现在，在图 2 - 2 的探索轴上标出该公司的位置。[①] 如果你给出的分数大于 3 分，那么该公司的探索程度就高；如果你给出的分数小于 3，那么它的探索程度就低。

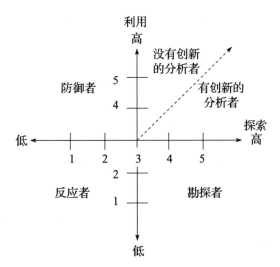

图 2 - 2　战略空间的组织定位

3. 利用：

a. 公司的流程创新程度如何？（评分 1 ～ 5）

b. 你的客户是否重视标准化和可靠性？（评分 1 ～ 5）

c. 公司是否善于利用数字化来改善生产流程？（评分 1 ～ 5）

d. 公司的重点是开发生产工艺而不是新产品吗？（评分 1 ～ 5）

e. 其行业的进入壁垒是否较高？（评分 1 ～ 5）

现在，在图 2 - 2 的利用轴上标出该公司的位置。如果你给出的分数大于 3，那么该公司的利用程度就高；如果你给出的分数小于 3，那么该公司的利用程度就低。

①　本书中所介绍的诊断性问题，要么来自用于衡量特定概念的研究工具，要么来自对概念定义的剖析。这些诊断性问题将帮助你专注于对探索和利用进行评分。我们建议你用算数平均法或加权平均法计算各项得分，从而得出总分。如果你觉得这个平均值不合理，可以根据自己的判断来调整它。你也可以根据你选择的具体的公司使用其他诊断性问题来获得得分。

4. 现在，根据探索和利用的得分，在图 2 - 2 中找到该公司的位置。它的战略是什么？

接下来，我们希望你检查一下你的公司的战略是否与你在第一章中选择的目标相匹配。

⚙ 总结

本章继续采用七步法划分组织战略的四种类型。通过选择探索和利用两个维度及其程度来描述组织的战略，我们获得了四种原生战略：反应者战略、防御者战略、勘探者战略、没有创新或有创新的分析者战略。

现在，我们可以检查组织战略与第一章所选择的分析单位的目标是否匹配。如果组织的战略与目标之间存在错位，就应该考虑如何调整战略或如何调整目标，以使二者保持一致。

制定战略必须与时俱进。数字化技术已经成为每个组织必须考虑的战略要素。数字化商业战略为一个组织选择创新的方向和内容提供了巨大的灵活性。它既可以为效率服务，也可以支持效用的实现。

第三章

环　境

⚙ 简介

　　在第一章和第二章中，你已经描述了你的分析单位的目标和战略。这一章，我们将重点关注组织的环境。环境是指分析单位边界之外的一切。当你考虑一个公司的环境时，要考虑哪些因素会对该公司的运营产生影响。在第二章中，你通过考察公司的客户、竞争者、供应商、金融市场或政策制度来评估公司的战略。这些都是公司环境的一部分。战略与环境之间存在着互补性。在设定你的公司的战略时，环境是非常重要的。同时，战略也影响着相关环境。战略告诉你需要关注环境中的哪些重要因素。举例来说，澳大利亚的天气是你所处环境的一部分，但与在芝加哥销售汉堡包的连锁店来说是不相关的，因此，汉堡包连锁店可以忽略它。也就是说，战略帮助你界定公司所处的相关环境，同时，相关环境变化也会影响现有的战略。如果你卖的是汉堡包，芝加哥健康食品行业的发展趋势是你公司相关环境的一部分，即使过去选择战略的时候没有考虑到这一点。另一个例子是第一章中提到的克瓦德拉特公司。它已经改变了经营范围和战略，包括进入中国，因此，它的环境也发生了变化，中国的市场条件是一个新的环境变量。公司对战略的选择在一定程度上决定了其面临的相关环境。

一般而言，环境限制了公司生存与发展的外部条件。不过，企业家可以选择环境、解释环境。这体现了企业家和创业者的主观能动性和领导力。

在本章中，我们将战略视为既定的，并对环境进行考察。如果你的分析单位是公司的一个部门，那么公司中的其他部门也是其环境的一部分。因此，当你评估环境时，它必须与分析单位相对应。

环境是至关重要的，组织设计在很大程度上是由组织的环境决定的。简而言之，环境在很大程度上对于组织来说是给定的，组织应调整其组织设计以适应环境。公司的绩效取决于公司如何使其组织设计与环境相适应。这种理性立场也与组织设计的开放系统理论相吻合。

开放系统理论是组织理论的一种，它认为组织不是独立于周围环境的简单、封闭的官僚结构，而是高度复杂的实体，在其运作中面临着相当大的不确定性和复杂性，并不断与环境相互作用。该理论还假设组织成员将在施加在它们身上的力量和它们自己对这些力量的反应之间寻求平衡。描述组织环境的理论方法很多。早期，系统学家阿什比（Ashby）将环境的多样性描述为多种不同的因素同时存在并相互作用。本书主要作者伯顿和奥伯尔使用了四个维度来描述环境：（1）复杂性，即环境中因素的数量及其相互依赖性；（2）不确定性，即各因素之间的波动和不稳定变化幅度；（3）含糊性，即对某些因素存在的未知和困惑；（4）敌对性，即恶意的外部威胁的程度。劳伦斯（Lawrence）把这四个维度减少到两个：不可预测性和复杂性。这两个维度比较精炼地涵盖了学者们对环境重要属性和特征的实证研究结果。无论是速度变化、不连续、动态，还是数据不全、信息获得滞后、无知，均可以用不可预测性和复杂性维度来表述。

所有这些因素有一些共性。首先，它们是组织环境的一般属性，而不是所有因素的详细列表。其次，这些衡量因素是公司管理层的看法，它们不一定是客观的，但这并不意味着它们是不准确的，而是说管理层对环境和环境的影响有自己的理解。为了获得更准确的理解，公司可以进行环境扫描。有很多方法可以进行环境扫描，也有很多可能的信息来源。环境扫描可以增加管理层对环境的了解，以减少感知的不确定性和复杂性。总之，无论使用何种特定的环境扫描方法，环境都是组织设计的一大决定因素，也就是说，环境是决定组织如何设计的主要因素。多权变模型和结构服从战略的原则（在第二章中讨论过）遵循一个共同的主题，即环境和组织之间必须匹配。

环境既为公司的战略和结构带来了限制，又带来了机会。例如，劳伦斯（Lawrence）和洛尔施（Lorsch）认为，环境不确定性的提高会引发组织差异化的增加。差异化体现在一个组织的部门在任务和方向上是不同的。他们的研究还发现，随着环境中不确定性的提高，组织需要增加组织结构中的差异化，以使组织具有效用，然后需要整合以使不同的部门协调工作、提高效率。整合的方法通常包括制定规则和程序、制订结构性的计划、建立权威的等级制度和决策委员会。

界定环境的方法应该由你所知道的影响你的组织的因素确定。如果一个公司是垄断公司，那么它就没有任何相关的竞争对手。如果一个公司处于一个竞争非常激烈的市场，其环境中最重要的部分可能是其竞争对手。如果一个公司在季节性行业中销售商品，那么消费者的需求周期就是其环境中的一个重要方面。因此，有些因素描述了一个公司的环境，而其他因素则描述了另一个公司的环境。一些公司的环境中有许多重要的、相互关联的因素，而另一些公司的环境则简单得多，只有少数不相关的因素。此外，有些因素对公司绩效有直接影响，有些则是间接影响。汇率的变化可能直接影响特定活动或产品的成本和收入。同样，政府补贴的变化可能直接决定一个行业的生存能力。例如，美国的风力涡轮机的销售直接依赖美国政府的补贴。在布什政府的早期，大家还不清楚政府是否会继续支持风力涡轮机行业。在这种情况下，政府的政策对生产风力涡轮机的公司会产生直接和重大的影响。奥巴马政府更加强调包括风能在内的多种能源的利用，而特朗普政府则降低了这种政策的强度。其他因素则会产生更多的间接影响。例如，政府对航空业管制的放松使得新的竞争者可以进入市场，但不清楚它们将如何进入、何时进入，或者一个成熟的航空公司可以初步采取什么策略来防止或推迟特定类型的竞争者进入市场。在这里，管制的放松以一种更间接的方式影响了环境，并且不确定会发生什么。

产品、服务和业务的数字化也会影响环境。从区域信息系统到基于云的解决方案，以及大量不同来源的大数据，这些都对环境产生了影响。数据共享的建立和智能设备的使用将组织嵌入新的生态系统中，这些网络信息技术组成的生态系统成为环境的一个非常重要的部分。

⚙ 组织边界和数字生态系统

组织边界即组织在商业生态系统中的位置及和其他组织之间的生态关系。组织可能处于中心位置，也可能在边缘位置。组织之间的生态关系可能是强关联，也可能是弱关联。生态系统可以从目的的角度来看，如业务流程、产品、服务、业务（包括数字业务）、创业、技术和创新（包括数字创新）。尽管业务流程生态系统存在于公司内部，但大多数生态系统的概念都超越了公司的边界。一个耳熟能详的例子是苹果公司的 iPhone 产品生态系统，它由焦点产品 iPhone，补充产品（如苹果公司和众多第三方开发商开发的应用程序），各种供应商生产的配件，平台上提供的歌曲、音频、视频节目，以及客户服务和培训项目组成。一个商业生态系统包括外包业务功能的公司、提供融资的机构、提供开展业务所需技术的公司、互补产品的制造商，还可能包括竞争对手和客户，以及监管机构和媒体机构这样的实体。

有时，一个商业生态系统是基于一个平台或者一项基础技术或服务建立的。平台对于一个更广泛的、相互依存的商业生态系统是必不可少的。

内部产品平台是一个子系统和接口，以这个共同的结构为基础，公司可以有效地开发和生产一系列产品。产业平台是由一家或多家公司开发的产品、服务或技术构成的，它们作为基础设施，让更多的公司可以进一步进行互补的创新，并有可能产生网络效应。

无处不在的数字化催生了分层模块化架构。分层模块化架构通过将数字技术创造的设备、网络、服务和内容四个松散耦合的层次纳入其中，扩展了有形产品的模块化架构。一些中国公司实施的中台战略就有这样的特征。

生态系统思维和产品数字化的结果是，单个公司的边界变得更加模糊，有时你必须考虑生态系统，而不仅仅是单个公司。

⚙ 环境的不确定性和复杂性

环境是指一个组织周围可能影响其绩效的力量。对于整个公司来说，环境通常是指竞争激烈的市场。对于一个部门或业务单元来说，它包括上层管理部门和影响该部门业务的公司的其他业务单元。对于一个团队来说，环境是指该团队所在部门、所在部门的其他组织单位，以及可能影响该团队的工作量和其任务成功执行的其他团队。根据组织的直接环境来评估一个组织，并将其作为持续的组织设计过程的一部分是很重要的。如果一个公司换了行业，其环境就会发生变化（因为它进入了一个新的市场）。如果公司进行了内部重组，某个部门、业务单元或团队的环境可能会发生变化。同样，如果一个业务单元在 A 国运营，而另一个业务单元在 B 国运营，由于两个国家的习俗、法规等方面的差异，可能会有不同的环境。评估一个组织的环境时，应考虑影响组织的力量，无论这些力量是存在于焦点组织所处的大组织内，还是存在于外部市场。

当你思考公司环境的力量时，你能否预测它们将如何影响公司？你知道竞争对手会怎么做吗？你能预测制度监管部门在未来会启动哪些新的法规吗？有时你可以，有时你不能。如果欧洲议会已经同意了一个新的框架，你可以在一定程度上估计欧洲当地的法规将如何变化，但你可能不知道地方政府何时会通过新的法规。如果你所在的公司是一个垂直整合的公司，你可能能够在某种程度上控制价值链，但在其他情况下，你可能非常依赖你的供应商，你可能不知道它们对你的建议的反应。当2008年金融危机冲击银行业时，危机将造成的影响是不明确的。这场危机是短期的还是长期的？金融危机之后会不会出现经济危机？政府是否会进行干预，干预的方式是什么？因此，环境有一定程度的不确定性。显然，合适的信息是非常有价值的，但这种信息并不存在。2008年之后，危机持续存在10多年。

今天，大数据允许我们收集、存储、编目和分析几乎无限量的数据，这些数据大部分是混乱的、未经格式化设计的。如果能够收集、分析和使用格式化的数据，公司将获得关于客户、环境转变和社会趋势的新的和不同的信息。大数据可能创造新的商业机会和新的竞争优势。丹麦风力涡轮机制造商维斯塔斯（Vestas）利用大数据来预测能源生产，通过十年的历史数据模拟它的一个风力涡轮机在全球任何地点的能源生产。同样，它可以通过不断接收其5万多个已安装的风力涡轮机产生的超过2.5万条实时数据来优化能源生产。从以峰值性能为标准销售风力涡轮机转变为签订25年的维护合同并以平均产量为基础进行销售，这需要两种不同的组织能力和组织结构。你可以说，维斯塔斯已经从提供产品转变为提供服务。这种变化是许多行业的主要趋势：汽车租赁、建筑服务（包括电梯）、拥有商业地产功能的服务空间等。从销售产品到销售服务的变化对所需的组织设计有很大的影响。由于时间、不确定性和复杂性，这种变化影响了信息处理的需求，因此环境已经发生了变化。

另一个可能会影响到组织的是可持续发展（sustainability），即强烈关注环境、社会和公司治理（ESG）。在许多国家，联合国可持续发展目标已经产生了一种组织变革的压力。对于一些行业，它已经成为一个竞争因素。对于公司来说，必须考虑环境中这种新的可持续性因素。例如，在上海证券交易所上市的公司要开始提交 ESG 评估报告。中国国家发展和改革委员会对大型国有公司的"双碳"目标颁布了指导性意见。行业的龙头公司，例如物流行业的菜鸟，也率先发布 ESG 白皮书，把 ESG 目标落实到各个业务目标的战略创新和绩效考核计划中。

说出环境中哪些因素可能会影响公司的行动和业绩可能是相对容易的，但要估计与这些因素相关的不确定性程度可能要困难得多。一些不确定因素的不确定性程度可以用概率术语来表述，而另一些不确定因素的不确定性程度用概率术语来表述可能难很多。例如，环境中可能有你的组织从未经历过的挑战，如大数据和可持续性，也可能是一种新的技术或一种新的监管类型。

如前所述，感知到的不确定性也取决于组织进行环境扫描的能力。人工智能和预测性分析可以帮助组织预测客户和供应商的行为，从而减少感知到的不确定性。组织设计应包括适当的环境扫描。在看似相似的情况下，根据公司对其环境所掌握的信息的多少，一个公司所面临的不确定性也可能与另一个公司所面临的不确定性不同。

从不确定性和复杂性的角度来描述一个组织的环境是很重要的，因为环境的不确定性和复杂性的增加都会增加组织对信息处理的需求。回顾第一章，加尔布雷斯说得很好："任务的不确定性越大，决策者的信息处理需求就越大。"如果有高度的复杂性，就需要对更多的要素进行监测并且要重新估计变化带来的影响。如果存在高度的不确定性，可能需要制订更多的计划，并需要更高的敏捷性，这与阿什比的必要多样性法则一致。从阿什比的必要多样性法则推演：环境越复杂和不确定，组织越需要多样化的内部准备，组织设计对信息的需求会增加，对处理能力的要求也会提高。

对组织环境的描述应该是客观的还是主观的？这个问题很多年前就被讨论过了，现在仍在争论中。我们经常谈论环境的力量，好像它们是客观决定的，而事实上可能并非如此。你经常会发现，在同一行业中，面对同样的环境，公司的表现各不相同。行业中的一些公司表现得很差，而另一些公司则表现得很好。出现这种情况的原因之一是它们对同一环境的感知和分类非常不同。例如，在美国的航空业中，定位于短途飞行市场的西南航空最初将其竞争对手定义为驾车前往目的地的乘客。而另一些航空公司则纯粹将其竞争对手定义为其他航空公司。这样一来，西南航空对其环境的认知和分类就与达美航空或美国航空等非常不同。

为什么会这样呢？其中一个原因可能是公司中个人的认知能力，使一个公司对环境的理解与另一个公司不同，也可能是一个公司的环境监控和分析（环境扫描）做得比另一个公司好得多。或者，这些差异可能是高管大胆思考、有意为之。例如，西南航空认为它必须与开车到目的地的乘客进行竞争。因此，即使在航空业不断扩张的情况下，该航空公司的票价也远远低于竞争对手。20 世纪 80 年代，当其他航空公司提供从得克萨斯州的达拉斯到休斯敦的 76 美元的折扣票价时，西南航空的票价为 17 美元，因为这个票价比开车的费用低。西南航空的管理部门有意将其竞争环境定义为驾车从达拉斯到休斯敦的低价格；而其他航空公司则将其竞争环境定义为其他航空公司对同一航线的收费价格，即 76 美元或更高。因此，不同的航空公司对其环境的界定是非常不同的，并采取了不同的战略。当然，站住脚跟后，今天的西南航空以行业中传统的价格和服务战略与其他航空公司竞争。

为了生存，各组织不断地监测其环境。通过与客户、供应商、政治家或专业研究机构交谈，你可能会更准确地预测公司的环境。通过参加贸易展或跟踪基础研究活动，你能够预测技术发展。通过跟踪行业信息，你能够预测行业趋势。通过与政府官员会面，你能够预测或影响政治事件。通过使用大数据分析，你可能对你的客户有更多的了解。有一点是肯定的：了解得越多，你就越能理解公司的环境，并预测其对公司的影响。

为了描述一个组织的环境属性，我们使用两个维度：复杂性和不可预测性。复杂性（complexity）是以一个组织环境中的因素数量及其相互依赖性（interdependency）来衡量的。环境的复杂性（environmental complexity）

随着因素数量的增加或因素之间的相互依赖性的增加而增加。不可预测性（unpredictability）是指对环境中各因素的性质及其波动性缺乏了解或不清楚，波动性越大意味着可预测性越低或不确定性越高。我们考虑通用电气（GE）的例子。通用电气产品组的环境因素是相对独立的，比如喷气发动机的市场是独立于电力市场的。此外，一些市场比其他市场更可预测。例如，健康市场比喷气发动机市场更容易预测，因为后者受新飞机订单和全球航空旅行市场的影响。通用电气的环境中有大量相对独立的因素，其中一些波动性很大，是难以预测的。

选择复杂性和不可预测性这两个维度，是因为它们可以与大量的组织实证研究文献联系起来，而且它们与组织设计的信息处理观点很吻合。它们也使我们能够捕捉到数字经济的转变。生态系统和数字商业平台的发展增加了环境中因素的相互依赖性，从而提高了环境的复杂程度。同时，我们也注意到，一些公司将生产系统转化为模块化组件，并以此降低生产过程的复杂性。另外，使用实时数据、同步分析以及汇总不同来源的数据，包括物联网、先进的传感器和预测算法，也可以降低不可预测性，从而影响信息处理需求。

每个环境维度的增加都会增加公司对信息处理的需求，但方式不同。环境的复杂性增加了需要处理的信息量，因为对战略任务的优先排序和资源匹配要求都随之提高。同样，更高的不可预测性也要求有更强大的信息处理能力来预测和制定适应变化的方法。一个组织必须持续预测将会发生什么，并且迅速调整以适应环境。这也是我们在第一章中提到的敏捷性。前者是预测，后者是使自己适应环境的变化。许多组织将二者结合起来使用，例如，面对变化的市场，公司会定期预测销售情况，也会根据实际销售情况迅速调整生产量。

复杂性和不可预测性是环境的一般属性。复杂性指影响一个组织的各种因素的数量。如果一个公司只有一两个主要的竞争对手，那么它面临的复杂性就很低；而如果一个公司必须不断地调整以适应众多要求——竞争者、价格、劳动力储备和新产品——那它面临着高度的复杂性。不可预测性是指影响公司的各种力量的波动（不确定性）程度。环境的不可预测性越高，预测就越不准确，管理层对未来就越不确定。如果一个消费品公司在美国和俄罗斯都有业务，影响该公司战略的变量或变量的数量在两个地方可能是相似的，因此，复杂性是相同的。在设计公司时，你应该以你对环境的认知、理解和解释能力为基础，将它们作为影响信息处理需求和能力的因素。

用复杂性和不可预测性两个维度来描述环境，我们得到如图 3－1 所示的四种环境类型：平静的环境、多变的环境、局部骤变的环境和动荡的环境。

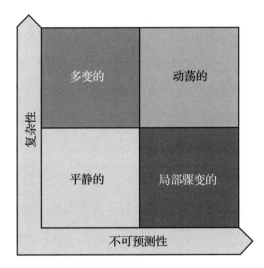

图 3－1　环境空间

一般来说，当我们从平静的环境转向动荡的环境时，对组织的信息处理需求就会增加。随着环境的复杂性和不可预测性的提高，一个组织需要考虑和协调的问题也会增多。

四类环境中的每一类都是复杂性和不可预测性的不同组合。如果公司处在一个平静的环境（calm environment）中，那么这个环境的复杂性和不可预测性就很低，公司需要考虑的因素很少，而且是可预测的。公司知道环境中什么是重要的，并有很大的确定性，没有什么意外，也不需要什么调整。如果公司处在一个多变的环境（varied environment）中，环境的复杂性很高，但它是可以预测的，有许多相互依赖的因素，但这些因素是众所周知的，也是可以预测的。如果公司处于一个局部骤变的环境（locally stormy environment）中，那么环境的复杂性就很低，但它可预测性很低，有少数且通常是独立的因素。低相关性高波动性的变量需要许多调整，这些调整可以逐一处理。如果公司处在一个动荡的环境（turbulent environment）中，那么这个环境的复杂性和不可预测性都很高，并且有许多相互依赖的因素之间的互动是不可预测的。这是对信息处理需求最大的环境，需要组织方面做出许多短期和长期的调整和协调反应。现在，让我们更详细地考虑这些环境。一般来说，我们是从一个对信息处理需求不大的环境转到一个对信息处理需求很大的环境，在图3-1中，从左下角开始，移到左上角，然后移到右下角，最后移到右上角。

◎ 平静的环境

平静的环境具有低的复杂性和低的不可预测性（也就是说，它是高度可预测的）。它是简单和已知的，很少有意外。如果一个公司只有少量产品，并将其销往固定市场，且市场是可预测的，我们就说它处于一个平静的环境。政策和财务问题通常不是管理层的主要挑战，因为该公司处于受政策制度保护的垄断状态。例如，公用事业公司可能发现自己处于平静的环境中。平静的环境较少出现，而且随着越来越多的行业的政策管制放松，这种情况也越来越少。此外，金融系统的管制放松，欧洲单一市场的建立，以及北美自由贸易协议和类似的协议瓦解了许多平静的环境。

如果你是一个处于平静的环境中的公司的高管，你不需要花很多时间来评估你的公司的环境，无论是预测将发生什么，还是进行调整以应对意外，今天的环境也将是明天的环境，很少会有意外发生。因此，你可以专注于组织设计的其他方面，解决更多的内部问题。

认识到高管对平静的环境的看法所带来的风险是很重要的。首先，高管的感知可能是错误的。其次，环境会发生变化，如果假设环境是平静的，那么任何变化发生时都很容易被忽视或错过。所以，假定一个平静的环境是有潜在风险的。英特尔公司的前首席执行官安迪·格鲁夫（Andy Grove）有一句著名的格言："只有偏执狂才能生存。"这是一个有用的警告，特别是对于那些认为自己处于平静的环境中的公司。

如果你认为你的公司在短期内处于平静的环境中，你可能会在没有准备的情况下对某些情况感到惊讶。在这种认知和心态下，公司必需的变革可能会在很长时间内被忽视，以至于认识到的时候，公司已经难以维持生存。邦古（Bon Gout）是丹麦的一家特制品进口商，它处在一个平静的环境中。多年来，它与新秀丽（Samsonite）（其供应商之一）有着良好的合作关系。邦古将新秀丽的产品卖给丹麦各地的零售店，且它主要经销新秀丽的产品。当新秀丽未经协商就决定直接向零售商销售产品时，邦古感到震惊。邦古所处的环境瞬间从平静变为动荡，邦古需要采取新的行动。同样，金融危机也使许多小型地方银行失去了平静的环境，突然间，银行同业拆借市场的崩溃颠覆了一切。只专注于地方市场业务的副作用有很多，而且让人意想不到。

利勃登（在第一章中介绍过）的重点是通过创造可以随时随地使用的无线技术，让声音自由传播。这一切都是它对工程和设计无休止的热情的结果。无论是智能音箱还是降噪耳机，利勃登都在创新，并将无线的潜力推向极限，以创造丰富、纯净的声音。由于只关注扬声器的技术指标，利勃登对环境的感知是相对平静的。利勃登似乎没有考虑过自己在智能家居中的地位：它的扬声器是智能家居中枢的一部分。如果利勃登认识到它的扬声器是 Google Home 或 Alexa（亚马逊旗下智能音箱）的重要组成部分，那么它的环境就会大为不同。如果是这样的话，其复杂性和不可预测性都会更高。利勃登的竞争对手之一搜诺思（SONOS）更注重智能设备市场，在扬声器系统中加入了一个麦克风，使它的扬声器能够进行对话；它的扬声器可以与 Google Home、Alexa、微软的 Windows Cortina 和苹果的 Siri 对话。这始于 2019 年，这时利勃登只有一类扬声器有麦克风，而且只能在 Google Home 上使用。2020 年，利勃登更多的扬声器——但不是全部——配备了麦克风，不过只能在 Alexa 上使用。当然，利勃登的入耳式耳机也有一个麦克风，但对于智能家居用途有限。利勃登对其市场的定义很狭窄，因此其相关环境很平静——仅限于声音技术。换言之，尽管单一技术很先进，但其高管对市场的狭窄理解限制了公司的发展。

中国大型国有企业改革之前，许多国有企业的外部市场条件就属于平静的环境。中国核工业集团有限公司就是一例。中国核工业集团有限公司（以下简称"中核集团"）成立于 1999 年，是经国务院批准组建、中央直接管理的国有企业，是中国核工业建设的骨干。中国核工业的管理体制先后经历了三机部、二机部、核工业部、核工业总公司的历史变迁。2018 年 1 月，中核集团和中核建设集团合并重组。中核集团的重组属于产业链纵向并购。重组前的中核集团是中国最大的核电站建设和运营商，主要从事核军工、核电、核燃料循环、核技术应用、核环保工程等领域的技术研发、建设和生产经营，以及对外经济合作和进出口业务。中核建设集团则是工程建设商，为国内的核电工程、核能利用和军工工程提供工程承包建设服务。重组后的中核集团形成了多元的核工业产业链体系，覆盖先进核能利用、天然铀、核燃料、核技术应用、工程建设、核环保、装备制造、金融投资等核心产业，以及核产业服务、新能源、贸易、健康医疗等市场化新兴产业，相比之前，提升了资源整合效率以及上下游的协同效益。中核集团也在合并后首次进入世界 500 强之列，2021 年底资产规模已经超过 8 000 亿元。

几十年来，由于核工业进入壁垒较高，我国的核工业市场一直较为稳定，保持着平静的市场环境，形成中核集团、中国广核集团有限公司、国家电力投资集团有限公司三足鼎立的格局。而前身是三机部、二机部、核工业部、核工业总公司的中核集团，由于其历史积累，一直处于领先地位，在军工和核能研究设计等领域实力雄厚。近年来，为了提高央企的竞争力，响应国家深化国有企业改革的号召，国家能源局准备逐步降低核电领域的门槛，放宽核电运营牌照的申请条件，中国华能集团有限公司、中国华电集团有限公司等原先专注于传统火电领域的发电龙头公司，纷纷开始筹备进军核电领域。未来几年，核工业市场将迎来越来越多的参与者，平静了数十年的核工业市场，迎来了新的变化。

在 1999—2018 年，中核集团的业务环境相对平静。而随着国有企业改革政策和国家核电政策的改变，中核集团的外部环境开始从平静转向局部骤变。

⚙ 多变的环境

多变的环境是复杂的，因为有许多因素需要考虑，而且它们可能是相互依赖的（即它们相互影响），但这些因素的互动性是相对可预测的，或者它们在已知的范围内变化。

如果一个公司有许多产品，并把它们卖到可预测的市场，我们就说公司处于一个多变的环境。此外，政策和金融问题可能增加环境中的因素数量。如果市场、政策和金融因素都是相互依存的，就像许多国有企业的供应商那样，那么环境就是多变的。在这样一个多变的环境中，一个组织要考虑的因素有很多，但预测会发生什么是有可能的。市场预测和政策趋势分析（如道路建设或环境保护、信息系统的安全可靠要求）是预测未来环境经常应用的方法。以合理的准确性和理解对未来进行预测是可能的。如果所需的预测与客户的购买行为有关，数字化技术，例如人工智能和预测分析，允许我们使用数据以获得关于客户的详细信息。比如，亚马逊根据一个地区大量客户以前的购买行为，在客户订购货物之前就向其发货。这种预测性物流大大提高了派送的速度和效率。

在多变的环境中，管理人员的重点是计划和协调，他们针对其环境中的各种因素的相互依赖关系，制定相应的管理措施。在早期，玩具制造商乐高处于一个多变的环境。它在许多国家经营，产品有许多不同的变化，而且有许多法律、财务和物流问题需要考虑。需求有季节性变化，是已知的、熟悉的、可预测的。但这种环境在2000年左右变为局部骤变的环境，因为乐高想与电子玩具竞争。当约尔根·维格·克努斯托普在2004年成为首席执行官时，他强调关注乐高的核心价值，把公司带回了熟悉的环境。此后，乐高在一个非常复杂的环境中保持了自己的地位。虽然环境很复杂，但乐高对乐高积木和乐高积木的潜力高度关注，并控制供应链，以尽量降低不确定性。即使在乐高强势进入中国市场之后，情况也是如此。2018年，所有玩具制造商都受到了挑战，因为它们最大的零售商之一玩具反斗城宣告破产。玩具反斗城没有从实体店转向电子商务和实体店相结合的模式。同时，乐高继续增长并占据的更多市场份额。现在，乐高在其新任首席执行官的带领下，正试图通过数字空间直接与消费者联系，并通过建立一系列的旗舰店来控制不确定性。新任领导者重新解释乐高的经营环境属性，并为新的战略做准备。

公司的业务范围和战略发生改变，外部环境的性质也随之改变。从单一的开关插座市场转型进入有装饰功能的墙壁开关插座以及数码配件市场，公牛集团股份有限公司（以下简称"公牛集团"）的战略选择标志着它从平静的环境进入多变的环境。公司决策层所做出的选择是实施精益管理，用质量赢得市场，稳定经营环境。

创立初期，公牛集团是一家典型的家族式管理公司，实际控制人是阮立平、阮学平兄弟二人，阮立平在公牛集团担任董事长及总裁，是真正的掌舵人，阮学平仅担任董事，并未兼任高管。公牛集团的前五大主要客户中，杭州杭牛五金机电有限公司及杭州亮牛五金机电有限公司是由阮立平的妻弟潘敏峰及其妻子全资控制的。这就可以看出，公牛集团的主要客户也是公牛集团主营业务的利益相关方。这个时期的外部条件可谓是平静的环境，因为是家族成员控制了市场营销。

2007—2018年，公牛集团从简单的开关插座市场转型进入有装饰功能的墙壁开关插座以及数码配件市场。它的竞争环境也发生了变化，竞争对手包括小米这样的新兴公司。面对多变的环境，公司引入职业经理人和系统质量管理体系。公司董事长阮立平、副总裁蔡映峰、副总裁刘圣松皆为工程师出身，这就使得公司研发与技术底层能力扎实且牢固，同时副总裁周正华与刘圣松有着丰富的管理经验，先后在美的集团、奥克斯集团等公司担任过高管。2018年，公司建成BBS——这一组织变革成功地推动公牛集团转向精益管理。所谓BBS（bull business system），即公牛业务管理系统，沿袭了丹纳赫（一家赋能式投资公司，34年里收购了600家公司，随后用自己的经营体系赋能）的经营体系——丹纳赫商务系统（danaher business system，DBS）。丹纳赫商务系统（DBS）主要包含团队效能、创新水平、股东关系、客户关系、持续变革五个特征。公牛业务管理系统（BBS）汲取了其中的精华，同时持续不断地通过BBS精益管理工具提升供应链各环节的精益水平。该系统重视人才发展与能力构建，制订高层、中层、基层干部培养计划，包括帮助新员工融入、应届大学生培养、技能人才自主评价、学历提升计划等系统性的能力提升项目，全力推动专业功能型组织的建设。在多变的环境中，生产高质量产品的公司才能脱颖而出。

⚙ 局部骤变的环境

局部骤变的环境是高度不可预测的，但不是很复杂。也就是说，环境中存在一些相对独立的因素，不过它们是不可预测的。局部骤变的商业环境类似于对一个农民来说，预测下雨的概率为 0.5。降雨量是决定农作物生长速度的少数几个因素之一，但雨水的可预测性是非常低的。例如，一个依赖于专利权或单一特定的临床试验结果的初创公司就处于局部骤变的环境中。新冠疫情期间，一些公司依靠核酸检验技术或个人防护服生产技术而拥有巨大的业务量。政策性的防疫产品市场就属于局部骤变的环境。生产厂商很难预测政策的强度、周期和走向。

在局部骤变的环境中，高管们最关心的是影响公司的环境因素的不可预测性。多年前，阿什比提出了必要多样性法则，即一个系统的内部灵活性必须对应满足外部的不确定性，系统才能生存。在组织设计中，必要多样性法则意味着公司需要灵活性和敏捷性，以便能够应对环境的不可预测性。换句话说，在不可预知的事件发生时，公司应该能够迅速调整信息处理能力。不可预测性意味着公司必须做出反应的时间滞后于环境变化时间，知道时已经太晚。这种情况下，敏捷性必须提升。在可预测的环境中，公司有时间为未来做计划；但在不可预测的环境中，公司要提高处理信息峰值的能力和骤然聚焦的能力，因为当突然得知环境中不可预测的因素时，你必须做很多事情。在局部骤变的环境中，好在只有少数因素需要被监测，而且这些因素相对独立。因此，可以一个一个地进行调整——问题比起动荡的环境来说要简单得多，正如我们将在后面看到的那样。

不是很复杂的不可预测的环境可以局部地进行分门别类的处理，不需要整个公司的协调。如前文所述，通用电气的几个相对独立的产品集团处于不同的环境。由于市场是相互独立的，这些市场可以逐一调整而无须考虑互相牵制的因素。海尔集团设计、开发、制造和销售产品，包括空调、微波炉、洗衣机、冰箱和电视机，因此，它在主家电行业中有七条产品线，并且这些产品线都是独立的，有各自的特定环境。因此，海尔集团可以归为处于一个局部骤变的环境中。然而，正如第二章所讨论的，在 2019 年，海尔集团推出了智能家居平台，整合了所有七个产品系列。这可能会改变它所处的环境，使之处于一个动荡的环境中。

　　锦江国际（集团）有限公司（以下简称"锦江集团"）在两个不同的发展阶段选择进入局部骤变的环境。第一次是 1993—2023 年，新锦江大酒店和新亚集团分别在上海证券交易所上市。第二次是 2018—2019 年，锦江集团进入国际市场，收购兼并多家国际酒店，成为全球排名第二的连锁酒店集团。

　　锦江集团通过拥有酒店、旅游、客运三大核心主业和地产、实业、金融等相关产业及基础产业，控股"锦江酒店"（600754、900934）、"锦江资本"（2006HK）、"锦江在线"（600650、900914）和"锦江旅游"（900929）四家上市公司。锦江品牌创始人为董竹君，该品牌源自中华人民共和国成立前在上海开办的锦江川菜馆和锦江茶室。锦江集团的组织架构在成立初期较为简单，这也源于其业务单一，主要是承担政府的重大接待任务。那时的外部条件为平静的环境。1993 年，上海新锦江大酒店股份有限公司在上海证券交易所上市。1996 年，上海新亚（集团）股份有限公司在上海证券交易所上市。两家上市公司后来都重组进入锦江集团。锦江集团成为上市公司，外部环境发生巨大变化。公司面对同行业的竞争者，必须按照市场规则行事。通过主动选择，公司从平静的环境进入局部骤变的环境。2018 年，锦江集团抓住机遇，快速布局全球市场，连续收购了多个国际品牌酒店。如此，锦江集团的竞争环境就从中国扩大到全球范围。在后面章节的讨论中我们会看到锦江集团的业务环境变化对它的组织设计产生的一系列影响。

⚙ 动荡的环境

　　动荡的环境既有高度的复杂性又有高度的不可预测性。在这种环境中公司有许多相互依赖的影响因素，并且它们是不可预测的。对于一个管理者，这是最难应对的环境，因为它可能只允许有限的预测，还需要敏捷性，以使公司在事件发生时迅速协同、即时调整。动荡的环境要求公司拥有强大而快速的信息处理能力，这样公司就能在不同的行动方案中迅速做出选择。一些公司正在使用实时数据、人工智能和预测算法并行同步分析，以了解客户行为模式的变化。因此，调整必须同时进行，并且迅速推进。

微软最初决定将微软游戏机（Xbox）、Windows Phone、云和各种软件部门作为独立的战略单位。它们处于局部骤变的环境中，分别与游戏、手机和其他行业的竞争对手竞争，各个平台之间的关联很少。现在，微软已经决定整合各种平台，使其在同一操作系统上运行。这一行动整合了各种产品和产品线，它们将拥有相同的应用程序和技术。突然间，局部骤变的环境变成了动荡的环境。微软进一步强化一个公司的理念，即微软的产品和服务应该被看作来自同一个家族，如果你购买这个家族的产品组合而不仅仅是单一的产品，会更容易。这发生在 Office 365 云解决方案中，该解决方案整合了 Outlook、Word、Excel、PowerPoint、Exchange、OneDrive、SharePoint、Microsoft Teams 和 Customer Manager。在此基础上，还有一些集成服务，如两步安全（two-step security），已经完全集成到 Windows 10、Skype 和 Skype for business 中。微软的产品和服务系列是庞大的，并且通过云和移动战略进行了整合。

前面我们讨论过希音的案例。虽然快时尚服装行业已经有相当长的年头，但是结合跨境电商进入全球市场，希音面临的是一个全新的动荡环境。最近几年，希音一直在应对动荡环境带来的新挑战。2020 年 7 月，希音"万字吊坠"事件就是文化冲突的典型表现。受其他快时尚电商产品背后的血汗工厂等问题影响，希音的供应链也被加大检验力度。2020 年，印度政府禁用了希音的 App，导致希音在印度的业务在几个月时间内完全停止。美国也在考虑针对希音进行关税调整。这些都是从传统服装公司的经营环境进入国际化动荡环境面临的组织设计的新挑战。

另一个主动选择进入动荡环境的例子是安踏（中国）有限公司（以下

简称"安踏")。安踏成立于1991年，初期只是一家制鞋工坊，主要为海外订单代加工，并利用分级代理经销的方式发展。在1994年，安踏建立了自己的运动鞋品牌，从手工作坊生产转变为规模化生产。1999年，安踏签约奥运冠军孔令辉，提高了品牌的知名度。2001年，安踏开始发展运动服装业务。这一阶段，安踏主要借助经销商网络进行渠道发展，公司从之前"订单＋加工"的模式转变为"品牌＋批发"模式。这一时期，安踏的扩张比较粗放，采用"期货订货＋加盟"模式，对分销商采取分级管理制，鼓励分销商积极开店，扩大门店规模。由于2008年北京奥运会等利好环境，运动鞋服行业高速发展，安踏也得以迅速扩大规模，同时提升品牌知名度，并于2007年成功上市，市值突破200亿元。

2019年，安踏进行了组织结构的大调整，建立了五大业务中台、三大品牌群，形成了以品牌群为横向，以各个业务中台为纵向的矩阵型组织结构，做出这个重大调整的一个重要原因是安踏大规模购买国际运动品牌。安踏于2015年明确"单聚焦、多品牌、全渠道"的战略，从保守的防御者战略转向了有创新的分析者战略。"单聚焦、多品牌、全渠道"的意思是聚焦体育鞋服行业，积极拓展品牌组合，线上线下全渠道发展。之前安踏收购FILA之后，成功把FILA从亏损品牌打造为高盈利品牌，这样的成功经历，让公司继续进行了一系列收购，以打造自身的品牌矩阵。2015年，公司收购高端户外运动品牌Sprandi中华区业务，之后又接连收购了日本的高端滑雪户外品牌DESCENTE中华区业务，以及韩国户外品牌KOLON中华区业务。2019年，公司完成了对亚玛芬体育公司的收购。亚玛芬体育公司是世界领先的体育用品公司，旗下有萨洛蒙（Salomon）、始祖鸟（Arc'teryx）等国际知名品牌，极大地填补了安踏在高端户外运动和专业运动领域的品牌空缺。2023年，安踏建立新加坡分公司，开始向东南亚国家营销自己品牌的产品。通过收购众多国际品牌，进入国际市场，安踏也主动选择进入充满竞争的动荡的国际环境。

⚙ 匹配和错位

哪些组织目标和战略类型与你选择的组织的环境相匹配？表 3-1 总结了与到目前为止所介绍的因素有关的最佳组合。

表 3-1 组织环境、战略类型和组织目标之间的匹配

部件	在组织设计坐标系中对应的象限			
	A	**B**	**C**	**D**
组织环境	平静的	多变的	局部骤变的	动荡的
战略类型	反应者	防御者	勘探者	有创新的分析者 没有创新的分析者
组织目标	既无效率也无效用	效率	效用	效率与效用

与第二章一样，你可以通过检查各列来核查是否匹配。从 A 列开始，你会发现在平静的环境中，反应者战略和没有特定目标可以很好地结合。在一个平静的环境中，几乎不需要处理信息。公司知道正在发生什么，明天会像今天一样。我们可以进一步指出，在平静的环境中，你采用哪种战略类型并没有什么区别，因为所有的战略类型下的信息处理能力都大于信息处理需求。在一个平静的环境中，反应者战略可能是合适的，防御者战略也是合适的，尽管与在多变的环境中相比，保持地位所需要的努力会少一些。研究表明，在动荡的环境中，公司战略类型与环境的匹配比在稳定的环境中更为重要。所以，当我们从 A 列到 D 列时，调整的重要性会提高。

位于 B 列的多变的环境仍然是可预测的，但会有更多的因素影响组织。规划和预测是必须要做的。在此环境中，几乎没有新的事情发生，即使发生了，也是以组织能够适应的速度推进的。因此，只需要对环境定期监测，确保有充分信息即可。在这种环境中，防御者战略很合适，它强调利用和效率。

在 C 列，环境没有那么复杂，但更难以预测。该环境很适合具有高度探索性的勘探者战略。在这里，关注的重点已经从效率转变为效用。在该环境中，信息处理能力的提升，包括使用人工智能和机器预测分析，是有价值的。

在 D 列，环境是动荡的。组织受到环境中许多因素的影响，其中一些因素以不可预测的方式变化。这种环境中的关注点与效用和效率目标以及分析者战略非常匹配。为了保证足够的信息量和正确的信息类型，在这种环境中的组织应该把频繁的监测和预测结合起来，可能还需要依靠人工智能预测分析。

环境是给定的还是可以选择的？你必须记住，不确定性应是被感知到的。因此，你可以通过更好的环境扫描来减少不确定性。这可能包括使用大数据和人工智能。你也可以尝试改变环境。在政策领域，游说是一种众所周知的改变环境的策略。通过社交媒体数据、人工智能和客户的历史，你可以更了解客户。随着实体店销售转向电子商务，现在使用所有可用的媒体来影响客户是很常见的。

如果你不喜欢你所处的环境，就可以改变你的业务。在我们的案例公司中，很明显，改变战略也改变了它们的经营环境。同时，它们战略的改变可能是由环境的变化推动的。所以，战略和环境之间存在着动态的相互作用。

如果你在第一、二、三章的评估结果出现在表 3－1 不同的列中，就会出现错位。一个普遍的印象是，今天的商业环境比以前更频繁、更剧烈地变化。如前文所述，在不可预测的环境中适当调整的重要性比在可预测的环境中高。因此，如果一个公司一直处于一个平静的环境中，却突然发现自己处于一个局部骤变或动荡的环境中，这对公司来说是一个潜在的危险情况。在这种情况下，有必要改变战略或以某种方式使环境平静下来。通常情况下，后者是不可能的，或者说如果有可能，也是困难重重的，即使对于非常大的公司来说。

如果根据你对第一、二、三章的诊断性问题的回答，你的公司位于不同的列中，那么，请思考如何改变你的公司以获得一致。所有的答案应在表 3-1 的同一列中。你会改变目标、战略，还是在环境上下功夫，或者尝试把这三者移到新的同一个象限？

◎ 诊断性问题

在第一章中，你在效率和效用维度上定位了分析单位，从而对组织的目标进行了分类。在第二章中，你在战略的探索和利用维度上定位了分析单位。在本章，你应该在图 3-1 中的环境复杂性和不可预测性维度上对你选择的分析单位进行同样的分析。然后，你可以将你所选择的公司的环境分为平静的环境、多变的环境、局部骤变的环境或动荡的环境。

你从哪里找到关于环境及其评估的信息？正如我们上面所讨论的，环境是个人的一种感知——不一定是现实。感知、心态、模式、认知能力和偏见都构成了环境的基础，并为行动提供依据。个人对环境有不同的认知是很正常的，所以你应该从不同的渠道收集信息，以获得差异化的理解，也获得行动所需的共识。除了高层管理人员，你还应该了解其他人的看法，包括中层管理人员和员工的看法。

你可以在出版物和数据库中搜索信息，并利用这些信息和预测技术进行评估。行业环境是根据其复杂性和不可预测性来评估的。医药行业和互联网技术行业在这两方面都很高。许多行业的这些信息可以在网上找到。同样地，不同国家在复杂性和不可预测性方面也会有所不同。把这些信息放在一起反复评估和判断才能得出结论。当然，一些分析技术会对你有帮助，但你自己的判断才是终极选择。不要忘记政策方面的因素，它们因国家和地区而异。

1. 首先，评估你的分析单位的环境的复杂性。复杂性是指环境中因素的数量和它们之间的相互依赖性。因素指的是那些能够影响你的组织的运作和结果的因素，可能包括行业、竞争对手、供应商、人力资源库、新技术、价格、质量要求、政府关系和政策条件，以及其他因素。识别那些可能对你所选择的分析单位产生重大影响的外部因素，记住要经常扫描和监测。

a. 该公司环境中的因素数量是多少？请在下面列出每个因素，然后计算出因素的总数。

①:_____

②:_____

③:_____

④:_____

⑤:_____ 等。

b. 这些因素之间的总体相互依赖关系是怎样的？也就是说，这组因素在多大程度上是相互联系的，或者说是相互关联的？选择一个总体评级：低、中、高。

现在，利用表 3-2，在 1～5 的范围内给出复杂性的得分。找到与环境中的因素数量相对应的那一列。找到与这些因素之间的相互依赖性相对应的行。你的复杂性得分就在与你选择的列和行相对应的单元格中。

1	2	3	4	5
低		中		高

表 3-2 复杂性得分

各种因素之间的相互依赖性	环境中的因素数量				
	1～3	4～6	7～9	10～12	>12
低	1	1	2	2	3
中	1	2	3	4	5
高	3	4	4	5	5

2. 对于上述第 1 题 a 部分中公司环境中的每一个因素，请在 1 ～ 5 的范围内对其不可预测性进行评分，具体如下：

环境中的关键因素不可预测性得分（1 = 低，5 = 高）

①: _____

②: _____

③: _____

④: _____

⑤: _____等。

用各个关键因素的不可预测性得分的平均值评估总的环境的不可预测性。现在，根据该分析单位在环境复杂性和不可预测性方面的得分，你可以在图 3 - 2 中找到该分析单位所处的环境。你选择的分析单位的环境是哪一种类型？

接下来，评估你所选择的分析单位的环境是否与你在第一章和第二章中确定的目标和战略相匹配。

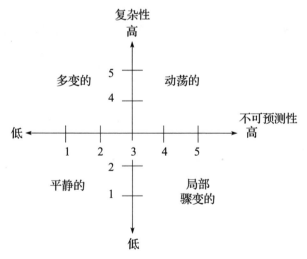

图 3 - 2　在环境空间中定位组织

⚙ 总结

　　环境影响战略。组织环境既有客观的一面，也有主观的一面。环境设定限制性条件和机会。领导者可以通过改变战略而改变环境。不同组织的不同理解和解释也塑造了环境。描述环境属性时，复杂性和不可预测性是两个可靠的维度。通过评估这两个维度，我们得出了四种类型的环境：平静的、多变的、局部骤变的和动荡的环境。现在，我们能够通过诊断目标、环境和战略之间的错位，准备组织变革，实现从错配到匹配的转变。

步骤 3

分析结构

第四章

公司的传统结构

⚙ 简介

选择公司的结构——有时被称为构架、形式或架构——是高层管理团队的一个关键决定。七步法的下一个步骤是分析结构，使公司在给定的目标和战略下，同时在给定的环境中，有良好的表现。糟糕的结构选择会导致公司错失机会，可能会影响组织的短期效率和效用，以及长期的生存能力。与前几章一样，为了表达方便，我们使用"公司"或"组织"作为分析单位，但如果你在第一、二、三章中选择的分析单位是团队、部门，也可以把它作为分位单位。

组织结构经常被描绘成一张组织结构图，它告诉我们公司如何通过职能专业化或者通过产品或市场将大任务划分为小任务，并表明正式的沟通模式。组织结构也说明了决策层或指挥链，以及管理团队的工作描述的基准。组织结构还可以显示正式的甚至是法律上的责任链。组织结构规定了谁做什么，包括任务划分、任务分配、信息供需关系和报酬分配。

所有公司都有一个结构，无论是传统的等级制度还是较松散的网络结构，无论是正式的还是非正式的结构，都必须有关于如何做决定的规则。

有家软件公司把决策规则简化为：两位团队成员同意，决策就可以推动执行。无论是什么性质的公司，必须有一个关于信息流的设计，即使这个设计规定信息可以自由传递。

在本章中，我们将介绍更传统的组织结构，在第五章中，我们将讨论通常被称为新组织形式的结构。

正如第一章所讨论的，组织设计涉及两个相辅相成的问题：（1）如何将整个组织的大任务划分为一系列子单元的小任务；（2）如何协调一系列子单元的小任务，使其能够有效地实现大任务和组织的战略目标。实证研究表明，一旦任务被划分，组织设计的信息处理问题就是：谁根据什么信息做出什么决定？谁和谁沟通什么内容，或者说沟通的结构是怎样的？当你回答了这些组织设计问题后，你就知道公司如何运作，并可以着手实现这些目标。在结构方面有很多选择。在这里，我们将考虑基本的选择以及它们如何解决设计的基本问题。

组织的复杂性（organizational complexity）（不要与环境的复杂性相混淆，在第三章中讨论过）是组织结构的一个属性或特征，进一步明确了组织的设计要求。

组织的复杂性是指公司结构的形态。粗略来说，它是层次结构的宽度和高度。宽度，即横向差异，是整个层次结构的任务专业化程度；高度，即纵向差异，是从上到下层次结构的深度。

组织的复杂性应该与环境的复杂性相匹配，正如阿什比的必要多样性法则所介绍的，"只有多样性才能破坏或对付多样性"（1952，P.207）。这意味着，公司的产品、部门、市场或客户越多，环境的多样性就会越需要控制或管理，这反过来又需要更复杂的结构。

组织的复杂性也取决于控制跨度（span of control），即一个经理或上级可以管理多少个下属。如果控制跨度大，那么横向差异化就会比控制跨度小的时候要大。如果控制跨度小，那么纵向差异化就会比控制跨度大的时候大。因此，你要从上到下逐级分析这些单元。控制跨度将取决于任务的复杂性、认知能力和领导风格，以及决策程序如何得到组织中信息和知识系统的支持。

我们将讨论不同程度的横向和纵向的差异化，分析它们对于不同结构的影响。

⚙ 结构

为了将公司的大任务划分为小任务，以使小任务能够协调并很好地推进，我们需要确定分析的维度是什么。在关于组织设计的文献中，有两个基本维度被用来区分基本结构：职能专业化和产品/服务/客户导向。职能专业化维度表明，工作将按职能专业化的活动来划分。如果公司有以职能命名的部门，如生产和营销，那么这个部门就有一个内部焦点，并且其职能专业化程度是高的。产品/服务/客户导向维度表明，公司的总任务将按公司的产出来划分。如果公司有以产品、服务或客户命名的部门，那么这个部门就有一个外部焦点，并且其相应的产品/服务/客户导向程度是高的。这两个维度，即职能专业化和产品/服务/客户导向，表明了工作如何划分内外焦点，基于这种划分，组织如何进行协调。结构的这两个维度产生了四种基本结构：简单型、职能型、部门型和矩阵型，如图 4-1所示。

这四种基本结构可以按不同的方式进行组合，从而形成更复杂的结构，这取决于你的分析单位是一个团队、一个部门、一个公司，还是整个组织。例如，在部门型结构的组织中，每个部门可以是职能型、矩阵型或其他类型结构。这些基本结构可能同时存在于一个大型组织内部。职能专业化可能是基于投入到产出的专业化，如采购、生产和销售，也可能是与公司内部运作有关的专业化，例如，人力资源、财务和会计以及信息技术。

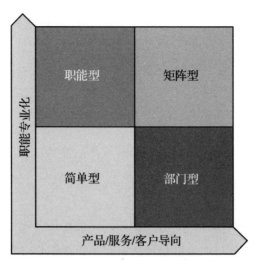

图 4 - 1　公司的基本结构

　　简单型、职能型、部门型和矩阵型这四种基本结构在产品 / 服务 / 客户导向和职能专业化维度上的侧重各有不同。在图 4 - 1 中，我们展示了四种结构在由两个维度构成的平面上的位置，横轴为产品 / 服务 / 客户导向，纵轴为职能专业化。简单型结构在产品 / 服务 / 客户导向维度上得分很低，在职能专业化维度上得分也很低。职能型结构在产品 / 服务 / 客户导向维度上得分也很低，但在职能专业化维度上得分很高。部门型结构则相反，在产品 / 服务 / 客户导向维度上得分较高，但在职能专业化维度上得分较低。矩阵型结构在这两个维度上得分都很高，表明需要有较高的信息处理能力来实现效率和效用的双重目标。

　　接下来，我们具体讨论四种结构，首先是简单型结构。在图 4 - 1 中，我们从左下角开始，移动到左上角，然后到右下角，最后到右上角。

⚙ 简单型结构

　　简单型（simple）结构在产品 / 服务 / 客户导向维度上得分很低，在职能专业化维度上得分也很低。拥有简单型结构的组织通常是一个较小的组织，由一位管理人员和几个员工组成。管理人员告诉员工该做什么，并管理正在进行的业务活动。员工个人没有固定的具体任务或活动，也没有稳定的、明确的工作描述。每过一段时间，公司的总任务被分解成更小的任务，由管理人员根据需要分派给员工，活动的协调也由管理人员完成。任务的分配和协调都是由管理人员以持续不断的方式完成的，没有什么是一成不变的。有时，组织中人员做事情是非常顺畅的，可以非常灵活地根据手头的情况进行调整。管理人员处于信息流的中心，做出决定，协调员工的活动，并管理业务活动——告诉员工该怎么做。管理人员身兼数职，也是公司的市场、客户、供应商的主要联系人。图4-2是一个简单型结构，索菲亚是总经理，是管理人员。从图4-2可以看出，简单型结构并不是一个复杂的结构——它在纵向和横向的差异化方面得分都很低。这使得简单型结构受到管理人员处理信息能力的约束。同样，按照阿什比的必要多样性法则，由于简单型结构的复杂性低，它不适合复杂的环境。

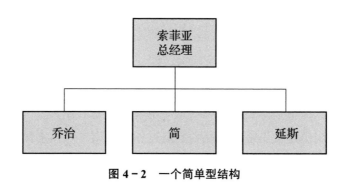

图4-2 一个简单型结构

简单型结构常被小公司使用——无论是新成立的小公司，还是规模小的老公司。在一些罕见的情况下，大型公司——特别是那些从小型创业公司发展起来的，并且由所有者管理的大型公司——的高管可能会选择简单型结构。对于这些公司来说，少数几位管理人员几乎负责或监督所有正在进行的事情。信息处理可能是一项费时费力的任务。简单型结构也经常用于团队或小部门。

简单型结构可以是灵活的或敏捷的，但它通常不是高效率或高效用的。由于员工被要求完成许多他们可能并不完全熟悉的任务，因此专业化的效率并没有实现。简单型结构在很大程度上取决于管理者个人对组织效用的看法。一个危险是，如果需求随着时间的推移而改变，由于组织的关注点可能很狭窄，客户会认为该组织的结构不是很有效。因为少数管理人员是一切的焦点，在组织中进行信息处理时，管理人员很难花时间来调整组织的方向或寻求创新机会。简言之，简单型结构通常不能充分利用专业化的优势，其效用在很大程度上取决于管理人员的行动——管理人员的思维和能力成为组织的天花板。

管理人员处于简单型结构的中心。组织活动变成管理人员的"表演"。如果管理人员能很好地利用时间，做出正确的决定，并能很好地协调各项活动，那么简单型结构会带来良好的绩效。然而，如果管理人员难以承担超负荷的工作，或在这些工作中的任何一项上失败，组织的业绩就会受到影响。

采用简单型结构的公司通常不画组织结构图。我们可以说利勃登（在第一章中介绍过）采用了简单型结构，即使它开始略微扩大规模并开始实行专业化。利勃登的管理部门位于哥本哈根，大约100名员工中的大多数集中在那里。关于利勃登的组织信息非常有限，它只标注了一个部门，这在简单的组织结构中是常态。利勃登通过外包和离岸外包来保持简单的结构，其主要活动就是设计和开发扬声器。如果利勃登不外包生产，它将不得不进行职能专业化，从而采用职能型结构。

作为典型的家族企业，娃哈哈长期以来充分发挥简单型结构的优势。资料显示娃哈哈总部的组织结构以总经理为首，下设常务副总、运营副总以及技术副总，这三个岗位又分别指挥多个部门，下设生产基地和全国区域分部。董事长兼总经理宗庆后可以分级授权和收权。从信息处理流程的角度看，娃哈哈总部统一调度资源，总部的企管办负责业务的产供销一体化协作，总部的总经办负责行政事务的人财物一体化协调。娃哈哈内部称之为超扁平化的组织结构，运营指令都集中在董事长和总经理手里。

成立初期，娃哈哈组织变革的一个经典举措就是推行"黑板干部"制度。在娃哈哈兼并杭州罐头食品厂后，厂内员工认为是"小厂兼并大厂"，并未从心理上对娃哈哈产生认同感，管理人员的向心力不足。对此，宗庆后实行"黑板干部"制度，即将任免干部的信息写在黑板上，任免的决定通过民主考核的方式做出，公司出现的问题最终指向管理层，"黑板干部"制度意味着今日的干部名字有可能在明天就被擦去。30 年过去，"黑板干部"制度的基因还是保留在其分级授权中。

一个简单的围绕董事长设计的组织结构让上传下达的路径变短，信息传递的效率提升，领导者可以高效获取信息。分级授权使得领导者统揽大局，被授权的员工可以充分发挥自身才能，进一步细化自己的目标任务。但最近 10 年，市场的复杂性和经济动荡超过了任何一个人可以单独理解和透视判断的程度。娃哈哈在百货商场、儿童服装、线上线下渠道等一系列项目上要么铩羽而归，要么举步维艰。简单型结构已经难以支撑娃哈哈的战略选择。接下来，娃哈哈是否会做出战略和组织结构的调整？这值得进一步观察。

⚙ 职能型结构

职能型（functional）结构在产品 / 服务 / 客户导向维度上得分较低，在职能专业化维度上得分较高。职能型结构组织中工作的重点是职能专业化——职能型结构因此而得名。在信息处理流程方面，职能型结构更加复杂。

比起简单型结构，职能型结构的信息处理能力更强。在职能型结构中，有部门经理和特定的子单元，每个子单元都有明确的工作内容。整个公司的任务被分解并分配给子单元；协调或组合是根据垂直等级的层次结构使用规则和指令完成的。简单型结构很少是固定的（即任务分配和组织结构可以经常改变），与之相比，职能型结构的主要功能是固定的。它可以容纳有规则和指令的大规模组织。生产流程是将工作从一个子单元移交给下一个子单元（例如，从运营到营销），这个过程还需要协调。因此，中层管理人员再次处于组织的中心，负责与高层进行信息交流，做出决策，分配资源，并协调各子单元的活动。

图 4-3 展示了一个职能型结构，其中的职能部门包括：供应、制造和销售。还可以有运营、营销、财务和人力资源等职能部门。运营和销售通常称为直线职能，而财务和人力资源等部门称为员工职能。管理层负责协调生产、销售和其他主要工作，并关注诸如计划的执行和公司预期生产力的实现等问题。虽然信息在组织的高层流动，但子单元的活动也需要在层级之间协调，同时，每个部门和部门经理自己处理信息，减少了总部最高管理层的信息处理量，这些事项在简单型结构中被推到了总经理那里。职能型结构中这些信息由部门经理处理。

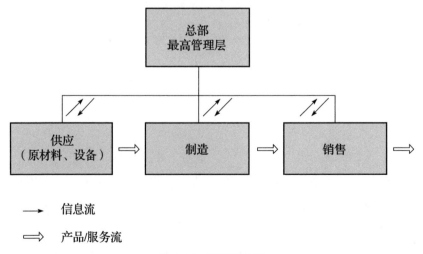

图 4-3 职能型结构

职能型结构的主要优势在于专业化。它的好处是清晰给予个人和次级子单元领取到特定任务的理由。通过重复和精进，负责执行专业化任务的员工就能够学会有效地完成标准流程任务。从亚当·斯密（Adam Smith）开始到今天，专业化的经济性使职能型结构成为最常见的结构，其背后是一个由管理层领导的高效率的组织。这对管理人员的技能有很强的依赖性——无论是短期对正在进行的业务的协调还是长期对专业化的选择。高度专业化的职能子单元的标准化通常会带来高效率。但是，高度关注本部门的职能目标可能会导致各子单元之间的横向沟通不畅，也会导致管理者对组织整体目标，甚至是客户需求的看法出现偏差。只见树木，不见森林，这是部门目标优先的后遗症。

在 21 世纪初期，乐高采用了职能型结构，如图 4-4 所示。乐高有一个包含三种职能的职能结构图。运营部负责采购、包装、工程和质量以及其他方面，营销部负责全球营销，财务部负责公司财务、公司法务、公司信息技术和公司事务。人力资源部是一个独立的员工职能部门。乐高的控制跨度在 4～7 之间。

乐高的职能结构图展示了不同子单元之间的依存关系，由此可见，乐高有对不同子单元进行协调的需求。在这个意义上，乐高的职能结构图体现了这三种职能的差异性，也体现它们的整体性。乐高的职能结构在最高层只有三个子单元，最大控制跨度为 7，因此乐高的职能结构在横向差异化方面很低。在图 4-4 中，乐高的实际工作中的垂直分化并没有完全显示出来，但对于像乐高这样的公司来说，横向控制跨度相对较小，垂直差异化的程度相对较高。乐高在 30 多个国家和地区都有业务也表明了这一点。

图 4-4 所示的职能型结构表明乐高选择的是防御者战略。正如第二章和第三章所介绍的，乐高面临着营销和分销渠道变化的挑战，作为应对，它在 2019 年改变了自己的结构。

在职能结构中，首席执行官（CEO）是高层的主要协调人。在图 4-4 所示的结构中，市场和分销渠道的协调由首席营销官（CMO）负责。在新的结构中，这个协调工作转移给 CEO，如图 4-5 所示。

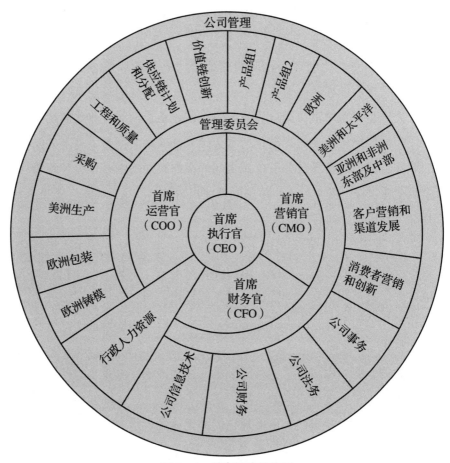

图 4-4 乐高职能结构图

资料来源：LEGO Group function chart 2014.

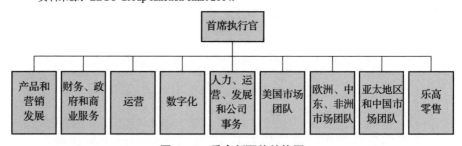

图 4-5 乐高新职能结构图

资料来源：The LEGO Group, 2019.

由于乐高对渠道问题的特别关注，协调和控制已经上移到由首席执行官尼尔斯·克里斯蒂安森（Niels B. Christiansen）负责。控制跨度从 3 个增加到 9 个，部门的具体工作内容也发生了变化。在乐高的新战略中，数字化是一个首要问题，对传统渠道的威胁来自电子商务。因此，乐高现在有一个首席数字官（CDO）。新的组织结构是为支持新战略而设计的。

关于职能型结构的一个常见问题是：应该有多少个子单元？这个问题包括：（1）管理人员的时间有限，他必须做出决定并协调各个子单元（职能部门/事业部）；（2）子单元处理信息的能力。对管理人员的时间要求随着子单元数量的增加而增加，但同时子单元内的协调需求也随着产品数量的增加而增加。遗憾的是，随着子单元数量或产品数量的增加，协调需求也会非线性地增加，这意味着只能设置少数子单元。大多数公司有大约 5 个子单元，很少有超过 7 个的。NK 环境与进化复杂性理论表明，随着子单元数量的增加，协调需求很快就会难以得到满足。该理论中有一个函数，它将系统的状态映射到对其性能的衡量上。通俗地讲，每个组织承受子单元增加的能力是有限的。随着协调成本的增长，额外的子单元带来的专业化效率也被抵消殆尽，所以组织要控制横向跨度。研究表明，控制跨度受到信息技术、任务的不确定性和复杂性的影响。沟通成本的降低会增加控制跨度，而预测能力的降低会减少控制跨度。

你面临的另一个问题是如何设计特定的部门。应该有多少个部门以及它们应该是什么样子的？人力资源部和通信部应该分设还是合成一个部门？市场部和销售部应该分设还是合成一个部门？许多学者建议，建立部门是通过将相互依赖性最强的业务组合在一起，使协调成本最小化。此外，在哪个层面上，一个特定的职能应该成为一个单元？在一所大学里，商业和经济应该在一个系还是两个系？回答这些问题需要在信息处理逻辑的基础上进行具体的分析。有几条规则可以说明这个逻辑。各单元应该能够从专业化中获益，使外部协调成本和内部协调成本的总和最小化，并在有协同效应的基础上合并职能；谋求效率和效用的内部平衡应该比两者分离更好；注重效用的单元不应该向注重效率的职能部门报告，反之亦然；跨度控制应与组织条件和领导能力相匹配。

在大多数公共组织中，职能专业化是组织设计的基础，医院的情况也是如此。奥胡斯大学医院有 54 个特殊科室，包括肿瘤科、放射科、骨科等。随着人们越来越关注病人和病人的流动，如此多的部门成为一种挑战。处理这个问题的方法自然是将各科室集中在一起，从而在垂直等级层次结构中多出一个层次。奥胡斯大学医院曾试验过创建被称为中心的集群。这个方案解决了许多问题，但也产生了很多新的问题，最近已经被放弃了。协调成本增加和协同效果不好是主要原因。

职能型结构通常是高度垂直差异化的，通常有一个庞大的中层管理部门，专注于信息处理——从高层人员处获取指示和信息，并使层次结构中的低层人员清楚这些指令和信息；同时从低层人员处获取详细的信息，并向高层人员汇报和解释。多层次的中层管理部门将管理人员与专业化的任务层联系起来，例如，最高管理者与工厂或服务人员，首席执行官与程序员。中层管理部门接受来自高层管理团队的指示和命令，并将其分解为较小的任务，这些任务必须在各子单元之间进行协调。例如，一家汽车厂的主管可能将生产计划定为 100 辆汽车，这必须分解为许多子单元的计划，并在各子单元之间进行协调，以便所有的职能部门能共同完成计划。

中层管理者总结低层发生的事情，并将其传递给高层，信息在高层汇总，这样高层就可以处理更简单但相关的信息，用于决策和控制。向下和向上的过程都涉及大量的信息处理，这需要管理时间，否则可能发生延误。控制横向跨度达到的平衡是有限的，因此组织对中层管理者的信息处理要求可能相当高。不同层次间垂直信息传递通常很多，涉及详细信息的频繁流动。如果增加一个职能部门，就必须在所有的职能部门之间进行再协调，因此，增加一个职能部门会非线性地增加信息处理需求，这就限制了直接报告的数量。大多数公司有 5～7 个职能部门，但在一些组织中，如医院，专业部门通常只需要与其他几个部门协调，专业化程度可以高得多。

最近，许多公司简化了它们的等级制度，取消了中层管理级别。这通常被称为"扁平化"。在组织结构图上，这可能只是简单地取消了一个级别，但其中涉及的内容很多。简单的删除会造成剩下的两个级别之间的不匹配和沟通不畅。拆除了这一层，上面一层和下面一层之间的沟通方式也必须改变。因此，信息和沟通必须重新设计，通常是从上到下地设计。如果没有信息评估和修改，新的扁平化公司最初会陷入困境。有了更先进的信息技术，现在组织有可能以较少的中层管理部门迅速实现纵向协调，但这仍然需要重新设计组织以及对信息充分利用。这并不是简单地在层次结构中去掉一层就能看到结果的。

与简单型结构一样，职能型结构中的管理者处于组织的中心，如果环境不可预测，组织就可能会超负荷。当需要调整和改变工作任务时，可能会使员工不知所措。职能型结构对于不变的活动是有效率的，但是，当需要快速变化时，这种效率就会丧失。如果你想让组织以高效和精确的方式运作，职能型结构是一个不错的选择，因为它允许职能专业化。这种结构对于那些经常重复的、数量庞大的任务来说非常有效。

在乐高的新结构中，传统的职能型结构变为一套与市场渠道相关的单元，就是我们所说的部门型结构。

中国建筑集团有限公司（以下简称"中建集团"）也采用了职能型结构。中建集团正式组建于 1982 年，其前身为国家建工总局，是以完全竞争性的建筑业和地产业为核心业务而发展壮大起来的国有重要骨干企业。2009 年，中建集团在上海证券交易所挂牌上市，三年后中建集团新签合同额首次突破万亿元。2021 年，中建集团位居《财富》杂志世界 500 强排行榜第 13 位。作为体量较大的工程承包商，中建集团的经营业务遍布海内外 100 多个国家和地区，拥有产品技术研发、勘察设计、工程承包、地产开发、设备制造、物业管理等方面的能力。这些专业能力支持着中建集团"四位一体"的商业模式，从规划设计、投资开发、基础设施建设到房屋建筑工程。中建集团特色的七条文化理念中，两条与质量相关："质量重于泰山"的质量观以及"质量是企业的生命，安全是生命的保障"的安全观。中建集团的业务性质决定了它首先要依靠职能型结构。中建集团的职能涉及六个领域，分别是产品技术研发、勘察设计、工程承包、地产开发、设备制造、物业管理。只有职能专业化，才能保障质量和安全。

过去，与中国交建、中国铁建等大型建筑公司相同，中建集团采用的是标准的直线职能型结构，即由若干个区域（或业务）下的二级集团公司横向联合组成集团公司，而在二级集团公司下又设若干分公司，然后按照区域或专项业务需求再设立子公司，其下再根据具体的工程项目设立项目部，依次形成集团公司、二级集团公司、分公司、子公司和项目部五个管理层级，不同的管理层级具备不同的工作定位和运行管理机制。但是，过多的纵向层级很可能导致各级组织职能重叠，公司人力、物力资源浪费，工作程序繁杂，信息沟通不畅和决策系统迟缓等问题。为充分发挥中建集团产业链的协同优势和系统集成的生产运营体系优势，中建集团不断摸索能够避免职能型结构弊端的协调方法。

⚙ 部门型结构

部门型（divisional）结构在产品／服务／客户导向维度上得分较高，在职能专业化维度上得分较低。在这里，重点不在于内部专业化，而在于公司提供的产品和服务，或者它所服务的客户和市场。

总部设置一个最高管理层来监督各子单元，这些子单元相对独立，与总部的联系也有限制。子单元可以是部门、战略业务单元（SBU）、产品业务、客户业务、地区业务甚至是利润中心，独立运营自己的业务。子单元内部经常采用简单型或职能型结构。每个部门都是对外的，有自己的市场和客户，在总部的政策约束和指导下追求自己的目标。最重要的关系是财务关系，每个部门都有自己的财务目标，并致力于获得经营资源和长期投资资金。最高管理层为各部门制定政策。这些政策可以很笼统，如"依法经营"，也可以很详细，包括财务报告标准、人力资源政策以及对新工艺和新产品的创新指南。最高管理层的参与程度可以有所不同。一种极端的情况下，总部是一个"银行"，提供财务监督，而没有其他的作用；而在另一种极端的情况下，每个部门都可以由总部驱动。对于后一种情况，总部很可能会因为成为庞大的信息流载体和众多部门的决策主体而不堪重负，并因此影响绩效。于是，当总部对运营的协调有限，而每个部门都拥有资源并能协调其活动以专注于其产品和客户市场，或在其区域内经营自己的业务时，部门型结构的效果最好。如前所述，在每个部门内，组织可以是简单型或职能型结构，甚至是部门型结构。在支持职能专业化的总部，也可能有一些职能的专业化，可能有人力资源部门或 IT 部门来协调各部门的政策。一些部门有共享服务中心为其提供服务。图 4－6 展示了包括产品／服务流和信息流的部门型结构。

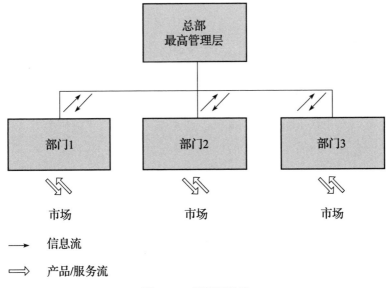

图 4－6　部门型结构

海尔在世界各地设计、开发、制造和销售产品，其组织结构最初是围绕六个产品组建立的：冰箱和冰柜业务、空调业务、设备部件业务、小型家用电器业务、洗衣机业务、热水器业务。

部门型结构的优点是，它的目标是效用，其外部重点是关注产品、客户或地区。与职能型结构相比，部门型结构对市场的反应更灵敏。由于各部门相对独立，它们可以自行做出决定，以创造性和适应性的方式满足市场需求，并抓住增长机会。因此，它适用于快速变化的环境。许多公司将新收购的公司视为部门，允许它们相对独立地运作，以便它们能够继续保持收购前的成功状态。将公司划分为产品或品牌组是创建部门的另一种方式，这些部门可以根据其在市场上成功与否而发展或消亡。有些公司还根据客户的需求来划分部门。例如，银行正在提供与客户生命周期相关的服务：上学、结婚、买房、生孩子和退休，因此银行的业务套餐包括投资、贷款、保险等，以满足客户在生命周期相关阶段的个人需求。

部门型结构的缺点是，每个部门都相对独立，难以协调和处理部门间的依赖关系。例如，两个部门向同一客户销售相互竞争的产品，或开发一项需要它们共同努力的新技术，就很难协调或避免重复劳动。这两个部门有独立的销售小组和支持小组，客户必须承担与两个部门打交道的协调成本。但是，每个部门都可以通过职能型结构来提高工作效率。如果一个部门变得不那么有效率，或不符合部门组合的要求，或所处的行业发生了合并，它可以在市场上被出售。同样，忽视部门间的相互依赖关系，也会阻碍知识在各部门间的迁移，从而失去组织学习和创新的机会。

在最高层，部门型结构的管理人员负责部门的设立和业务的开展，以求更符合公司的需求。在产品和服务方面，各部门和它们自己的高管对市场有很大的依赖性。部门型结构需要一个最高管理层来协调跨部门的活动。每个部门的负责人都要有强大执行能力，他们是那个部门的"首席执行官"。

一个部门型结构应该有多少个部门？与职能型结构中更多的职能或更多的产品会非线性地增加协调需求不同，增设额外的部门不会产生这样的结果。在极端情况下，增设部门只意味着选择部门主管，在财务报告中增加一栏，并确认现有政策和信息系统适用于新部门。就 NK 环境与进化复杂性理论而言，各部门之间只有松散的联系，因此，部门的数量可以相当大，可达 20 个左右。与职能型结构相比，部门型结构中的部门可能多得多。但是，决定有多少个部门或哪种类型的部门的准则是什么？比如，从 4 个部门增加到 5 个部门的逻辑是什么？相关课题的研究者建议，让事实说话，使用基于数据的工具来决定部门的数量与种类。如果不选择这个准则，人们可以思考其他的决策准则。例如，在一所大学，一种准则是根据业务项目创建部门。此时，一个部门可以以心理学项目为中心，另一个以物理学项目为中心。或者，可能有一个部门专注于学士课程，另一个部门专注于硕士课程。如果你选择了根据业务项目创建部门，你就会有一个心理学分部，比如其中包括消费者行为学，你可能会任命一位市场营销教授加入心理学分部。另一种准则是基于研究创建部门，这与商业项目准则类似。然而，还有一种准则是根据核心流程来创建部门。20 世纪 90 年代，流程再造（process reengineering）被组织变革者采用。诸如德州仪器（Texas Instruments）、IBM 和杜克能源（Duke Energy）等公司，它们把重点从任务转移到流程，并围绕核心流程而不是传统的单元进行全面重组，并通过这种重组获得了效率和速度的提升。结构化网络是最近的组织变革尝试，其原则是尽量减少部门之间的互动，减少协调成本。课题研究者发现，结构化网络平衡了网络特征和结构特征。结构化网络类似于网络，因为各单元基本上是自我管理的，自己设定任务目标，自己调整与其他单元之间的协同关系。但结构化网络也有与传统的结构化组织相似的一面，因为等级制度明确了职责和业务关系并确保了公司战略的实施。

无论采用哪种准则，很明显，对部门的选择有一个内在的悖论：虽然部门起到了整合部门活动的作用，但也为各部门之间的活动协调制造了障碍。因此，学界和业界都有"打破自闭筒仓，串联信息孤岛"的必要性，以克服组织的这种内在悖论。

对于部门型结构来说，最高管理者是公司财务管理和政策制定的中心。如果部门之间的相互依赖性很强，那么行政部门就会在解决部门间的问题方面负担过重。我们的目标是使各部门之间的相互依赖性最小。因此，部门型结构通常是横向差异化程度高，纵向差异化程度低。部门经理（或子单元经理）直接向高层管理人员报告。信息是经过汇总的，也是最小化的。短期的信息交流集中在财务目标和现金流上。长期信息交流的重点是资本性项目投资预算和技术规划。如果你的公司采用的是部门型结构，公司各部门的工作范围可能会有很大差异，特别是如果它们之间没有业务联系的话。如果信息流的重点是通用政策，而不是详细的操作，那么控制跨度就会很广。换句话说，如果交流的重点是概括性的指导政策，那么信息流是最小的，但如果交流的重点是详细的运营，信息流会迅速增加。

部门型结构的基本假设是最小化协调要求，并进行分散的部门设置。然而，公司仍然希望或需要在各部门之间建立一些标准或进行一些协调。从信息处理的角度看，通常被称为最高管理层（C-suite）的高层职位可以进行这种跨部门的协调。最近在对一些大公司的研究中，学者们发现最高管理层职位的平均数量从 5 个增加到 10 个。他们将这一变化归因于进行全公司范围内的协调的需要，而这往往是通过信息技术来实现的。此外，高层管理团队的作用还在于促进单元间的合作和竞争，以促进创新和实现增长。

海尔集团以新颖和激进的组织变革闻名。其传统的部门型结构在2012—2018 年间进一步发展为被称作微型公司的自组织团队。对于微型公司，海尔集团设定了非常严格的绩效目标，每三个月对其进行审查和控制。微型公司的数量有显著的增长。目前，海尔由 200 多个面向客户的微型公司以及 3 800 多个服务类和支持类的微型公司组成，但其基本结构仍然是部门型的，以适应局部骤变的环境。

这种情况可能会改变，因为海尔集团在 2019 年宣布了其智能家居战略。战略的改变需要各部门要素之间更有力的协调。因此可以说，智能技术必须整合到海尔集团的所有电器中。各个产品部门之间的协调是通过三个平台来实现的：U+Haier 智慧生活平台、海尔互联工厂和曙光平台，曙光平台是一个组织生态文化和氛围平台。公司在战略调整时期也会采用部门型结构，以期发挥创造性，重塑组织核心竞争力。

基于此逻辑，锦江集团 2020 年设立中国区及上海、深圳双总部。锦江集团内部有众多酒店品牌。一些品牌已经有成熟的市场，另一些正处于市场开拓期。并购的品牌也需要经历业务整合，才能获得集团总部的协同优势。因此，锦江集团做出"前端赛马，后台整合"的决策。2020 年 5 月，集团宣布锦江酒店中国区公司正式成立，重新整合旗下三个重要品牌锦江都城、铂涛酒店、维也纳酒店的后台职能部门资源，打破不同子公司之间的壁垒，共享财务、信息和采购平台，同时，前端品牌特性不变。通过上海及深圳双总部，集团为成熟品牌建立轨道，即实现标准化运营。而对仍然处于探索阶段的新兴品牌和产品，集团设立赛道，即允许竞争，鼓励创新，获胜的运营模式可以转入轨道。例如，新收购的维也纳酒店具有狼性的开拓管理风格。在深圳总部的管理下，维也纳酒店在专业谈判、客户维护、精细化运营上的许多思路可运用到上海总部管辖的品牌上。与此同时，集团给予中高端业务一定的自由度，保持原有品牌活力。因此，深圳总部专注中高端系列开发，保留原有的相对独立的架构，具有一定集团特区属性。

锦江集团的部门结构还会改变。未来，"前端赛马"机制将与跨部门、跨区域的"项目制"形式结合，品牌进行内部竞争，优胜劣汰，实现品牌质量和运营效率的双提升。锦江集团规划中的组织变革将从目前的部门型结构，转到矩阵型结构，再到职能型结构。

⚙ 矩阵型结构

矩阵型（matrix）结构在产品/服务/客户导向和职能专业化这两个维度上得分都很高，这表明公司需要较强的信息处理能力来实现效率和效用的双重目标。对于同一个公司来说，这意味着既有职能层级又有部门层级。最高管理层既负责职能层面的工作，又负责部门层面的工作——制定政策、确定优先次序、解决各个子单元之间的冲突。最高管理层不参与运营细节管理，但负责监督整个公司。大多数协调问题由矩阵经理，也就是那些作为横向部门和职能部门之间的连接的经理去处理。矩阵经理要对同时涉及职能和部门要素的多种变量进行权衡。图 4-7 展示了矩阵型结构，其中职能专业化与产品导向相结合，产生了跨产品组的职能协调。如图 4-7 所示，矩阵型结构需要同时协调公司的项目、产品、服务或客户等职能专业。当某项活动的时间发生变化时，就会波及整个公司，这就是所谓的果冻效应（jello effect），一个地方出现起伏，整个果冻都会波动。

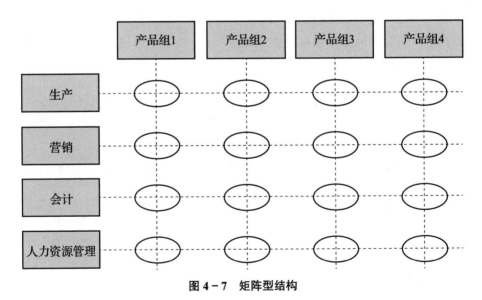

图 4-7　矩阵型结构

矩阵型结构可以非常灵活，处理新的信息，并适应新的信息要求，以迅速利用有限的资源来满足公司的优先需求。一般来说，矩阵型结构可以比其他组织结构处理更多的信息，其优势在于，矩阵型结构可以同时实现职能形式的高效率和部门形式的高效用——克服了职能型结构和部门型结构的局限性。当它运作良好时，公司可以同时达到高效率和高效用。在这种组织结构下，公司也会得到发展。但是，当矩阵没有得到很好的管理时，它既没有高效率也没有高效用。管理矩阵的挑战包括协调或解决横向和纵向子单元之间的冲突，以及信息过载、过多的会议和决策延迟等问题。矩阵型结构需要管理技能，这包括同时关注整个公司以及自己的职能或部门，接受不确定性，愿意考虑复杂情况，权衡和协商务实的解决方案以及关注结果。如果矩阵型结构比起职能型结构或部门型结构是更合理的选择，那么矩阵型结构带来的收益必须超过额外的协调成本。

微软起初从职能型结构转为部门型结构。它收购了 Skype、诺基亚、领英以及 GitHub 等公司。2013 年，它宣布重新将职能型结构作为它的主要组织结构。然而，在 2014 年，随着微软制订新的、广泛的产品计划（包括 Windows 10），制定基于云计算和移动端的战略，明确为获得规模优势而需要的横向协调，矩阵型结构似乎更适合微软。微软需要协调每个品牌产品的功能：办公软件、云活动、设备操作系统（device OS），以及 Xbox 和 Surface 等硬件。这也符合微软作为一家公司的品牌战略。截至 2018 年，微软拥有一个二维矩阵的组织结构，工程组作为一个维度（云计算 + 人工智能组、体验 + 设备、人工智能和研究），业务职能作为另一个维度（业务开发组、外部环境、法律事务、公司战略与规划、财务组、全球销售、营销和运营、人力资源组等）。

实践中二维矩阵有许多名称：职能与产品、职能与项目、专业与行业客户、产品与客户、产品与地区或国家、基础技术与产品等。也有一些三维矩阵，如许多跨国公司都有职能、产品和国家或地区层面。矩阵关系不仅仅是建立矩阵型结构的报告关系，管理层必须在发展跨组织协调上进行投入。这可以通过多种方式实现：横向关系、联络角色、各种协调委员会——所有这些都要考虑在层次结构中能不能很好地处理或快速处理。结合矩阵型结构，如果把公司的发展与其他各种跨组织关系联系起来，可能有八个维度：职能、产品、地区、客户、技术发展、基础研究、人力资源和国家间的资金——也许还有更多需要管理并涉及复杂的权衡和协调。大多数公司没有这么复杂，然而，许多现代公司都有一系列的矩阵关系或跨组织的机制，以在公司中的主导层级间进行协调。

一个矩阵可以有多大？矩阵要同时管理职能维度和部门维度，因此其大小是职能的数量乘以部门的数量。考虑到果冻效应，我们建议矩阵只包括少量的子单元，比如每个维度上有 4 或 5 个子单元。然而，瑞士的大型跨国公司 ABB 曾经采用过矩阵型结构，在一个维度上有 100 多个独立的子单元。它在矩阵中使用了一个额外的中层进行管理，以支持需要协调的复杂的相互依赖关系。但是，这个矩阵还是太复杂了，难以管理，最终被拆除，取而代之的是一个更简单的结构。IBM 采用了一个多维的、可重组的组织结构，既能产生多维的协调，又能持续地进行重组。它的重组是特别重要的，这使得它能够适应不断变化的环境。需要强调的是，在多维矩阵中协调单元并不像二维矩阵那样横跨组织的所有层面，重组矩阵的能力在这里是最重要的。在动荡的环境中，一种矩阵型结构不可能在较长的时间内保持良好的工作状态，它必须定期进行重组。组织需要的既是矩阵型结构，也是其重组的能力——而不是静态的矩阵型结构。

当组织既需要高效率又需要高效用时，矩阵型结构是一个合适的选择。因此，当环境既不可预测又复杂的时候，矩阵型结构往往是合适的——它提供了职能专业化的机会以及部门型的适应性。矩阵型结构的管理成本通常比等级制度更高，因为这种结构下有更多的管理者、更多的信息以及更复杂的关系。此外，管理者必须考虑和处理许多对整体和对子单元有影响的因素。这既耗费时间，又会导致冲突和权力争斗。在等级制度中做得很好的人，在矩阵型结构中可能不会感到舒适或很难获得成功，因为矩阵型结构具有双重等级制度。矩阵型结构必须根据战略和公司所处的环境来确定。此外，矩阵型结构必须能够灵活地应对和适应动荡的环境，它和动荡的环境匹配得最好。

矩阵型结构中的最高管理层同时关注效率和效用，试图同时获得效率和效用。最高管理层不直接指挥组织，在很大程度上依靠职能部门和部门经理进行详细的、持续的协调、调整，以完成公司的优先事项。然而，高层管理者还有很多工作要做：确定优先事项，解决各子单元之间的分歧，并对整个公司进行总体监督。因此，对矩阵型结构的有效管理需要管理人员能够同时围绕至少两个维度进行监督。

需要强调的是，矩阵型结构也可能导致业绩不佳。职能和部门之间的双重协调可能会导致子单元管理者之间的优先权冲突。如果冲突管理需要高层管理者的高度参与，那么矩阵型结构的一个主要优势就会丧失。矩阵型结构出现问题的预兆同样是：高层管理者决策过多，因为管理者无法解决问题；问题根本没有得到解决；预算超支；业务不协调，资源利用率低；员工不开心，感到困惑；子单元花费过多时间与其他子单元协调，影响了子单元的业绩；机会丧失。当矩阵型结构运作良好时，它可以实现高效率和高效用，然而，当进展不顺利时，它可能运行得非常糟糕。

就复杂性而言，矩阵型结构在横向差异化上可以很高，在纵向差异化上也可以很高。这是因为矩阵型结构的工作被分解为许多专业任务，形成许多垂直的报告关系。这使得组织对矩阵型结构的总体协调要求非常高。

在上面的讨论中，我们没有谈及矩阵型结构中各单元的具体位置。在全球范围内，由于运输成本低，信息传递成本也很低，组织必须考虑跨越地理区域的管理问题。

第三章我们讨论过安踏通过收购进行扩张，接二连三的品牌收购让其原先的职能型结构无法满足扩张的需要。2019 年，安踏进行了组织结构的大调整，建立了五大业务中台、三大品牌群，形成了以品牌群为横向，以各个业务中台为纵向的矩阵型结构。

新的组织结构下，安踏将原先散落的各个品牌整合成品牌群，专注于其在运动鞋服下的细分赛道，拥有更强的协同效应。同时建立了五大业务中台，整合集团资源，共同为品牌群服务，赋能所有的品牌。在这个矩阵型结构中，新并购进来的品牌能够通过中台在短时间内得到安踏的资源赋能，如通过电商中台，安踏迅速帮其制定电商策略；通过零售中台，快速选定开店地址、对接商场等。新的组织结构让安踏变得更加灵活，也能够提升内部的信息运转速度以及提高资源协同能力。2020年，安踏的营收突破350亿元。

⚙ 跨越国界的结构

描述某公司的跨国管理特征的一个简单而直接的方法，就是分析它在多大程度上在特定的国境界限的限制下，基于最佳采购来布局，以及在多大程度上，它的定位是为了获得本地响应，而不是实现全球范围内的标准化和规模经济。最佳采购（optimal sourcing）指的是决定将业务放到能够为公司在客户联系、成本效益、人力资源技能等方面带来最大效率优势的地方。例如，一家软件公司可能会选择坐落在美国加利福尼亚州的硅谷或法国蓝色海岸的索菲亚科技园区，以便靠近具备新产品开发所需技术能力的程序员和工程师。如果公司寻求低成本、高技能的劳动力，它可以在印度的海得拉巴或新德里设立一个或多个场所。为了接触俄罗斯发展中市场的客户，公司可以在诺夫哥罗德、库尔斯克州或符拉迪沃斯托克（海参崴）设立工厂。如果公司计划在选择工作地点时尽可能靠近资源供应地，那么该公司就是高度重视最佳采购的。反之，如果公司根据其他因素确定工作地点，如靠近总部或公司已开展业务的特定城市、国家或地理区域，那么对最佳采购的重视程度就很低。

本地响应（local responsiveness）是指将工作分配到能够快速响应客户需求的地方，而不是在一个地方集中安排工作。将工作分配到许多地方，可以最大限度地提高公司的灵活性，以在任何地方完成工作任务，并与当地的需求密切联系。例如，一个高度分散的团队可能由移动销售人员、软件程序员或服务操作员组成，随时随地听从客户召唤。如果公司规模很大，这些员工可以按国家或地区组织起来。关键是，本地响应的公司会尽可能地以客服特征来分配工作，从而与客户或供应商保持密切联系，并有能力预测和响应他们的需求。业务的集中合并会降低当地的反应能力，尽管它带来了规模经济效应，有机会使工作操作标准化，并增加对工作的行政控制。

最佳采购和本地响应代表了组织设计中的权衡，与第二章中讨论的公司的利用和探索战略相对应。如果你的公司追求利用，你的工作安排就应该在最佳采购维度上很高。如果你的公司追求探索，你的公司就应该把工作安排得更能体现本地响应能力。

根据组织在最佳采购和本地响应之间的权衡，产生了四种组织设计的基本选择。巴特利特（Bartlett）和戈沙尔（Ghoshal）的开创性工作是我们分类的实证基础。经过简化，我们在此展示的分类法是严格基于最佳采购和本地响应这两个维度的，并着重于组织结构问题（而不是更广泛的战略和营销问题）。由此，我们得出四种跨国跨地域的组织设计类型：全球型、国际型、多国型、跨国型。基本类型可能会产生变种，公司有时会将这些类型结合起来，也许在公司的不同层面使用不同的设计，或者在不同的业务单元之间保持差异，例如，一些单元采用全球型设计，其他单元则采用国际型或跨国型设计。在整个跨国公司中，设计的一致性并不是必需的。更重要的是，你要选择一个与你的分析单位的目标、战略和环境相匹配的组织设计类型。

下面详细介绍这四种不同类型的组织设计。

全球型

如果你的组织不追求本地响应或最佳采购，将其工作活动集中在一个地方（通常是公司成立的地方，即公司总部），以获得集中协调的效果，那么它就是全球型（global）设计。全球型设计是一种集中生产的组织方式，因此产生了以下优势：高度集中的决策和由业务的大本营推动的工作实践。

全球型的组织设计与在全球范围内提供类似产品或服务的战略一致，无论产品最终在哪里销售，工作方法、流程和操作完全由公司总部控制并保持一致。那些向所有市场提供相同的产品或服务，并将其上游和支持活动集中在一个国家的组织采用的就是全球型设计。全球型设计在最佳采购和本地响应方面的得分都很低。

举例来说，一个软件公司向全世界的客户提供项目管理软件解决方案。该公司的总部在美国，位于弗吉尼亚州的阿灵顿，管理层、开发人员和支持人员都在那里。销售代表可以拜访世界各地的客户，也可以从弗吉尼亚州以外的地方雇用合同工完成特定的任务。支持人员可以对世界各地的客户进行实地考察。但所有这些工作活动的管理都集中在弗吉尼亚州的总部，几乎没有根据地理位置的定制化工作安排，工作是由公司中心管理的。为了满足特定客户的需求，可能会有产品和服务的定制，但这些工作是在公司中心安排的，也是在总部的控制下执行的。这个组织采用的就是全球型设计。

国际化背景下，基于总部大本营和标准产品与服务全球直销的逻辑的全球型设计有诸多缺点。不过，它有战略上的长处，例如，对知识产权的保护、对集中生产过程中的团队协同有利等。

国际型

拥有国际型（international）设计的公司在运营的大本营之外建立"卓越中心"，或为每个主要产品或服务建立中心。这些中心位置的选择是为了最大限度地优化生产资料的采购，也就是说，工作尽可能地靠近资源所在地，无论在世界的哪个地方。然后，这些中心为全球市场提供服务。由于产品和服务往往是标准化的，而不是根据地点定制的，因此本地响应能力很低。

石油业务的上游部分在传统上是采用国际型设计的。钻井作业被安排在世界任何有可开采的储量丰富的油田的地方。这可能意味着，公司在阿拉斯加、马来西亚或西非海岸有许多业务，而在欧洲或北美洲的业务很少。

因此，上游业务不受地理位置的平衡或约束，它在"最能完美完成工作的地方"。

让我们考虑一个现代的、以服务为导向的公司，比如前文所描述的软件公司。假设位于弗吉尼亚州阿灵顿的软件公司已经发展壮大，其项目管理软件产品销售给美国、西欧、日本、中国和澳大利亚的客户。该公司现在为这些地区的成千上万的客户提供服务，这给公司的业务运营带来了巨大的工作量。此外，公司无法在弗吉尼亚州以足够低的成本找到足够多的程序员来满足遍布全球的客户的软件支持需求。为了满足客户的软件支持需求，公司可以在印度设立两个业务中心，也许一个在新德里，一个在海得拉巴，那里有高质量的客户关系和技术能力，而且劳动力成本相对较低。此外，那里有足够的劳动力储备，可以补充因员工流动率高而造成的岗位空缺。在新德里设立的是一个客户呼叫中心。海得拉巴设立的是一个技术支持中心，程序员在那里进行软件的修改和升级。这就是一种国际型的组织设计。

国际型的组织设计很像职能型结构，因为其以集中专业知识或技能为基础进行管理工作。该组织设计基于地理因素划分工作职责，但公司总部有着很大的权力。该组织是"高大"的，而不是扁平的，也就是说，纵向差异很大。

深圳市科达利实业股份有限公司（以下简称"科达利"）在欧洲市场采用与多国型或跨国型相似的组织设计类型。经过访谈，我们才理解它采用的是国际型。它为了利用大客户资源和欧洲本地的政策和科技条件，在当地设厂和销售；为了利用当地的无形资源，把本土专业生产能力延伸到欧洲。

科达利于1996年成立，创始人是励建立，公司以新能源汽车动力电池精密结构件为核心产品，已成为该细分行业的全球领军企业。公司总部设于深圳，先后在国内主要锂电产业区设立了13家子公司，又在欧洲的德国、瑞典和匈牙利等海外地区设立了三大生产基地，形成了全球16个制造基地的布局。

科达利最初只是一家规模很小的五金模具制造公司，1999 年，科达利开始与比亚迪合作，为其做手机锂电池结构件。伴随着比亚迪在 2003 年成为全球前二的手机锂电池厂商，科达利的营收规模也迅速扩大。到 2006 年公司成立 10 周年时，科达利已经成为一家亿元规模的企业，在手机锂电池结构件上也有一定的客户积累。当时，电动汽车还被认为技术不成熟、难成气候，但励建立非常看好新能源汽车行业，并决定向汽车动力锂电池结构件业务转型。2017 年初，科达利在深圳证券交易所上市。从全球市场份额来看，2019 年在全球动力电池结构件市场上，科达利的市场占有率为52.9%，占据了该市场的半壁江山。

科达利的客户涵盖全球 10 大锂电池生产商中的 8 家，方形动力电池结构件在国内市场占比 60% 左右，在全球市场占比 40% 左右。国内客户包括宁德时代、比亚迪、亿纬锂能、欣旺达、天津力神等；国外客户包括松下、苹果、特斯拉、三星、LG、Northvolt 及日立等；汽车厂商客户包括广汽集团、比亚迪等。

2021 年，公司在欧洲建成三大海外基地，其重要的原因是，欧洲有全球最优的汽车生产基地，科达利要为战略客户配套，充分利用欧洲强大的汽车工业制造基础。新能源汽车得到欧盟的重视，各国增大了对新能源汽车的财政支持和税收优惠，主流车企加快了电动化转型。

选择国际型设计的另一个原因是加强对生产过程的质量控制。科达利的生产流程自动化程度高，用工人数较少。国际型设计允许总公司直接委派和调度技术人员，把在中国的质量控制经验复制到欧洲基地。科达利案例也提醒我们，只有深入分析公司对具体战略生产要素的看法，才能理解它的组织设计逻辑。

多国型

如果一个公司采取分布的、基于地域的方法来组织工作，以求快速响应当地客户，那么它的组织设计就是多国型（multi-domestic）的。多国型设计为特定的国家和地区定制业务，提供独特的产品或服务以满足当地人的偏好。多国型设计的结构就像部门的形式。这种组织设计是为了利用当地的机会，特别是与特定地区相关的文化、政治和地理机会。部门或其他业务位于不同的地方，是为了保障对客户的本地响应，而不是为了实现最佳采购。多国型设计对于那些正在进入与本国非常不同的市场的公司来说是非常有效的，因为管理层在新的地区没有什么经验，希望通过了解客户的需求或当地可能的工作方式来服务客户，获得利益。这种类型的组织设计是扁平的，而不是垂直的，也就是说，业务操作会根据地域的不同而不同。地域可以是一个地区或一个国家。

请看美国 3M 公司的案例。该公司在 20 世纪中期进入欧洲时，采用了多国型的组织设计。当时，该公司有兴趣在欧洲获得研发专长，并在那里开发新的业务。然而，美国管理层对整个欧洲市场的工作方式、客户需求等的了解相对较少。此外，欧洲市场是分散的，各国的语言、货币、员工的工作方式和客户的偏好都不相同。鉴于这些环境条件以及在欧洲市场的探索战略，3M 公司建立了以国家为基础的组织，并给予在每个国家的分公司高度的自主权来管理业务。到了 20 世纪末，情况已经不同。欧盟成立了，整个西欧的工作方式更加相似，总的来说，欧洲市场变得更加（尽管不是完全）同质化。随着这种环境的变化，3M 公司转向了以地区为中心的设计，调整了以国家为单元的业务、产品和服务，并使对员工和工作任务的管理因地区而异，以实现最大的本地响应能力。

与部门型设计一样，多国型设计支持通过探索新产品和服务来实现增长。如果增长的源泉是基于地理的，那么多国型设计是一个很好的选择。还是以总部设在美国弗吉尼亚州阿灵顿的软件公司为例。假设该公司寻求发展服务方面的业务，向使用其项目管理软件的客户提供各种定制化的项目管理服务。如果公司对环境进行评估，并确定服务需求在发达国家和发展中国家有很大不同，而且亚洲国家和其他国家的服务需求也有很大不同，那么公司可以采用多国型设计来管理其服务业务。该公司可以在日本或新加坡建立区域业务中心，为亚洲的许多发达经济体提供服务。然后，它可以在中国建立一个基于国家的业务中心，以探索该市场的独特需求。同样，它可以在伦敦设立一个业务中心，为西欧市场提供服务，并在莫斯科和布达佩斯设立更多的办事处，以满足增长的经济体的独特需求。对以总部为中心的公司来说，多国型设计意味着要投资建立更多分公司。这种组织设计方式要求公司在当地设立机构，培养员工对当地市场进行管理的能力等。如果在当地的选择和管理得当，潜在的增长是巨大的。随着时间的推移，不太成功的当地业务可以被终止，而那些比较成功的业务则可以继续增长。

跨国型

跨国型设计融合了国际型设计和多国型设计的特点，既能获得区域或所在国的本地响应位置优势，又能获得最佳采购的经济效益。在跨国型设计中，一些业务部门位于所需资源的附近，但也有一些基于本地响应能力的决策使得公司在世界所有具有战略意义的地区都有布局。通过这种方式，该组织按地区开发定制产品，同时通过全球运营中心获得效率。跨国型设计会对其业务定位采取复杂的方法：有些业务集中在本土；有些业务以最佳方式采购资源，无论这些资源位于何处；有些业务则根据国家或地区的响应要求来布局。

联合利华（Unilever）、宝洁公司（Procter & Gamble）和日本电气股份有限公司（NEC）都是采用跨国型设计的公司的例子。比如联合利华内部的洗涤剂业务，一方面其研究和产品开发活动都是基于最佳采购进行的，因此其基础研究设施位于美国和欧洲的中心，靠近大学有充足的化学家和化学工程师。另一方面，其产品开发小组位于它所服务的业务单元附近，无论这些业务单元在世界哪个地方。联合利华在亚洲和拉丁美洲设有制造中心，那里自然资源丰富，而且劳动力成本相对较低，但销售、分销和服务业务是本地化的，在某些情况下按国家，甚至是国家中的地区设置，以响应和满足特定客户的需求。

　　为什么选择跨国型设计？如果公司有不同的、相互冲突的战略需求，或者公司在走出国门后所面临的商业环境的变化很大，这种设计就有意义。假设你管理着前面描述的软件公司，公司总部在美国弗吉尼亚州的阿灵顿，你可能会采取最佳采购的方式来确定技术支持业务或呼叫中心业务的位置，也许会把这两个业务放在印度，尽管该国的客户数量很少。同时，你可能会在伦敦、莫斯科、布达佩斯，以及日本和中国开展销售和服务业务，这样你就能到达你的主要战略市场。这些业务的运作方式可能有些不同，这取决于它们所服务的地区的客户需求和你的公司打算在特定地区的投资程度。跨国型设计意味着你会分散次级单元，发展专门的运营中心，然后通过有效管理相互依赖的关系将这些单元联系起来。

　　跨国型设计是最复杂的分布式管理设计，因为公司工作的某些方面是以地区为中心的，而其他方面则以资源为中心的。与矩阵型结构一样，跨国型设计的管理也需要将集中和分散的决策结合。如果管理得当，跨国型设计可以给公司带来高效用和高效率。公司总部必须非常了解哪些业务需要位于采购的最佳地点，哪些业务需要最佳的本地响应。最重要的是，一旦决定了地点，管理层必须善于协调公司的分布式业务活动。

　　福耀集团，全称为福耀玻璃工业集团股份有限公司，1987 年成立于中国福州，是专注于生产汽车安全玻璃的大型跨国集团，1993 年、2015 年分别在上海证券交易所、香港交易所上市。因为行业特征和公司的战略选择，福耀玻璃经历了跨越国界的所有的四种组织设计形态。

　　福耀玻璃从一个生产水表玻璃的乡镇小厂，发展成为在多个国家和地区建立现代化生产基地和商务机构的大型跨国集团，其产品得到全球知名汽车制造公司及主要汽车厂商的认证和选用，包括宾利、奔驰、宝马、奥迪、通用、丰田、大众、福特、克莱斯勒等。

　　汽车玻璃行业属于重资产行业，资金壁垒较高，需要高额的启动资金：国内一条汽车玻璃生产线通常需要投入 2 亿元，配套的一条浮法玻璃生产线的费用高达 3 亿元。在欧洲和美国新建生产线所需的投资更多。汽车玻璃产品认证严格，有着较长的认证周期。汽车玻璃作为重要的安全件，制造技术要求高，质量要求严苛，需要通过多项国家安全和质量认证。同时，汽车玻璃制造商需要参与到整车的同步研发中，汽车玻璃制造商甚至在新车项目立项的时候便参与设计。汽车制造公司与其配套客户所签订的框架合同的期限通常涵盖新车型的整个生命周期，一般为 5～10 年，汽车制造公司对供应商进入配套体系的审核非常严格。

为了使玻璃制造接轨国际，1996 年，福耀玻璃和竞争对手圣戈班（Saint-gobain）达成协议，圣戈班入股福耀玻璃，成为控股股东，持有 42% 的股份。福耀玻璃也由此从单一的汽车玻璃生产公司，转为具有汽车玻璃设计能力的公司，成功实现产业链初步上移，为进一步发展赢得了机会。这是福耀玻璃的全球型设计时期，即基于总部生产基地，以标准化的产品向全球营销。

然而，两家公司的战略目标存在极大的差异，集中体现在开发国际市场和发展中国市场的战略上：福耀希望借助圣戈班的技术与市场渠道进军海外，拓展美国等海外市场；而圣戈班对福耀玻璃的定位则是服务亚洲客户，希望借助福耀玻璃的成本优势打开中国市场。1999 年 5 月，福耀玻璃总共出资 3 000 万美元，回购了圣戈班手中所有的福耀玻璃股票，同时圣戈班承诺 5 年内不以任何形式在中国建立工厂。

几经周折，2004—2005 年，福耀玻璃与控制着北美汽车玻璃市场的PPG 工业公司达成了合作协议，PPG 工业公司以技术入股福耀玻璃的浮法玻璃生产基地，提供技术、设备支持，帮助福耀玻璃建设具有世界领先水平的浮法玻璃生产基地，这也使得福耀玻璃成功实现产业链上移。福耀玻璃负责生产，PPG 工业公司负责北美市场的物流和销售渠道，福耀玻璃让出一定的经济利润。PPG 工业公司还主动为福耀玻璃的管理团队提供培训，帮助福耀玻璃提高管理水平。此时，福耀玻璃进入国际型设计模式，即充分利用生产资料的优化采购，利用位于国际市场的有形和无形资源。这里，PPG 工业公司的技术资源对福耀最有价值。

2001—2002 年遭遇反倾销后，福耀玻璃加快转向国外原始设备制造商（OEM）市场，此举不仅避免了贸易壁垒的限制，而且使其走出配件市场，进一步接近了为汽车制造公司整车配套生产的目标。

福耀玻璃在海外的第一项重大投资在俄罗斯。2011 年，福耀玻璃投资 2 亿美元在俄罗斯卡卢加州建设工厂，这是福耀玻璃走向海外建设的第一个生产型公司。

2014 年以来，福耀玻璃已在美国投资超过 9 亿美元，在美国 5 个州进行了战略布局，建立了集玻璃原片、汽车玻璃制造、玻璃包边、设计服务、销售为一体的全流程、全供应链体系。2014 年，福耀玻璃收购了 PPG 工业公司的浮法玻璃生产基地，2016 年福耀玻璃的玻璃厂竣工投产。福耀玻璃美国公司自 2017 年年中扭亏为盈后，连续多年盈利。就美国市场而言，福耀玻璃已经打造了从浮法玻璃到玻璃总成的产业链条。

2018 年底，位于德国海尔布隆的福耀玻璃欧洲公司新厂也竣工投产。作为福耀玻璃国际化的重要战略布局之一，该厂不仅能够零距离地为宝马、奥迪、大众等欧洲传统汽车品牌提供玻璃增值服务，还能对接德国先进制造技术与装备工艺，从而持续引领汽车玻璃行业。

可以看出，福耀集团在进军国际化的历程中，均以在国内成立制造基地，在国外直接销售的模式开始，发挥成本优势，打开当地市场。后面待需求扩大时考虑在当地建厂，并积极雇用、培养当地人才以了解当地需求，根据不同国家、不同地区的特点，灵活地调整当地分公司的结构、功能、员工待遇等。最后，福耀玻璃逐步成立海外研究、生产、营销中心，带动公司整体进入国际市场，实现从设计到生产再到销售的本土化。通过在俄罗斯、美国、德国投资建厂，福耀玻璃已经能够按照不同国家和地区的条件定制业务，提供不同的产品和服务。这代表福耀玻璃进入多国型设计阶段。

经过多年谋划，福耀玻璃已经建成了较完善的产业生态，砂矿资源、优质浮法技术、工艺设备研发制造、多功能集成玻璃均已布局完成，汽车玻璃行业的纵向一体化已接近尾声。当然，福耀玻璃也没有止步于汽车玻璃行业的纵向一体化，早已着手布局高附加值的汽车配件领域——2019年收购主营汽车铝亮饰条的德国SAM公司，实现铝饰件下游延伸，提高了集成化的能力，与汽车厂商保持更高的合作黏性。至此，福耀玻璃努力平衡最佳采购和本地响应两个维度的需求，进入跨国型设计阶段。

并非每家公司都需要经历这四种组织设计形态。不过，福耀玻璃的国际化历程表明，公司可以按照环境条件和自己的战略定位动态选择组织设计结构。

⚙ 数字世界中的最佳采购和本地响应

看待最佳采购和本地响应的传统方式是从地理角度出发的，在数字时代可以从数字的角度来看待。由于劳动力成本低，许多公司的生产和日常行政工作都被外包到了海外，现在有了机器人、自动化、人工智能和3D打印，许多这样的活动和任务被收回了。同样地，现在有很多方法可以实现在不亲自到场的情况下对当地做出响应。当许多产品转变为服务时，可以与客户通过数字设备进行联系。一个很好的例子是，以前客户通过百视达商店租借录像、电影，现在，电影服务由网飞公司、美国家庭电影台（HBO）、苹果和其他公司提供，客户的经验和行为由客户的设备收集，而产品则由人工智能和预测算法决定。这些产品可以为特定的市场量身定做。因此，网飞公司所提供的产品在丹麦和美国北卡罗来纳州可能有很大不同。数字设备识别和匹配服务语言，所以提供的服务似乎来自本地供应商，但其实可以来自任何地方。那么，今天的本土化意味着什么？产品必须在数字化方面是本地的，在物流方面是本地的，在设备方面也是本地的。这包括服务、语言以及对税收和其他法规方面的理解。

信息技术的发展会影响到结构的选择。最近10年，诸多学者研究发现，信息技术会提高生产集中度，因为网络派送四通八达。还有人发现，信息技术促进了新形式的分权与集权。信息技术可以促进应用操作规则的集中化，帮助总部控制分公司，也可以促进广泛的沟通以支持决策权力下放。结果是，信息技术可以促进集中化或分散化，这取决于结构、协调需求和决策任务。

因此，最佳采购和本地响应可能不再与实体上的存在有关。同样，我们也可能不知道员工的位置。一个"本地"呼叫中心可能位于印度、印度尼西亚或世界上任何地方。因此，本地响应和最佳采购与现代信息技术一起可以创建一个虚拟组织。虚拟组织是指其成员在地理上是分开的，通常通过电子邮件和群件工作，而在其他人看来是一个单一的、统一的、有真实物理位置的组织。

中国的电子游戏，尤其是手机游戏，近年来成为海外热门移动应用。它的成功得益于虚拟世界数字生产可以灵活整合最佳采购和本地响应两个维度。

谷歌和移动市场评估服务提供商 APP Annie 联合发布的《2021 年移动游戏出海洞察报告》显示，中国移动游戏海外下载量在 2021 年上半年达到 17 亿次。海外用户在中国移动游戏上的支出达到 81 亿美元，与 2020 年上半年相比环比增长了 47%，中国移动游戏发行商在 2021 年上半年占据了 23% 的全球消费者移动游戏支出市场份额。

中国游戏运营商成功出海的背后，是完整的移动游戏产业链的集体出海。移动游戏出海产业链包括上游的 IP 提供商、游戏研发商，中游的游戏运营商以及下游的出海服务商、广告主、发行渠道。其中下游的谷歌、推特、TikTok 等是中国移动游戏最主要的发行渠道和广告主。这些快捷的移动社交平台的出现，极大降低了中国游戏出海的成本和难度。

利用虚拟世界和数字力量跨地域的特征，中国移动游戏厂商灵活组合来自各国的生产要素资源。上游的 IP 提供商采集古老的文化传奇资源，打造全球流行的游戏主题。中游的游戏运营基本可以在国内完成。而下游的发行渠道较为简单，集中度高，主要包括 Google Play、iOS APP Store 以及特色地方渠道，其中谷歌和苹果占据了绝大部分市场份额。流量方面，海外市场的买量平台也相对固定，谷歌和脸书占据了全球超过 60% 的市场份额，并且较少介入游戏研发，这意味着海外游戏市场中基本不存在同时把控内容和渠道的巨头。渠道方面，中国游戏厂商和海外厂商几乎站到了相同的起跑线上。

因此，海外市场不论是渠道分成还是流量采买难度均大幅低于国内。相比国内，海外游戏的市场环境和运营推广更为简单、透明。中国游戏在海外具有强大的营销优势。

目前，许多出海的移动游戏公司已经能够娴熟地运用虚拟世界和实体世界的资源，提高产品品质及增加营销创意。它们能够结合大数据技术，通过数据分析和数据挖掘以实现精准化推广，兼顾最佳采购和本地响应。

虚拟世界的数字能力让许多中国的移动游戏公司生来采用的就是全球型设计。北京创智优品科技有限公司（Zenjoy）是一家在中国"智造"产品向全球销售，专注手机应用与手机游戏的移动互联网公司。该公司成立于 2010 年初，于 2012 年正式组建团队，在全球拥有近 3 亿用户，遍及欧美等 134 个国家和地区。2015 年，其旗下应用 Photo Collage 与游戏 Forest Mania 受到 Google Play 官方推荐，同年 7 月其被 Google Play 官方认证为"Top Developer"。

⚙ 匹配和错位

对于你的公司来说，什么是好的结构？什么是好的匹配？在这里，我们把组织结构的匹配加入前面几章评估的目标、战略和环境中，如表 4 - 1

所示。在 A、B、C 和 D 列中，匹配关系从上到下垂直地展示。错位是指任何一组不在同一列中的关系。可能的错位有很多，关键问题是高层管理人员的注意力和时间有限，任何错位都会使执行管理层负担过重，导致公司业绩下降。错位的迹象有：决策缓慢，调整不及时；执行人员要么没有被告知该做什么，要么没有被赋予相互协调的权利；管理人员工作时间过长。

表 4 − 1　组织结构、组织环境、战略类型和组织目标之间的匹配

部件	在组织设计坐标系中对应的象限			
	A	B	C	D
组织结构	简单型	职能型	部门型	矩阵型
组织环境	平静的	多变的	局部骤变的	动荡的
战略类型	反应者	防御者	勘探者	有创新的分析者 没有创新的分析者
组织目标	既无效率也无效用	效率	效用	效率与效用

在 A 列中，有一个简单型结构、平静的环境、反应者战略和不确定的目标，这些组成了一个匹配。在平静的环境中，执行者有时间可以把注意力放在满足组织相对较低的信息处理需求上。如果战略或环境需要更多的信息处理，那么管理者很快就会被不想要的后果所累。简单型结构在任何条件或条件组合下都会产生错位，这些条件会给执行人员带来过多的信息处理需求：公司规模大；采用的是防御者战略或分析者战略；环境不平静并同时需要调整和改变。

对于反应者战略，简单型结构是一个很好的选择。这种战略缺乏对目标的关注，通常是对当前形势的反应。简单型结构很适合反应者战略，因为管理人员可以看清形势，然后根据市场和客户的情况进行调整。简单型结构也适用于勘探者战略，在生存威胁出现之前，不需要快速调整。对于非常重视效率的防御者战略，以及以长期规划为准则的分析者战略来说，简单型结构并不适合。

在 A 列中，对应的环境是平静的环境。乍一看，动荡的环境似乎是更匹配的环境。简单型结构可以快速调整，而平静的环境可能不需要，因为它是可预测的，不复杂。但是，在简单型结构中，所有的信息处理需求都集中在一个人身上，对管理人员的要求很高——特别是当行动和战术以及战略的决策同时需要一个人做出时。尽管如此，简单型结构可以迅速适应业务变化，但通常在适应战略变化方面有很大困难。因此，在平静的环境中，简单型结构非常有效，因为需要的调整较少。由于注意力和时间有限，管理者发现平静的环境对组织的要求较低。

转到 B 列中，职能型结构、多变的环境、防御者战略和效率目标是匹配的。信息处理需求大大增加，职能型结构可以处理大量的信息，这些信息在已知的变化中是可以预测的，详细的和复杂的协调是可以实现的。然而，如果环境的不可预测性增加，需要处理额外的信息，那么职能型结构就不适合快速进行大规模的协调变化，容易产生错位。

对于注重效率的防御者来说，职能型结构是一个很好的选择，防御者战略可以保持公司在产品或服务市场上的地位，客户通常是不断增加，而且营销或销售部门与客户保持着紧密的联系。公司对于新产品或服务的创新强调得很少，但会强调流程创新以降低成本。拥有庞大的中层管理队伍或广泛的信息技术系统的职能型结构，可以将重点放在资源的有效利用和业务的及时协调上，重点是在详细计划的基础上保持运营的连续性。公司可以在较小的范围内有效率地改变其生产数量，数量上的较大变化或新的活动会降低这种效率。对利用的关注需要利用职能型结构所带来的专业化。职能型结构和以创新为重点的战略是错位的。防御者希望保持现状，职能型结构则很好地满足了这一要求。对于其他战略类型来说，职能型结构的效果就没有那么好了。它对没有创新的分析者战略的适应性相当好，因为有计划地进行改变是可能的。但是，对于有创新的分析者战略或勘探者战略来说，职能型结构的反应速度太慢，难以奏效。

与职能型结构相对应的环境是多变的、可预测的，具有较高的复杂性，重点在于可预测性，即执行者可以预测到未来会发生什么。执行者可以通过规则和标准化的程序来处理环境的复杂性，这些规则和程序需要长期完善和学习。但是，当环境变得不可预测时——动荡的或局部骤变的环境——那么职能型结构就会丧失其效率，因为环境需要迅速地调整，而它又做不到，组织还可能因此开展错误的活动。常见的情况是，管理人员会试图承担起推动变革的这一额外责任，结果出现工作超负荷的情况。超负荷的明显迹象是决策缓慢以及变革在整个组织中没有得到协调。

C列描述的是部门型结构、局部骤变的环境、勘探者战略和效用目标的匹配。每个部门都有自己的环境，虽然竞争很激烈，但基本上不受其他部门的影响。管理人员可以建立独立的部门来处理当地的情况。然后，管理人员可以处理政策和财务问题——这些问题限制了信息处理需求。然而，如果环境变得相互关联，例如有两个部门在竞争同一个客户，管理人员就会因为协调细节而超负荷工作——这也会造成错位。对于部门型结构来说，管理人员不可能参与到公司的具体运作中，这只会使他们超负荷工作，并导致公司的发展受到影响，产生不良后果。

对于注重效用的勘探者来说，部门型结构是一个很好的选择。部门型结构很好地匹配了公司的战略，即勘探者战略，每个部门的战略不是由高层规定的，而是在该部门自己的市场和资源机会中发展起来的。一个有最少的管理层的公司可以专注于利用财务标准对各部门进行有效的资源分配。部门组合可能包括一个采用防御者战略的部门和另一个采用勘探者战略的部门。部门型结构和防御者战略或分析者战略所需的密集信息和较多的次级单元协调是错位的。

部门型结构和局部骤变的环境可以很好地匹配，因为局部骤变的环境可能是高度不可预测的，有一个又一个子环境。每个子环境都与部门的边界紧密相连——也就是说，对于一个产品部门来说，每个产品的环境可能是不可预测的，但产品之间不相互依赖。对于通用电气来说，喷气发动机市场与医疗保健市场各自独立，但每个市场和技术都可能是不可预测的。

在这里，高层管理者将环境划分为独立的部分，由部门管理者来处理。部门型结构并不能很好地处理涉及许多细节的跨部门协调业务，这会造成机会损失。

D 列描述的是矩阵型结构、动荡的环境、分析者战略，以及效率和效用的双重目标的匹配。在这种匹配中信息处理需求非常大，需要对新情况进行详细协调。公司不能被分解成相对独立的部门，也不能用一个非常有层次的结构来处理所有变化。

矩阵型结构和以下条件是错位的：缺乏对效率和效用的双重关注，这种双重关注需要特殊的管理技能以协调上下级关系，以及额外的管理成本；可以通过简单型结构实现的防御者战略或者勘探者战略；可以通过单一层次结构管理的不复杂或可预测的环境。当简单型结构足以实现所需的目标时，应用矩阵型结构就会增加没有必要的成本。当同时关注效率与效用目标，环境是动荡的，需要处理大量的信息来应对富有挑战性的持续协调，以实现资源的有效利用时，矩阵型结构是合适的。

分析者战略，无论是有创新的还是没有创新的，都和矩阵型结构匹配得很好。分析者战略在两个领域运作：第一个领域是利用现有业务，在这个领域中效率很重要；第二个领域是探索创新或技术改进，新想法和产品的效用是最重要的。矩阵型结构将这两者结合起来，以及时实现所需的变化，促进了对利用和探索的双重关注。在动荡的环境中，有大量的问题需要考虑，而这些问题是不可预测的，需要公司快速调整。在利用与探索并存的情况下，组织对持续协调所需的信息处理能力有很高的要求，以便及时做出决定并采取行动。矩阵型结构可以很好地适应动荡的环境，并在整个公司内协调活动。职能经理和部门（产品、项目或客户）经理是自己所在单元和公司其他单元的协调人。由于环境的不可预测性，公司有持续的调整和任务变化，会产生大量且详细的信息流。当矩阵经理一起工作并自己做出所需的调整时，控制跨度就会很广，此时矩阵运作良好。当矩阵运作不力，许多决策上移到最高管理层时，控制跨度就会相当有限。问题的关键是最高管理层为实现协调而必须处理的信息量。如果最高管理层参与到运营的细节中，那么矩阵的增长是相当有限的。如果最高管理层没有参与其中，增长幅度会变大，但也是有限的，因为协调的困难会非线性地增加，这是由于每出现一个新的矩阵维度都会增加许多协调界面。除非环境是不可预测的和复杂的，否则矩阵型结构不是一个好的选择。如果公司满足以上条件中的一个，而不满足其他条件，简单型结构就足够了。

如果根据你对本章诊断性问题的回答，你的公司的各个指标位于不同的列中，那么你应该考虑如何使公司的组织设计的所有要素都匹配到同一列中以实现公司的目标。但也要想一想，为了达到不同的目标，从而转到不同的列，需要做些什么。

在选择传统结构时，其信息处理的优势和劣势可以通过与数字技术结合，综合最佳采购和本地响应能力来实现。

⚙ 诊断性问题

你可以根据图 4-8 中的两个维度——产品/服务/客户导向和职能专业化，找出你的公司在图中的位置。然后，你可以将你的公司分为：简单型、职能型、部门型或矩阵型。

为了回答诊断性问题，你可能需要收集新的信息。相关的数据，你可以在描述重点关注领域的年度报告和公司公告中找到，你还应该看一下公司的组织结构图。

你可以关注一下管理人员的工作头衔。人力资源部门可以提供一些关于员工组成的信息：如果相对于产品专家而言，有许多关键的客户经理，这预示着公司是产品/服务/客户导向。与之类似的还有与员工专业水平有关的数据，是否有许多首席专家，而不是销售总监？如果有很多首席专家，但没有很多高水平的销售人员，这就表明公司是以内部为重点的。

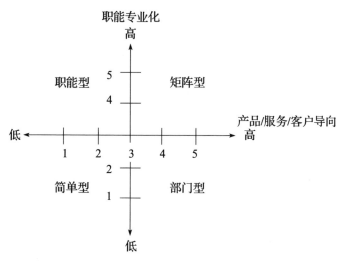

图 4 - 8　在结构空间中定位你的公司

其他相关信息涉及公司是否有许多区域销售点。如果有，表明该公司围绕其区域销售网点开展工作。

公司是否有分散各地的开发单元或与客户共同开发的单元的信息？这与评估公司是否围绕其产品和客户开展工作有关。

尝试根据管理人员的名单分析谁与谁沟通、谁向谁报告，以此来建立他们之间的网络关系。

有了这些数据，你现在应该能够回答与公司的产品 / 服务 / 客户导向有关的三个诊断性问题了。

1. 你在第一、二、三章中选择的分析单位是什么？在回答下面的问题时，把这个分析单位作为要分析的组织。这些问题将帮助你在职能专业化维度和产品 / 服务 / 客户导向维度上定位你的组织。对于问题 2 和问题 3 中的每个项目，根据 1 ～ 5 级评分量表对组织进行评分，具体如下：

1	2	3	4	5
很低		中等		很高

2.产品/服务/客户导向：

a.你的组织的活动重点是内部运作，还是产品/服务/客户？（评分1～5）

b.你的组织在多大程度上会围绕客户组建子单元以开展工作？（评分1～5）

c.你的组织在多大程度上会围绕公司的产品或服务组建子单元以开展工作？（评分1～5）

现在，在图4-8的横轴上标出你的组织的位置。[①]

3.职能专业化：

a.你的组织在多大程度上会根据员工的专长或技能来创建子单元？（评分1～5）

b.你的组织的导向是职能专业化吗，即组织的职能专业化程度是高还是会低？（评分1～5）

c.你的组织在多大程度上会对各下属单元的角色和责任进行明确界定？（评分1～5）

现在，在图4-8的纵轴上标出你的组织的位置。

4. 现在，你可以在图4-8中定位你的组织了。你的组织的结构类型是什么？

总结

战略确立后，组织结构是保障。执行和落实战略都是在组织结构层次上完成的。最佳采购和本地响应是划分组织结构的两个维度。

根据这两个维度，我们将组织结构的基本类型分为四种：简单型、职

---

① 我们建议你使用各个诊断性问题的分数的平均数来得到总分数。

能型、部门型和矩阵型。

全球化过程中，跨地域经营变成一个战略问题，并影响组织结构的选择。同样基于最佳采购和本地响应两个维度，跨地域经营的公司有四种组织设计可供选择：全球型、国际型、多国型和跨国型。

另一个影响组织结构的新兴因素是数字化。数字化可以改写或颠覆任务划分和团队协作的组织设计。数字化既可以促进组织集中生产，也能帮助组织做分权决策管理。因此，我们要结合公司具体的战略目标和能力分析数字化的作用。

第五章

新组织形式

⚙ 简介

在学术文献中，我们经常看到关于新组织形式的研究。新的通信技术、互联网技术、经济全球化和新冠疫情带来的环境变化催生了许多新的工作方式。例如在开源共享平台上协同开发软件、跨国交付工程、线上线下混合办公等。GitHub、Linux 和维基百科等就是新组织形式。

新组织形式究竟新在哪里？综合普拉南（Puranam）等学者的研究，新组织形式在传统组织结构的基础上有四个方面的改变或修正：任务划分、任务分配、奖励方法和信息赋能。其基本原理仍然是一样的：如何将组织承接的大工程分解成更小的任务，以及如何协调各项小的任务活动。

从公司的信息处理视角来看，新组织形式有三个值得关注的特征：自组织、外包程度和灵活的边界。

⚙ 自组织和无老板组织

没有等级制度而是依靠自组织（self-organizing）来运行的新组织形式有很多种，其中比较出名的合弄制管理模式（holacracy）代表了一种协作式的组织形式。其特点如下：（1）组织决策基于成员的共识。（2）分布式治理体系组织成员共同负责。（3）组织成员的角色是动态的、流转的、由任务属性定义的。（4）小团队组成半自治的工作圈，每个工作圈又嵌入一个更高层次的工作圈。工作圈决定了小团队的目标。工作圈内的所有成员拥有设计目标和执行全过程的责任和权力。合弄制管理模式旨在促进跨职能、跨部门、跨等级的沟通和合作，它明确鼓励组织成员参与不同的工作圈，在不同的角色之间灵活转换，甚至创造新的角色和工作圈。组织希望以此打破条块状的职能和等级边界，提高组织成员的能力，强化自我实现感，提升工作满意度。

群组形式（podularity）是一种起源于敏捷软件开发的组织形式，它将传统的等级结构和大流程重建为由许多群组构成的网状结构。一个群组是一个小的、自主的单位，它集中力量解决一个问题。问题可能是内部的技术疑难杂症，也可能是外部客户的新要求。在此期间，群组自主决定任务分配和成员的角色。

群组形式有下面四个特点：（1）强调共同的文化，以文化约束高自主性带来的组织行为波动。因为各个群组要解决的问题不一样，各种各样的组织行为都会出现，这为大系统层面任务效果的整合带来挑战。共同的文化有助于各个群组找到合作和协同的端口。（2）强调基于模式语言的交流。模式语言包括组织设计的第一性原则、底层逻辑、约定俗成的专业词汇、设定的沟通语言习惯等。（3）在共同的文化和模式语言的支持下，各个群组尽量减少相互依赖性，以保持群组内部创新、创造的自由度。（4）当新的解决方法出现时，群组又积极寻求与其他群组之间的有机联系，以使得一个孤立的解决方法成为大家能够共同接受的系统方案。群组和密集的群组网络是攻克技术难关过程中比较常用的新组织形式。

另一种重要的自组织形式是临时组织（adhocracy）。它起源于明茨伯格（Mintzberg）对以项目为中心临时设置的跨组织结构的观察研究（Mintzberg，1983）。临时组织最早被用于非常设的项目管理。它的成员来自不同的组织，临时扮演项目任务角色，项目完成后临时组织即解散。后来，临时组织被用于实验性决策、试错性学习、创新攻关任务。临时组织主要有以下四个特点：（1）聚散迅速，随项目性质而定。（2）临时组织的团队组成、任务属性、任务环节的前后衔接、执行时间和节奏都不是固定的、不是约定俗成的。（3）临时组织管理的难度也集中体现在第二点描述的四个方面。任何固定的工作习惯和思维方式的假设都可能埋下危机的种子。（4）矩阵组织的管理能力和横向沟通协调能力是临时组织成功的基本要求。总之，随着跨组织战略合作活动的推广，临时组织的运用频率和范围也大幅增加。

协作社区（collaborative community）正在从社会合作形式向商业组织形式转变。在知识密集型行业，如计算机设备和软件开发、药物研发和医疗保健行业，因为技术的复杂性和开发成本提高，没有任何一家企业可以完成所有的研发工作，相关企业更愿意加入研发协作社区，协同成长。协作社区的组织形式有以下几个特点：（1）个人、团队、企业都可以是参与者。（2）成员能够持久地共享知识并利用共同拥有的资源来开发新产品、市场和技术。（3）协作社区被称为参与者导向的组织形式，参与者的人力资本被赋予极高的价值。（4）不同的协作社区有不同的治理结构和组织规则，公平、合作和利益共享是它们的共同点。

在自组织形式中，决策权是分散的，原则上团队是自主的，但要遵循一套规则，比如 GitHub 案例中的"两人规则"。在传统的组织结构中，部门划分和任务分配通常由高层管理者决定。而在许多新组织形式中，团队是自下而上创建的，除了高层管理者以外，团队领导力可能与个人无关，而与特定的角色有关，并且一个人可能扮演不同的角色，比如一个人在一个团队中是领导者，而在另一个团队中是开发者。这种角色多样、形式混合、决策分散的组织形态也被形容为意面式的混合结构。

值得一提的是，新组织形式的一个普遍的特点是团队高度自治。例如，只要不涉及公司的战略决策，团队可以商定解决争端的规则和程序。在这种情况下，类似于传统组织结构中有许多横向部门，自组织形式的控制跨度可能很大，横向差异化程度会很高，而纵向差异化程度则非常低。从外表看，这些组织好像（而且有时的确如此）没有等级制度。

这样一来，自我协调就非常重要。自组织团队根据个体以及个体在集体中能够发挥的作用，将大任务分解成许多小任务，并由个人认领。如此，个人和团队如何协调他们的活动或汇集他们的活动以最终实现组织目标呢？具体而言，谁跟谁沟通？沟通什么？在电脑技术的支持下，许多机制可以实现这种协调，例如电子邮件、视频会议、数据和信息共享平台、新兴的具有语言和自动执行功能的人工智能应用等。此外，自组织团队通常不能决定整个团队的战略目标，但可以选择团队为实现战略目标而采用的方式。在这种情况下，自组织团队一般通过高层管理者设定的绩效目标来协调。同时，自组织团队给予个人足够的自主权来处理紧急事务，只要个人的行为符合组织的战略大方向和价值观即可。

与正式规则驱动的组织相比，自组织主要依靠组织中的一些隐性规则运作，即使有明确的正式规则，数量也是极少的。这些自组织中的行政权力是分散的，因为老板并不指导个人做具体的事。这时，共同制定的工作绩效目标就很重要了。人们对绩效表现的自我期望推动着任务活动的开展。与传统组织相比，自组织在面对不确定性时有一些优势，只要选择好协调机制，它可以非常灵活，能够迅速适应新环境。

阿米巴是深受中国企业家欢迎的自组织形式，是京都陶瓷株式会社的创办者稻盛和夫基于实践创立的经营管理模式。按照稻盛和夫的定义，"阿米巴是将组织划分为小集体，然后通过与市场挂钩的独立核算制度来运营，由此在公司内部培养具备经营者意识的领导者，同时实现全体员工参与经营的管理模式"。刚引入中国时，阿米巴组织形式风靡一时。它注重培育小集体的领导者，鼓励员工视厂为家。总结下来，采纳阿米巴组织形式的公司需要满足三个前提条件：最高决策者充分认同稻盛和夫的管理理念；公司要从哲学和人生观的角度不断梳理员工的信念和态度；公司需要采纳京都陶瓷株式会社的会计原则。许多公司能够在管理层面接纳稻盛和夫的管理理念，但是缺少从哲学角度与员工沟通的能力。因此，真正能够坚持下来并持续精进的公司为数不多。

⚙ GitHub 案例

组织等级制度是否正在被自组织或无老板组织取代呢？ GitHub 提供了自组织和无老板组织运作和发展的一个样本。2007 年在旧金山成立的 GitHub 在短时间内实现了销售额增长和员工人数翻番。该公司的产品，也被称为 GitHub，允许其他公司和个人开发者管理他们的计算机代码，并在软件项目上与他人合作。上至大型软件公司，下至学生和业余爱好者，都是 GitHub 的用户。2015 年 7 月，该公司从私人投资者那里募集了 2.5 亿美元，使公司的总价值达到了 20 亿美元。毫无疑问，它是一个成功的公司。

那么，GitHub 的自组织和无老板组织是如何运作的呢？ GitHub 的员工可以选择自己想做的事情，不需要老板的批准，不过需要至少两位同事的同意，这也被称为"两人规则"。团队氛围是轻松友好的，新员工是被这里的产品和非常强调员工幸福感的文化吸引而来的，因此薪酬并不是一个员工重点考虑的因素。Github（仅有）的一个等级特点是，如果员工无法通过协商达成一致，那么高层管理人员有最终决策权。

在许多方面，GitHub 似乎是一个以自由和快乐为目标的理想公司。然而，公司必须提供客户愿意购买的产品和服务。在没有老板的公司里，个人可以选择开发有趣甚至富有想象力的项目和产品，但在这种个性化的方式下，提供的产品和服务有可能不符合客户的需求。如果出现产品与市场需求不匹配的情况，这就会成为一个问题。另外，自主分配任务也可能发生其他成员发起类似的甚至是相同的项目的尴尬情况。自组织中员工掌握分工的全貌是很困难的，因此公司的效率会受到影响。我们不能保证无老板组织的成员能够解决这些效率和灵活性问题。

不过，没有老板的 GitHub 也很了不起，因为它的决策规则非常少。"两人规则"是一个简单而有力的规则。任何一个人都必须得到另外两个人的同意才能实施一个想法。这个规则把好的想法和不值得追求的想法区分开来，确定优先次序，并决定如何利用资源。"两人规则"使 GitHub 成为一个由松散的个人组成的组织，而不只是一群人。它有助于引导员工努力的方向；同样重要的是，当只有一个人认为这是一个好想法时，这个想法就不能实施。这有助于营造员工之间的合作氛围，因为如果他们的项目要实施，他们必须互动，对项目进行协调。

此外，还有其他规则或启发式方法。其中一个是大家参与雇用员工，从而找到技术上能够胜任且符合 GitHub 氛围或文化的人。另一个是，冲突将通过讨论和达成共识来解决。从这个意义上说，劳伦斯（Lawrence）和洛施（Lorsch）所定义的与差异化和整合有关的传统问题在 GitHub 中仍然存在，但 GitHub 的解决方式与等级式组织设计不同：GitHub 依靠自我分配任务而不是按等级分配任务来解决差异化问题，依赖点对点的协调而非官僚机制来解决整合问题。但还是有一个规定，即高层管理人员对 GitHub 的所有活动有最终决策权。因此，即使 GitHub 认为自己是一个自组织和无老板组织，它仍然有一个管理团队。

2014 年，GitHub 引入了正式的等级制度、新的规则和协调项目的程序，因为"两人规则"不足以支持分配工作和协调员工的活动。它仍然提供创新产品，但在组织结构上更加传统。公司引入了副总裁、产品经理、技术负责人和一对一的报告结构并建立了强大的人力资源部门。现在，公司的项目在特别会议上进行分配,而且员工要接受定期的绩效评估。专业化和正规化协调手段的引入是 GitHub 的一个巨大变化,但它仍然希望为了员工和员工的幸福保留许多特征。

⚙ 自组织与等级制度的比较

所有组织必须同时实现可靠性和适应性以及两者之间的平衡。如果说传统的组织努力成为受牛顿物理学支配的机器,精确地预测和控制单个粒子的运动路径,那么自组织就类似于生物有机体,具有快速扩散和进化的特点。

其他新组织形式,如协作社区,假定协调性是通过一个平台实现的。在这种情况下,许多"无形的"规则是由信息技术平台和它的内置规则引入的。

自组织既不注重职能的专业化,也不强调客户或市场,它的创建是为了实现组织的灵活性和增加员工的福利,因为这种组织形式被认为能够提高员工的效率和创造力。可以说,所有的新组织形式都有不同的设计,都属于图 4 - 1 中左下角的简单型。许多组织没有组织原则或等级层次。组织原则或等级层次是将大任务分解成若干小任务的一种方式。当组织不太大的时候,运行自组织结构很容易,但当组织变得很大的时候,就困难得多了。GitHub 在成长期就正式引入了等级制度。从信息处理的角度来看,自组织和无老板组织并不能处理增长所需的信息。更大的客户和新的风险资本提高了公司对更清晰的等级层次的要求。于是,GitHub 从左下角的简单型转变为左上角的职能型。但故事并没有就此结束。2018 年,GitHub 被卖给了微软,成为其组织内的一个特殊单位。

很少有公司是一个完全自组织的机构。更多时候,自组织的机构是一个部门或研究单位。许多必须平衡利用和探索的组织设计是在利用部分采用严格的等级制度,而在探索部分采用自组织或似乎无老板的组织。从信息处理的角度来看，这是很有意义的。因此，自组织是混合组织形式的一部分。第十章将讨论这种混合组织的建立。

⚙ 合同、边界的转移和市场

组织设计的一个基本概念涉及组织与环境的匹配度。因此，确定组织的边界——什么是内部，什么是外部——至关重要。传统上，所有权和租借权、财产权和衍生控制权可以确定组织的边界，而且这个边界相当清晰。当今，现代技术、虚拟工作和低运输成本已经使组织的边界变得不那么清晰。由于用户驱动的创新和跨界合作，组织的边界在成员和活动方面也变得更加模糊。组织成员和任务活动可以通过合同外包。这改变了权变理论中的边界概念和定义。外包也成了协调内外部任务活动和整合过程创造的一个新方法。

合同（contract）将组织的管理边界扩展到通常的产权概念之外，也就是说，"何人、何时、做何事"的新的协调方法超出了产权边界，将传统边界内外的活动都包括在内，以实现高绩效。在界限模糊的情况下，管理活动和员工往往不遵守传统规则中的等级制度，而更多基于合同条款规定行事，跨越了传统产权和行政权力的组织边界。因此，合同逐渐成为组织协调机制的一部分。它有助于解决组织工作中的基本问题，即指定"何人、何时、做何事"，合同也成为组织的权变理论中一个不可或缺的部分。

⚙ 组织设计中的外部协议

外部协议（external agreement）包括从买卖商品或服务这种简单的市场关系，到涉及产品、服务和人员的、有许多细节和条件的复杂合同。它们组合形成一种参差不齐的组织边界，看起来并不像一个简单的输入输出框，更像是一种现代抽象艺术。

人员外包是一个利用外部协议（包括合同）的好例子。天航技术（Skyways Technics A/S）是一家位于丹麦的森德堡的中小型公司，拥有约100名员工。它的主要业务是维护和修理 ATR 42/72 和 CRJ 100/200 飞机。该公司的客户是那些到丹麦进行维修的小型航空公司。维修一架飞机可能需要两到三周，取决于工作量。这种服务的竞争非常激烈，所以天航技术必须在客户需要维修飞机的时候做好各项准备。有些维修活动是可以提前计划和安排的，有些则需要临时调度。因此，天航技术不同月份需要的技术人员的数量波动很大。为了应对这种波动，公司拥有一定数量的技术人员，同时在需要的时候会引入外部技术人员。

在欧洲，大约有 5 000 名自由职业的航空技师。但航空技师市场非常特殊，一个航空技师可能在丹麦的森德堡工作一个月，接着在德国的法兰克福工作六个星期，然后有一个月的假期。大多数自由职业的航空技师都是通过合同代理处来承接订单。在繁忙时期，天航技术可能与多达 50 名航空技师签订合同。这些合同制航空技师在公司内与雇员制航空技师并肩工作。合同制航空技师也参与项目管理，但其指挥结构和激励机制与雇员制航空技师不同。天航技术可以为了特定的工作调整他们所提供的技能服务。如果合同制航空技师不符合要求，他们会被合同代理处替换掉。合同制航空技师使天航技术能够对动荡和不确定的环境做出及时反应，并通过调整资源适应市场的需求来保持竞争力。在天航技术的例子中，不同类型的航空技师并肩工作，但正如我们在第四章中所讨论的，公司可能在不同的地方运营，合同制航空技师和雇员制航空技师可能从未见过对方，甚至可能都不知道对方是谁。

所有组织都有各种形式的外部协议，包括握手协议、走廊承诺、谅解备忘录以及其他非正式和正式的合同。协议的范围可以从一般意义的协议到非常详细的、具有解决可能的突发事件的风险分担机制的正式协议。学者认为，协议远不止是给产权建立边界，它们是协调和激励的机制。更广泛地说，协议设定了对行为或"何人、何时、做何事"的预期。有了协议，你就能更好地知道你可以预期从另一方那里获得什么，反之亦然。因此，协议减少了双方的不可预测性和不确定性，减少了信息处理方面的需求。设定预期可以产生更大的信任，所以协议能够促进合作的产生。合同规定了产品和服务的标准以及你的预期。学术研究还发现，大学的合同管理者为了防止机会主义，建立了具有许多细节的行政程序。然而，正式的合同可能不会带来比握手更高的期望值。在一些文化中，握手是一种承诺和荣誉的标志。而在其他文化中，详细的合同可能只是未来诉讼的一个基础。有学者就曾将公司解读为"合同的集合"。协议是一种机制，用于加强最佳治理和保障以及协调和适应。

因此，合同是企业的核心，也是权变理论的一个基本要素。合同和环境是密切相关的，因为合同规定了公司内部和外部的内容。合同总是涉及两个实体之间的交换条件。

在讨论合同及其对新组织形式的影响时，有必要区分协议的两种类型：外部活动协议和外部人员协议。外部活动协议（agreement for external activities）涉及可以内部化但没有内部化的活动。除了简单的购买投入，公司可能还有许多外部活动协议。耐克（Nike）通过生产制造协议让供应商提供其品牌的鞋。微软和苹果公司都不亲自制造笔记本电脑或手机。也许更加极端的例子是波音（Boeing），它不生产波音 777 的任何主要部件（机翼、机身等）。服务协议的一个例子是 SAP：它为整个企业界提供信息技术数据和支持性知识系统。大型建筑项目有一个总承包商，总承包商签有许多分包合同。小型初创公司在与风险资本家打交道、获利或上市时，会签订会计支持、税务咨询和法律援助的合同。这些初创公司可能会与他人签订握手协议，以分享知识产权，或签订更正式的协议。合同还可能用来创建一个生态系统，例如智能家居行业。一般来说，数字化和从提供产品到提供服务的转变，包括云计算、管理服务（如簿记）、服务台等，都使外包变得更容易、更常见。外部活动协议无处不在，形式多样。有大量关于外包的文献给出了许多组织不在内部开展活动的理由——成本、质量、灵活性等。

外部人员协议（agreement for external people）也很多。公司雇用信息技术、法律、会计和战略规划方面的专家以及其他临时人员。这些人通常都有工作，并受到监督或需要向公司内部的某个人报告工作情况。他们只是被雇来从事一项非常具体的工作。在美国，医院的急诊室的医生大多是有经验的外部医生。有些公司使用大量的外部人员，而有些公司则少得多。有时，这种区别很难观察到，因为雇员和外部人员都受到公司经理的监督，并经常并肩工作（如上文讨论的天航技术公司），二者主要的区别在于与公司签订的协议的性质，而不是要完成的工作。

协议，像规则一样，把我们聚集在一起，促进合作和活动的协调。在基本的组织设计挑战中，即如何把一项大任务分解成许多小任务，然后再把它们重新组合起来，协议具有双重作用：不仅把大任务分解成小任务，而且通过创造预期、设定标准、减少不确定性以及为跨边界的交流和交易创造信任，来帮助协调和整合这些任务。

外部活动协议和外部人员协议提供了一个合作、协调、减少不确定性、建立信任的机制，两者都通过为组织设定预期来减少信息处理需求。同时，这些协议也为组织与外部环境的关系提供了一个更加灵活的边界。

你可能会问：外部人员和组织的雇员之间有什么区别吗？从组织设计的角度来看，权力关系是不同的，而且，外部合同只规定了外部人员为完成某项任务而应该进行的活动，并不要求外部人员的行为与买方的行为一致。对于雇员来说，雇主对他们的时间和精力的要求有更多的自由裁量权。例如，虽然雇主不能要求计算机程序员驾驶卡车，但雇主可以将其工作任务从一个项目组改到另一个程序开发组。如果你在医院的一个专业部门工作，你可能被分配到急诊科。外部人员的任务范围通常较窄，有明确的产出，雇主的自由裁量权和行政权威较小，相比而言，雇员则有一个一般性的雇佣合同规定其工作时间和需要花费的精力。那么，为什么一个组织会雇用通常费用更高的外部人员呢？为什么医院不雇用自己的急诊室医生？原因可能有很多。首先，医院可能无法吸引有才华的医生承担全职工作，或者它可能不需要医术精湛的医生持久地提供专业服务。医院也可能倾向于支付合同费用，而不是管理一个难缠的员工。其次，以合同形式雇用的员工往往不会出现在员工统计中，除非他们担任行政职务，否则将很少出现在组织结构图上。对于一个对雇员人数有限制的公共组织，雇用外部人员可能是有利的。最后，外部人员可能会给组织带来更多的灵活性，使组织能够根据需求调整能力和容量。在一些组织，如共同基金中，仅有的内部人员就是董事会，因为基金的管理，包括首席执行官的工作都可以外包给一个管理机构。在另一些组织，如养老院中，服务被外包给一个组织，该组织带来自己的团队，该团队就像一个部门一样运作。在这种情况下，你可以说该团队的组织结构图嵌入养老院的组织结构图中了。

外部活动和外部人员协议之间的区别并不总是很清晰。就急诊室而言，医院可以与经机构认证的医生或个人医生签订急诊室保障合同，也可以雇用自己的急诊医生。无论哪种方式，急诊室都在承保范围内。通常情况下，如果你的协议是关于任务的，你不知道完成这项任务的特定人员是谁，而如果你的协议是关于人员的，你就已经选择了特定人员。所以，如果你选择与一个人达成协议，你就依靠这个人去做工作。如果你有一个关于任务的协议，你可能不知道完成任务的人是谁，且如果这个人生病了或不具备预期的资格，也必须由其他人来完成任务。在这两种情况下，协调和控制活动以及花在管理上的精力是不同的。

一些学者将合同分为正式合同和关系合同。正式合同在事前对活动有详细的规定。对于关系合同来说，事前的规定则是不完整和模糊的，因为未来存在不确定性或者信息不可用的问题，例如不清楚客户需求。除此之外，另一种类型的合同是意向合同。意向合同可以定义为双方基于共同理解而要争取实现的合作。例如，供应商和客户一起确定它们在商业价值、实施风险、开支和成本方面的共同假设。在这些假设的基础上，商定一个指示性的固定价格范围，但没有合同约束力。签订意向合同是减少双方不确定性和降低风险的一种方式。形成共同意向的过程始于对商业价值、成本和风险的理解，但没有足够的信息形成一个正式或完整的合同。双方用一连串的短期合同来减少不确定性，因此，每一方都不会受到具有巨大风险的过度承诺的影响。简而言之，这一连串的短期合同需要双方持续的沟通理解，也许还需要通过信任来处理信息的缺乏和不确定性问题。麦克尼尔（Macneil，1980）在他的关系契约理论中强调了合同双方对灵活性的需求，具体体现在下面四个方面：（1）设定书面规划的实施条件和步骤。（2）全面理解每个角色的完整责任，而非部分任务。（3）维护关系的安排。（4）调解关系冲突的安排。这样，意向合同的灵活性和规范性才能互补。

合同必须纳入组织设计的权变理论，并动态使用。传统的协调机制（如结构）主要通过任务分工、任务分配、报酬和信息共享来实现。现在，我们将个人和公司之间的合同作为组织设计的一个要素。合同也被当作一种协调机制来处理公司与公司所处的环境的关系。此外，意向合同或关系合同能够实现要素的动态匹配，即在不断变化的环境中保持各项要素之间的匹配。

◎ 以合同协调的实例

让我们来看一些以合同为基础的组织设计或结构的实例。合资公司或伙伴关系就是基于合同形成的。合资公司基于两方或多方之间的一种合同性商业承诺建立。它类似于商业伙伴关系，但两者有一个关键的区别：商业伙伴关系通常涉及持续的、长期的商业关系，而合资公司基于单一的商业交易。选择合资、合并或收购的个人或公司可以分享优势，最大限度地降低风险，并提高在市场上的竞争优势。合资公司可以是独立的商业单位（可以为合资公司创建一个新的商业实体），也可以仅仅是公司之间的合作形式。

MHI 维斯塔斯海上风电（MHI Vestas Offshore Wind）是合资公司的一个例子。它由三菱重工（MHI）和维斯塔斯（Vestas）于 2014 年 4 月创建，主要生产和销售海上风力涡轮机。该合资公司负责与 V164-8.0 MW 涡轮机相关的设计、开发、采购、制造、安装、调试和服务，以及与海上风电相关的所有销售和售后服务。因此，维斯塔斯与三菱重工之间并没有签订特定的合同，而是建立了一个新的商业实体，即成立了一个独立的单位。合资公司是由现有的旧组织组成的新组织。然而，一旦创建合资公司，资产、产品、服务都属于新公司。所有权独立或双方把财产和产权交给新的实体是合资公司的主要特点。通常情况下，合资公司的外部活动协议的数量很少，少于其母公司的数量，因为它是双方为一项特定业务而设立的实体。同样的原因，外部人员协议的数量也很少。

甚至在合资公司创建之前，一些合作者就有意将协议（通常是非常正式的合同）具体化。母公司双方都有强烈的兴趣，从财务到分享新开发的技术，诸如新药评估算法等。可以通过合资公司分享的输入的知识和新获得的知识、知识产权以及专利有哪些呢？如何分享合资公司的成功呢？对于一个技术合资公司来说，分享新知识及其未来的使用是非常重要的，例如上面提到的新药评估算法。这种分享的范围是有限的，在创建合资公司的时候就在文件中详细说明了。公司合资、兼并或收购应提前计划其组织设计并评估其错位的可能性。合资公司应该作为一个独立的分析单位来评估，评估内容如下：合资公司能否实现其目标？是否有足够的资源？如果有错位的地方，是解决还是忍受？

合资公司看起来好像拥有一个传统的组织形式。组建合资公司的合同将对战略、决策权、领导权和激励机制等方面产生重大影响。

外包（outsourcing）是另一个基于合同的组织形式的例子。一些学者认为，外包从根本上改变了工业化高成本经济体在全球竞争中的组织形式。外包的决定影响了组织分解任务活动的方式。这些分解后的部分既要符合内部要求，又要符合外包市场处理外包功能的方式。因此，外包机制对组织的协调和控制有很大的影响。

外包可以通过协议，包括详细规定产品或服务的合同来减少不可预测性或不确定性。为了减少对工厂和设备进行大量投资所带来的不确定性，供应商可能倾向于使用长期合同约定模块化部件的供应。合同的要素需要加强供应商和采购商之间的协调和合作。英国制造商吉凯恩（GKN）是一个例子。作为丰田、福特和其他将模块化部件外包的汽车制造商的供应商，吉凯恩的目标是开发和制造实现汽车自动化所必需的部件、模块或分组合件。吉凯恩为许多公司生产传动轴，且每根传动轴都必须为特定的应用而设计制造。吉凯恩有一个很好理解的协议或正式合同，规定了开发过程，在这个过程中，传动轴要满足汽车的整车设计要求，但汽车的其他部件，包括来自其他供应商的模块，要适应传动轴的设计，而所有这些都通过谈判沟通来确定。这个隐含的关系合同强调了战略合作关系，有利于公司敏捷调整各自的任务，但是，这对信息处理的要求非常高，并包含许多共同决定的相互调整。合同创造了预期，这有助于协调活动，减少供应商和汽车制造商，即外包商所面对的不确定性。

专业技术服务也可以外包，如天航技术的例子。信息技术服务公司有员工在客户公司工作并提供合同服务。这里的合同针对的是信息技术支持或维护的活动，而不是某个人所花的精力和时间。一些大型银行将信息技术支持人员外包。政府机构的外包服务包括清洁服务、信息技术支持和专业咨询等。咨询公司麦肯锡（McKinsey）就会为其他公司提供战略咨询的专业服务。

在制造业中，产品子系统的模块化，如汽车或飞机的发动机，也是合适的例子。飞机，例如波音 777，被模块化为机翼、机尾、机身以及电子控制系统等。这些模块之间需要有良好的接口，以便它们能在物理实体上相互接驳。进一步来看，明确的模块是合同的先决条件。如果没有明确的模块，合同就会出现一系列的意外情况，从而增加了双方面临的不确定性和风险。简而言之，合同需要明确交换的产品或服务，否则，合同本身就不能被很好地阐述，出现许多未被说明的意外情况，从而增加风险。换句话说，模块不明确会使合同丧失风控能力。

一个众所周知的将生产外包而出了大问题的例子就是乐高将生产外包给伟创力（Flextronics），这导致了两个问题。首先，乐高的核心竞争力之一是生产高质量的积木，其尺寸精确到可以让在昨天和在 20 世纪 50 年代末生产的同款积木混合使用。其次，一块红色积木会与其他所有红色积木的颜色相同。这就需要拥有一个首屈一指的质量管理体系，这是很难外包的，因为系统不能容忍任何偏差或错误。此外，乐高在协调供应链方面也遇到了困难，尤其是在销售量大幅增加的情况下，生产无法跟上。乐高显然没有办法与伟创力协调好。因此，在三年的外包期结束后，乐高取消了与伟创力的长期合同，并收回了对工厂的控制权。

当今世界，外包已经变得越来越普遍。之前，大多数公司都保留了自己的信息技术服务部门，许多公司还有自己的法律援助部门。然而，现在的趋势是利用供应商的模块和专业化服务。模块在性能和蓝图方面的定义越来越明确。一个汽车模块在性能而不仅仅是蓝图方面是有规定的。一个信息技术供应商被要求让服务器每周 7 天、每天 24 小时运行，电子邮件延迟时间不得超过 3 分钟。合同中包括激励和惩罚措施以应对突发事件。外包商越来越善于就产品和服务达成协议和签订外包合同。外包合同需要在预期和信任的基础上做出敏捷和快速的反应。因此，作为对正式合同的补充，关系和敏捷性方面的内容对于公司快速适应以达到高效率来说是非常重要的。

合同应用的另一个重要领域是战略联盟。在航空业，一个世界（One

World）和星空联盟（Star Alliance）就是战略联盟的例子。在这里，战略联盟和母公司也会相互影响，加盟的航班必须协调到达和离开的时间表。此外，还有联合或单独的营销工作，战略联盟必须建立一个协调良好的信息技术基础设施，以促进联合登机牌、常客里程的使用，以及更多后台活动的开展。在成本方面，代码共享系统减少了航班数量，也有助于减少飞机上的空位。

接下来，对作为战略联盟一部分的母公司进行同样的分析，再来看战略联盟和母公司之间更高层次的错位情况。为了使战略联盟或合作伙伴关系取得成功，必须分析和解决更高层次的错位问题。战略联盟计划应该得到所有各方的同意，并清楚地表达出来，战略联盟和合作伙伴关系的成功需要这种预先的计划。当出现计划外的突发事件时，必须有调整的空间。计划是必要的，但也需要在信任的氛围中发挥领导作用，这一点我们将在本书后面讨论。

罗宾逊（Robinson，2008）建议，长期项目应该通过建立战略联盟来实施，而相对安全的项目应该在公司内部实施。现在，假设出于战略和环境的要求，必须启动相对高风险的项目，如果公司的首席执行官不愿意承担风险，那么建立一个战略联盟可能是一种解决办法。在这方面，战略联盟也可以成为几个本身没有足够探索经验的组织以较低风险开始共同探索的方法。除了风险之外，战略联盟或合作伙伴关系也可以用来减少错位。

签订合同可能是公司主要的内外协调方法。致远互联最近 10 年的发展就是一个例子。自成立以来，致远互联的业务从办公自动化软件发展到协同管理软件，其核心理念在于如何用协同管理软件支持组织内部、组织之间、组织与社会的合作生产关系。致远互联的协同管理软件的关键资源是低代码平台。它力求与各种有产权限制的软件体系兼容，并允许客户的IT 部门在低代码平台上开发定制应用软件。为发挥协同管理软件的技术潜力，使用者组织生产要素和提供营销服务的方法也需要超越行政控制或市场交易两种手段，引入多种多样的合同形式。

致远互联自己也努力践行协同技术内含的开放式管理理念。在软件设计上，它关注人与人之间合作的形态，思考如何自动化和优化合作形态。在业务实践中，致远互联设计出自己的"协同五环"：工作协同、业务协同、系统协同、产业链协同、社会化协同。针对不同的协同环节，致远互联使用多种合同形式协调相互促进的生产关系。例如，在工作协同与业务协同环节，致远互联允许内部业务和员工与母公司分离，成立独立实体，发挥潜力。2022—2023 年，致远互联的政务协同部门独立出来成为新的实体，大力发展政务数字化业务。新的实体与母公司签订合资合作的合同。在产业链协同环节，致远互联与超过 600 家伙伴公司长期合作，充分发挥伙伴公司在当地商业环境中的影响力。除了标准化的正式合同，致远互联还有助力合作伙伴的"蜂巢计划"，在资金和技术上为合作伙伴的风险投资项目提供支持，扩大致远互联协同软件的应用范围。"蜂巢计划"的合同既有意向合同，也有条款灵活的合同，还有允许阶段性合资参股的合同。多样化的合同形式有利于激发有创造性的组织协同关系，也极大促进了致远互联的发展。

⚙ 何时使用何种合同

匹配（fit）是指两个组织的活动或要素能够很好地配合以获得良好的绩效，是组织设计中的一个基本概念。环境的不确定性和复杂性是组织设计的基本条件。正式合同和关系合同是组织对环境和组织设计要素进行协调和控制的方式。合同如何使这些任务活动和人员、组织融为一体呢？这不仅要适当选择合同类型还要能够随着时间的推移调整和动态匹配组织设计要素，而这超出了传统组织形式的认知范围与能力范畴。

当环境不确定性较低时，对于高复杂性或低复杂性的环境，正式的合同都能得到良好的执行。当环境的不确定性很高时，关系合同和意向合同能取得很好的效果。也就是说，合同类型的选择是以环境为条件的，在这其中不确定性是比复杂性更重要的判别因素。在这种动态环境中，核心是分析和制定激励制度以减少机会主义行为。

从设计的角度来审视，合同的选择不仅是为了规避不确定性，还通过规定所要发生的事情来减少不确定性。霍尔姆斯特伦和罗伯茨（Holmström and Roberts，1998）认为，合同远不止是建立产权的边界，还是协调和激励的机制。合同是一种优化治理和保障的机制，正式合同和关系合同或意向合同是互补的。当不确定性较低时，正式合同效果更好；而当不确定性较高时，关系合同和意向合同效果更好。

正式合同可以用来在事先消除不确定性，但效果有限。关系合同和意向合同适合处理过程中的不确定性。个人和企业可以学习如何更好地协调这三种类型的合同。当需要考虑未来可能的较差情况时，正式合同和关系合同是互补的。以时间变化和机会成本为基础的动态匹配概念是权变理论的核心。

⚙ 总结

无论是新组织形式还是传统组织形式，它们协调的基础都有一些共同点，即任务分工和整合。新组织形式包括传统组织形式的许多变体：自组织、无老板组织、阿米巴和外部人员协议等。我们介绍了如何在新组织形式中使用外部人员协议。在四种基本结构中可以不同程度地使用自组织。它在简单型结构中最为常见，在其他结构中也有应用。在本章中，我们将传统的组织权变理论扩展到了合同中。通过对复杂性和不确定性不同的环境的研究，我们发现正式合同、关系合同和意向合同适合不同的环境。当环境不确定性较低时，正式合同的效果更好；当环境不确定性较高时，关系合同和意向合同的效果更好。网络通信和电脑技术促进了组织边界的柔性变化。经济全球化也是外包等新组织形式兴盛的助推力量。组织边界是定义组织的一个传统要素。各种合同类型出现后，组织边界成为一个更加复杂和有趣的问题。下一个步骤，我们将讨论如何设计流程和人员系统，以此来支撑组织结构。

评估流程和人员

第六章
工作、任务设计和委派

⚙ 简介

如何设计一个组织？在最基本的层面上，人们可以认为一个组织在执行一项非常大的任务时，为了完成工作，必须将大任务分解成小任务。假设你管理一家软件设计公司，是按照设计、开发、销售和服务等流程来分解工作，还是按照客户类型（个人、小公司、大公司和政府）来划分工作更好呢？这就是第四章中讨论的职能型或部门型结构的两种主要选择。一旦公司选择在最高层面（大任务）上推动工作，就产生了在每个子任务中如何划分工作的问题。在子任务中，工作被进一步划分，直到到达组织的最低任务级别。人类或机器人会执行任务，并进行相互协调的工作。

在信息时代之前，任务设计有时被组织设计师称为"技术设计"。在传统的制造业环境中，技术设计涉及工作应该怎么安排的问题，是按流程安排（如汽车装配的经典设计——流水线），还是平行安排（如通用电气的喷气发动机部门和医疗保健部门），还是通过团队的合作将工作向前推进（如新产品开发的营销和研发或边设计边实施的项目），或采用其他方式安排工作。

如今，"技术"一词有了更广泛的含义，所以我们使用更简单的"任务设计"，但基本的设计问题仍然是一样的，就是如何将公司的大任务分解成小任务，以及这些小任务如何相互联系，最终使公司成功完成大任务。正如我们将看到的，公司的任务设计方法与公司目标的选择有关，也与公司的结构和战略等有关（如图1-3所示）。任务设计决定了工作过程中的协调要求，因此任务设计与组织设计的其他组件之间的匹配至关重要。围绕着公司的战略和结构，总有一些任务设计方法会比其他方法更适合。

任务设计（task design）是将工作分解成子任务，同时考虑子任务之间的协调，以实现组织目标。一般而言，有两个相辅相成的任务设计方法。一种方法是我们从总的组织任务开始，研究如何将其分解为较小的任务。另一种方法是从单个工作任务开始，将其汇总为较大的任务。对于这两种方法，如何协调子任务之间的交接与契合是一个核心问题。

思考公司工作的一种方式是将任务做如下分类：转化任务、交易任务、判断任务、社会任务和创造性任务。转化任务（transformation task）是指将某物从一种状态转变为另一种状态。它可以是用原材料制造产品，可以是粉刷房子，也可以是教导学生使其获得学位。交易任务（transaction task）是指为显示组织中的活动状态而传输和处理一项数据。可能是在销售完成后，在销售点设备上记录货物数量变化，也可以是在你雇用一个新员工时的数据处理。它还涉及在簿记系统、银行或数据库中记录交易的行为。判断任务（judgment task）是一项由代理人将经验和专业知识应用于关键业务决策的任务。判断任务可以是一个关于是否应该进行销售或应该雇用哪个申请人的决定，也可以是一个关于选择供应商的决定。在一个基于规则运作的组织中，判断任务也可以是一个关于在没有规则指导的情况下该怎么做的决定，即基于例外的决定。社会任务（social task）是一项与代理人之间的社会性互动有关的任务。可以与新员工的入职有关，可以是在供应商、投资者或客户之间建立人际关系网络，也可以是信息传递和沟通交流，以及建立关系。创造性任务（creative task）是指为发明新产品而执行的任务。

可以与创造新的商业模式、制定新的激励制度有关；可以与向客户提供服务的方式有关，如从以产品为中心转向以服务为中心；可以与设计、创新和研究有关；也可以与技术发展有关。

在把大任务分解成一系列小任务的过程中，所有的任务都会受到专业化、可变性和连通性，以及信息处理需求和协调能力的影响。任务由代理人，即人类或机器人执行。每个代理人可以执行的任务数量不同。个体任务的设计由其工作内容决定，这就是工作设计。此外，任务和工作的设计取决于第四章和第五章中介绍的组织结构设计、组织形式设计，以及整个组织给出的任务蓝图和顶层设计。例如，任务和工作与战略部门的数量和类型有关。同样是市场调研任务，放到职能部门或创新部门，任务内容和结果可能就有差别。职能部门更偏重于既有产品的需求变化，创新部门则偏重发现新需求。

⚙ 任务和人员

日本著名工业家松下幸之助（Matsushita Konosuke）说："有什么样的人就有什么样的公司。"和许多成功的商业领袖一样，松下幸之助认为有效的人员管理是公司实现其目标的一个重要因素（PHP Institute，1994）。从组织设计的角度来看，管理者的问题是：在组织的目标、战略、结构和任务设计的前提下，我需要多少具有相应技能的人，以及协调他们的最佳方式是什么？组织和组织中的人必须相互配合。2014 年 7 月，微软宣布，它将在未来一年内裁减 18 000 人，其中，微软在诺基亚设备和服务方面的战略调整预计将裁减 12 500 人，包括专业人员和工厂工人。公司战略改变了，结构改变了，人员也必然随之变动。微软裁员的另一个原因是实现工作简化，以使它具备更迅速更灵活的调整能力。微软希望组织扁平化，从而加快信息流动和决策的制定。在这里，人员裁减是组织调整的一部

分，并与整体结构的重新设计有关。不到 10 年的时间，微软因人工智能
ChatGPT 的发展再次引起市场关注，这显示了其 2014 年进行组织再设计
的正确性。

领导和管理人才是一个复杂的工作，必须考虑许多因素。在第七章
中，我们将讨论领导风格和组织氛围，因为它们对于理解员工与组织设计
之间的关系很重要。

如何领导和管理公司的员工，取决于你雇用了多少人，以及这些人为
组织做出了什么样的贡献。员工代表着公司拥有的知识和能力，在当今知
识密集型公司中尤其如此。公司中的大部分信息处理是由员工与智能机器
人一起完成的。随着人工智能带来的自动化和组织能力的增强，这听起来
非常合乎逻辑。不过，传统理论忽略了人工智能代理人作为信息处理者的
作用，并没有把它融入组织的最佳设计方案。这一情况将在未来 3 ～ 5 年
有重大改变，因为 ChatGPT 已经显示出人工智能带来的效果。

大型组织（即那些有更多员工的组织）的设计必须与小型组织不同。
例如，大型公司通常比小型公司更加分散。如果一个公司只有两个人，那
么决策、沟通和协调就很容易。随着人数的增加，沟通逐渐变得困难。人
们在工作中产生信息，也需要信息引导他们的工作。因此，随着公司规
模的扩大，对信息交流的需求也越来越大。如果每个人都与其他人交谈，
那么沟通环节就会随着人数的增加而迅速呈指数级增长。对于通用汽车
（General Motors，GM）来说，让它所有的 17 万名员工相互交谈并不现实。
即使是小得多的公司或次级单元，通信也是有限的。电子通信系统可以使
信息的传输变得相对容易和便宜，但是，正如我们从信息处理理论（第一
章）和西蒙（Simon，1955）的有限理性概念所学到的，每个人的注意力都
是有限的和有代价的。更有学者认为，公司行为是公司如何引导和分配其
决策者的注意力的结果。

沟通是有限的，对于次级单元来说也是如此。公司的信息处理能力也
是有限的。因此，我们需要设法限制信息处理的需求，并将重点放在目标

和任务上。我们在第四章中讨论的组织结构限制了沟通，并引导着公司员工沿着职能和部门结构中的层级或在矩阵中的各单元之间进行沟通。事实上，建立组织结构的主要原因之一是管理公司内异常和频繁的信息流动。根据组织结构的不同，每个人只能与公司中的一小部分员工进行交流，然而，公司仍然能够协调大量员工的活动。这是组织设计的重要目标。

当你设计你的组织时，不仅要决定雇用的员工人数，而且要决定在组织的战略、结构和任务设计下，需要什么类型的员工。从事转化任务、交易任务、判断任务、社会任务还是创造性任务，对员工的要求是有差别的。教育、培训和经验可以提升员工发现信息与处理信息的技能和知识水平，于是员工可以执行更多的、有联系的任务，甚至是更复杂、更漫长、在认知上更困难的任务。个人的知识是他们能做什么的基础。这些知识可能是显性的，即可以整理出来、文字化、编码化的知识；也可能是隐性的，即不容易被整理或记录，属于个人知晓却难以沟通的知识。显性知识更容易获得并在组织内部传播；隐性知识则更难传播，需要丰富的社会互动才能被分享。

无论是显性知识还是隐性知识，都是人们在完成组织工作时运用技能和其他能力的基础。显然，我们每个人都不可能完美地、即时地完成所有的事情。我们拥有有限的信息，可以合理但并不完美地解释这些信息；我们只能交流我们想沟通的一小部分信息，而且也是不完美的。我们能够表达的信息，往往是片面的。人的有限理性正是我们需要一个组织的核心原因所在。在最基本的层面上，我们需要结构、任务设计和信息系统，以允许我们在有限理性的条件下实现大目标。个人理性是有限的，而组织是打破这种限制的一种方式。组织能够同时利用人们在执行工作任务时提供的技能和知识，以实现组织目标。

数字化进一步改变了组织的任务。生产中的自动化已经持续了几十年，减少并改变了人类的任务。机器人（robot）和信息系统已经接管了生产中的许多（即使不是大多数）转化任务和交易任务。现在，嵌入机器和工具中的人工智能不仅在生产中，而且在整个组织范围内，再次改变了任务的执行方式，机器人也开始执行判断任务和社会任务。情感机器人就是一例。

因此，人类不能只使用机器人技术，还要开展人机协作，组织设计必须包括人类和机器人或数字代理。

⚙ 工作任务和机器人

在经济学和组织设计方面的研究中，组织被设计构造为具有特定特征的代理人。可以肯定的是，代理人是个体自然人的简化抽象，但也可以认为是智能机器人或人工智能代理。

组织中有许多不同的机器人。工业机器人是自动控制的、可重新编程的、多用途的、可操纵的、可在三个或更多轴上编程的机器人，它们可以固定在原地或移动，从而用于工业自动化生产。服务机器人为人类或设备执行任务，包括工业自动化生产。智能机器人（intelligent robot）能够通过感知环境和与外部资源互动并调整其行为来执行任务。社交机器人（social robot）能够与人类互动，并在人类社会中与人类协作完成任务。

智能机器人和人在组织工作方面有不同的能力。一个智能机器人可以比许多人更快、更准确地处理信息。人能发现系统性的或严重的错误，而智能机器人可能不能。人的情绪可能会影响决策，但智能机器人则不然（至少现在不会）。简而言之，智能机器人和人各自在某些任务设计中具有优势。尽管如此，机器人和人之间仍然可以相互替代，就像我们现在在银行看到的那样；或者两者在工作中相互补充，例如，一个人写一篇文章，机器人检查其中的语法和拼写错误。

在美国加利福尼亚州弗里蒙特县的特斯拉（Tesla）制造工厂中，技术人员与机器人一起工作，组装电动汽车。通过使用人工智能，即"强化学习算法"，机器人能够切换工具并比它们的人类同事更好更快地执行某些任务。

从台式计算机到笔记本电脑，再到亚马逊的大规模交易系统，通常情况下，我们认为机器人是人类的帮手。智能机器人为人类工作，帮助他们。但是，在有些情况下，两者的关系是相反的。也就是说，人类为系统工作，因为人们接受命令或接受智能机器人的决定，并按照系统的指示行事。在优步，许多（即使不是大多数）司机并不与乘客沟通，仅仅由智能机器人记录乘客的位置，询问他们是否要接受约车请求，然后引导司机去找乘客，所有的"书面"工作都由智能机器人自动完成。如果说司机的老板就是智能机器人，可能有点夸张，但也有道理。

智能机器人和人类的任务设计应该与其各自的能力相匹配。智能机器人和人类的能力都是有限的：在反应速度上，在处理有多种影响因素的复杂问题上，在对特殊情况的判断上，以及在情感管理上，智能机器人和人类各有所长。因此，他们可以组成"专家+AI助手"团队，以兼顾效用和效率。如今，我们在设计信息处理组织的任务时，不能忽视机器人在组织中可能发挥的作用。智能机器人作为个体可以发挥基本的作用。

使用机器人并不新鲜。一段时间以来，工业机器人一直被用于制造业，特别是装配方面：焊接、铆接或栓接。在自动仓库中，机器人沿着地板上的线条移动零件和子组件。现在，智能机器人有非常先进的摄像头和其他传感器，其算法具有面部和语言识别功能。这里提到的机器人是信息处理机器人，可以像人类一样进行交流、协调和决策。这些机器人与传统的工业机器人不同，这让我们想起泰勒（Taylor，1911）所说的"人是机器"和西蒙（Simon，1955）所说的"人是信息处理者和决策制定者"。因此，在组织的信息处理观点中，这些智能机器人是积极的代理人，可能会被列入组织结构图。

如今，我们为机器人、代理人以及个人设计任务。丹麦智能记者机器人为报纸撰写关于体育和金融的文章。通过搜索数据（如比赛结果、年度报告、新闻稿和股市公告），智能机器人能够写出一篇标准的小文章。这不仅使得对记者的需求量减少，也使得记者所执行的任务与以前不同。在丹麦新的金融新闻服务机构 Lasso.dk，所有的文章都由一个智能机器人撰写，它写这些标准文章的速度比记者快 100 倍。在 Lasso.dk，当你搜索某个内容时，相关文章会即时更新，因此，新闻总是最新的。

围绕组织的信息处理，我们设计谁在什么时候与谁交谈，谁做哪些决定，而智能机器人是明确的代理人或信息处理者。智能机器人可以执行大多数的转化任务和交易任务，较少承担判断任务，而人类在很大程度上是在执行社会任务和创造性任务。

亚马逊（Amazon）是一个大规模交易组织的例子。首先，它接收产品或服务订单，然后，通过大量的小型信息任务来交付产品，如一本书、一件杂货或一项服务。要完成产品或服务交付这一大型任务就必须完成大量的中间任务。这些交易可以由人、智能机器人或通过二者的结合来完成。

判断任务是组织代理（人或智能机器人）之间的来回对话，涉及互动，包括回答问题、分析、评估、决策和提供建议。以前，银行所有的电话咨询都是由人处理的，处理人员将根据你的问题给出答案。但现在，智能机器人可以模仿人与你进行电话交谈。随着感知设备和解释设备的迅速发展，我们可以期待智能机器人在许多判断任务中可以替代人，以提高可靠性并降低成本。

社会任务是指与其他人互动，交换信息，建立信任并建立一个社会网络。这些任务大多由人类完成，但像仿人机器人佩珀（Pepper）这样的机器人表明，一些社会任务在未来可能由机器人完成。佩珀具有感知情绪的能力：它通过分析表情和语音语调感知情绪。佩珀诞生的目的是"使人们享受生活"，提高人们的生活质量，改善人际关系，与人们一起享受乐趣，并将人们与外部世界联系起来。在日本，有 1 000 多个家庭使用佩珀。它还被用作一些办公室和酒店的接待员，通过面部识别功能来识别访客，为会议组织者发送提醒，并安排饮料的制作。佩珀还能够自主地与潜在客户聊天。

　　创造性任务主要由人类来完成，因为它需要更高层次的认知，如慢思维。人类可以超越预先设定的查询、分析或决策的算法，以提供一个无法预料的回应，即"跳出框架的思考"。创造力包括在不同的环境和可能的解决方案中进行的慢速思考，直觉、问题和议题的重新构建，以及也许是最重要的情感的重新构建。在上述领域，无论是现在还是可以想象的未来，个人都具有强大的优势。

　　不同类别的任务可以看作一个连续体，在其中人类和智能机器人的组合方式会发生变化。转化任务和交易任务可以由智能机器人以较低的成本可靠而快速地完成，因而智能机器人将更多地用来完成这些任务，同时执行这些任务的自然人会更少。判断任务传统上是由人类完成的，但这种情况正在迅速改变，并且这种改变将随着智能机器人在交互服务中更多地使用而持续。相比之下，对于创造性任务，智能机器人对人类的替代是有限的，并将继续如此。人类在执行创造性任务中具有明显的优势，因为这些任务需要更高层次的认知技能。因此，在这个任务的连续体中：转化任务和交易任务可以由智能机器人以低成本可靠地完成，判断任务将越来越多地利用智能机器人，创造性任务仍然需要人类来完成。

　　智能机器人可以交流和做出决定。在许多情况下，智能机器人和人类可以做出同样的决定。例如，在银行，自动取款机可以确定你的身份，并从你的账户中取出钱，同样的任务也可以由银行的员工完成，而且传统上本就如此。在一些银行，智能机器人可以接听电话，回答你的问题，并就你的账户或某项交易给你建议，你甚至不知道它是一个智能机器人还是一个人。北欧的诺迪亚银行（Nordea）正在用智能机器人代替 3 000 名员工处理咨询、交易和账户事宜。此外，花旗银行（CityBank）也宣布将用智能机器人取代 20 000 名员工。

　　智能机器人对人类的替代将使许多工作消失，因为有些任务可以由智能机器人完成。技术使工作被淘汰并不是什么新鲜事。过去，排字对于制作报纸来说是一个非常重要的工作，但新的印刷技术使这个工作被淘汰了。现在，审计、会计、法律和医疗保健方面的许多任务和工作在不久的将来可能被新的信息技术，包括人工智能、图像和人脸识别以及预测算法取代或淘汰。大型超市中，自动收银机已经从新鲜事物演变为人们日常购物中经常使用的机器。

智能机器人是否应该作为组织结构图中的一个组织成员？在项目组织中，我们将智能机器人纳入流程图，以描述谁与谁沟通，谁做出了哪些决定，我们是否也应该将智能机器人纳入组织结构图中？当社交机器人执行判断任务、社会任务和创造性任务时，这样做是合适的，但对于转化任务和交易任务来说，就不太合适了。这样将使组织结构图更有意义，因为它是组织及其运作方式的写照。

这也引出了一个问题：我们能责备智能机器人犯错或做出错误判断吗？无论是在家庭、办公室或工业环境中与人互动，还是在老人、儿童护理机构或医院工作，智能机器人都不可避免地会因硬件故障和编程错误而对人类造成伤害。不过，人类不仅无视智能机器人本身是一种无生命的非道德技术，而且往往认为其某种程度上应该对所造成的伤害和错误负道德责任。在法律界，人们讨论了如何处理此类案件，并提出了是否可以起诉智能机器人的问题。

传统上，工作任务是为从事制造业工作的人设计的。然而，办公室或办事机构也有特殊的任务。在韦伯（Weber，1948）关于官僚机构的文章中，他强调了在组织管理中的规则或"在特定情况下该怎么做""如果－那么"的重要性。他还强调了等级制度和权力在处理规则的例外情况时的作用。尽管如此，规则仍是工作的核心，它规定了要完成的任务。韦伯在他的模型中没有明确考虑信息，但规则显然是以信息为基础的，因为没有信息就无法应用任何规则。官僚机构可以很好地处理简单的规则，甚至是相互关联的规则，但当规则相当有限和不灵活时，官僚机构就不能很好地处理各种情况。

智能机器人或算法通常是基于"如果－那么"规则的。它们可能会被认为是完美的官僚主义者。许多人都经历过与官僚机构打交道的挫败感，指责它们的缓慢和不灵活。而凭借快速处理信息和通过机器学习自我生成规则的能力，智能机器人可能会改变官僚机构。人工智能和预测算法可以减少我们感受到的环境的不确定性，从而减少对信息处理的需求。正如我们将在第八章讨论的那样，这将允许我们基于规则开展活动、制定决策。人工智能机器人将是类似机构中的完美代理人。

⚙ 任务设计

研究者用几种不同的方式来描述任务设计的方法。伍德沃德（Woodward，1965）在其经典的研究成果中将任务分为单元生产、大规模生产和定制流程生产，其中每一种都有不同的任务设计。单元生产更像手工生产，大规模生产是一条龙标准化流水线生产，而定制流程生产则是连续的、自动化的。他发现在任务设计和组织设计之间存在非线性关系。单元生产和定制流程生产有许多共同的组成部分，而大规模生产则不同。与大规模生产相比，单元生产和定制流程生产中的工人技能水平较高，组织的复杂性较低，正规化程度较低，集中化程度也较低。相反，大规模生产的工作安排是非常精确的。因此与不太受时间驱动的单元生产和以维护内部生产节奏为导向的定制流程生产相比，大规模生产需要更细致的协调。伍德沃德的研究第一次将任务设计与组织设计联系起来，并且指出，成功的公司往往是那些具有典型结构和掌握核心技术的公司。即使制造技术的新发展导致了相当大的变化，特别是在连续和大规模生产技术方面（如计算机集成制造和信息网络），但他的框架仍然适用。

采用单元生产的组织利用技术来帮助工人完成他们的工作，例如在车间用物料机器人辅助工人做主轴。采用大规模生产的组织则相反：生产系统向工人发出命令，告诉他们该做什么，什么时候做。也就是说，工人为生产系统工作，因此生产系统是工人的老板。这种认为生产系统是组织的代理人的观点实际上并不新鲜，它始于亨利·福特和20世纪初T型汽车的大规模生产。

汤普森（Thompson，1967）将任务之间的关系分为顺序型、集合型和相互依赖型。顺序型任务通过任务的标准化来协调，集合型任务通过计划制订和任务分配来协调，而相互依赖型任务则通过相互调整来协调。卡罗尔等（Carroll et al.，2005）研究了改变这些任务关系的动力，并在一个项目中发现，将顺序型任务转化为集合型任务和相互依赖型任务起初会减少项目需要的时间，但随着时间的推移则会增加项目需要的时间，因为更多的相互依赖型任务需要更多的协调。斯科特和戴维斯（Scott and Davis，2006）从三个方面描述了任务设计：需要同时考虑不同项目的复杂性；不确定性或不可预测性；相互依赖性，即一个项目的改变需要另一个项目的同步改变。（请注意，这些任务设计的特征与第三章中描述的环境特征相似，随认知水平和执行水平而改变。）任务设计中更多的复杂性、不确定性和相互依赖性需要更多的信息处理来获得完成工作所需的协调。

综上所述，一个组织的任务设计可以根据可变性（variability）和连通性（connectedness）这两个重要的维度进行分类。

如果一项任务被很好地规定以使其被反复执行，那么它的可变性就很低。任务执行的标准化导致了较低的可变性。如果任务没有标准化，并且在完成方式上有差异，那么它就具有较高的可变性。因此，低可变性或高重复性的任务具有较低的不确定性，而高可变性的任务则具有较高的不确定性。

当一个较大的任务被分解成几乎不需要协调的子任务（即子任务是独立的）时，它就具有低连通性。如果子任务之间需要高度协调（即它们是相互依赖的），那么子任务之间就具有高连通性。请注意，这个连通性的定义与汤普森的顺序型、集合型和相互依赖型的任务关系类别有关。根据这两个维度，我们有了四种基本的任务设计类别，分别为：有序的任务设计、复杂的任务设计、分散的任务设计、棘手的任务设计。图6-1显示了这四种任务设计类别。

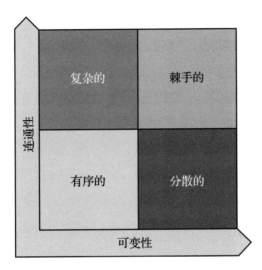

图6-1　任务设计空间

有序的（orderly）任务设计具有低连通性和低可变性，它对工作的子任务之间的协调要求相对较低。复杂的（complicated）任务设计具有高连通性，但其可变性较低，需要在衔接性任务和重复性任务之间进行更多的协调。分散的（fragmented）任务设计具有低连通性和高可变性，它需要用与前两者不同的协调方式来适应子任务的持续变化，但不需要调整子任务之间的关联性。棘手的（knotty）任务设计既有高连通性又有高可变性，它是最难协调的，因为需要同时调整连通性和可变性。

当你在分析时，试着思考一项在你的组织中必须设计的大任务。这个大任务是如何被定义的？它目前又是如何设计的？例如，如果你所选择的组织是一家银行，那么银行的工作可以根据专业划分为子任务，如投资、存款、贷款等；也可以根据客户群体来定义，如私人客户、机构投资者、小企业客户等。如第四章所述，第一种分类是职能型结构，第二种分类是部门型结构。银行可以通过对所有客户群的交易进行标准化，进而对银行的工作进行定义，使其可以重复进行。银行也可以以定制化工作为特色，避免标准化，从而使与客户或其他人的互动得到独特的管理。请注意，由于每项任务都可以进一步设计，并分类为转化任务、交易任务、判断任务、社会任务和创造性任务，因此我们谈论的任务设计通常是整体设计，而不仅仅是各个子任务的设计。在各种任务设计中，协调要求是不同的。任务设计也与业务流程再造、流程管理的方法和理念有关，例如准时制和供应链管理。特定的任务及任务设计也受到了现代信息技术的深刻影响。例如，现在银行的许多常规任务要么是在线上完成，要么是通过客户与家庭银行系统（可能是一个智能机器人）对话来完成。部分任务设计与信息系统的选择高度相关。

因此，仔细分析工作流、信息流和决策流是组织设计的一个重要部分。巴苏和布兰宁（Basu and Blanning，2000）提出了一种正式的工作流分析方法。他们整合了流程中涉及的信息实体、这些实体的结构以及它们之间的相互关系。他们还进一步考虑了哪些任务正在执行，以及这些任务涉及哪些信息元素。杜瓦尔德（Duvald，2019）在估计急诊科的信息处理需求和能力时也使用了流程图（见图6-2）。莱维特等（Leavitt et al.，1999）描述了工作流设计可以通过模拟视觉（SimVision，一个根据任务和工作流的设计方式来计算项目持续时间和质量的模拟工具）来直观呈现。通过它，每个任务涉及哪些代理或资源，信息实体存储在哪里，以及代理或资源之间需要什么样的通信，都能直观展现出来。

接下来，我们将更详细地讨论这四种任务设计。在图6-1中，我们从左下角有序的任务设计开始，然后是复杂的任务设计、分散的任务设计，最后是棘手的任务设计。考虑这些任务设计类别时，必须牢记其在组织设计过程中的位置，即任务设计要放在战略和结构之后。作为一名管理者，你可以选择如何设计公司的工作，而不是让四种任务类型束缚你的思维。下面介绍的任务设计的四种类型必须符合公司的战略和结构。

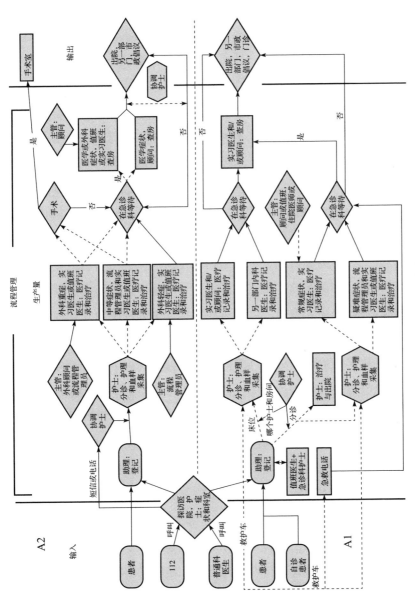

图 6 - 2　急诊科的流程图

资料来源：Duvald, 2019.

⚙ 有序的任务设计

如果你选择了有序的任务设计，那么你的公司的工作会具有低连通性和低可变性。各项任务相对独立，任务也格式化。这种任务设计方式将任务分成几块，这样每个单元就可以独立于其他单元来完成任务。当每个单元完成其任务后，其结果会回流到决策层，你作为决策者会为该单元分配一个新的任务。遇到问题或困难的单元则会向你求助，以解决问题。这种任务设计的一个明显的优点是，一个单元进程缓慢或遇到困难不会妨碍其他单元继续完成任务。在每个单元内，任务都尽可能地标准化，以便可以随时重复。只要每个单元的工人都能提高技能来完成分配给他们的任务，就能产生非常高的效率。当任务设计采用有序的方法时，执行组织的子任务的单元之间几乎不需要协调，也不需要相互适应。无论是制造业还是服务业的计件工作，都具有这些特点。例如，可以这样设计一家律师事务所的工作，当客户与公司联系时，他们可能会被分配到一个独立处理案件的律师那里，一旦一个案件结束，律师就会被分配另一个案件。律师们彼此独立工作，拥有足够的时间来处理案件，之后继续处理下一个案件。作为有序的任务设计方法的另一种变体，律师也可以按专业分组，如有家庭诉讼需求的客户被分配到家庭诉讼组，有刑事诉讼需求的客户被分配到刑事诉讼组，等等。同样，组织的工作也可以在各单元之间进行划分，从而使各个单元独立于其他单元，来完成全部任务（高度可分性）。这种任务设计方式可以完成公司较大的任务，因为任务或多或少都被标准化了，而各个单元也获得了专业知识，能够以高效的方式完成工作。另一个例子是工厂中做手工缝制工作的工人，他们有一份工作清单，每个工人缝制指定的服装，并将缝制完成的服装放在一个周转筐中，这些工作清单可以把大任务分解为小任务。除了确保工作的分配和完成情况满足要求之外，决策者几乎没有什么需要协调的。

事实上，机器人就是特别为有序的任务而设计的。对一个不与其他机器人或个人相连、遵循给定的程序或算法的机器人进行编程是相对容易的。如伍德沃德的单元生产和汤普森的集合型任务设计都是有序的。在其中，个人可以执行有序的任务，这也适用于智能机器人。如今更多的有序任务是由智能机器人完成的。在许多制造任务中，机器人不仅成本更低，而且能创造更稳定的高质量的产出，包括零件、产品，甚至包括与客户语音互动。而当有序的任务频繁需要工序调整或满足新要求时，敏捷性或适应性也应随之增加，比如个性化的手工艺和定制文创产品。此时，人类更有优势。

人类和智能机器人其实可以在一个有序的任务中一起工作，任务的某些部分由人类完成，某些部分则由智能机器人完成。

当任务是有序的时候，大多数任务是转化任务和交易任务，判断任务较少，而且大多位于组织中的较高层次。同样，与其他三个象限相比，有序的象限中的社会任务和创造性任务较少。

⚙ 复杂的任务设计

如果你选择将你的组织的任务设计为具有较高的连通性，但又具有较低的可变性或保持高度的重复性，那么你的组织采用的就是复杂的任务设计。复杂的任务设计由于高连通性，需要高度的协调。也就是说，子任务可以由公司的不同单元来完成，但它们在完成工作时是环环相扣的。因此，复杂的任务设计也是精密化的工程思维的体现。

回到经典的研究上，伍德沃德的大规模生产和汤普森的相互依赖型任务设计有类似的特点。举个例子，假设你管理着一个医院的急诊病房，你可能会把工作分为四个子任务：（1）入院；（2）患者病情诊断和医疗科室分配；（3）重点护理；（4）出院。患者依次通过这些流程，由不同的人员

（子单元）负责其中的各个子任务。工作过程是重复性的，且一旦诊断确定，服务仍然是相当标准化的（至少在大任务设计的层面上）。复杂的任务设计适合处理大量的工作。在制造业中有许多复杂的任务设计的例子，最经典的就是汽车装配线（流水线）。麦当劳则是餐饮业的一个经典例子，订单处理的子任务具有较低的可变性，并且是高度关联的，因为完成顾客的订单需要正确组合餐品，即便每个订单是独特的，工作过程也是重复性的。大规模生产不仅需要有序生产的技能，还需要子任务的各单元之间的精确协调。生产过程必须定时，以避免流程瓶颈，还要最小化各流程的库存，这样才能达到效率目标。一个设计良好的复杂的任务设计要求工作过程是重复的和持续的。

监督公司工作的决策层重点关注连通过程的协调，且需要持续关注。鉴于复杂的组织设计的高度连通性，任何一个小任务出现故障都可能导致整个组织停止运转，其代价可能是非常高的。而持续的协调需要高水平的信息处理能力。供应链管理中的智能机器人和在制造过程中信息技术的加持，增加了组织使用复杂的任务设计的可行性，拥有这些设计的公司可以凭借快速和熟练处理工作的能力与竞争者竞争。亚马逊的接单和送货系统就是一个高度连通的复杂的任务设计的例子，它的协调是通过使用平台设置的交易任务自动化来完成的。目前，智能机器人越来越多地被用于客户服务组织，如银行、航空公司和订单交付公司（例如亚马逊、沃尔玛和其他公司）。

复杂的任务设计的规模可以是非常大的，比如亚马逊，也可以是较小的，比如麦当劳的分店。但复杂的任务设计并不敏捷：它不能迅速改变，需要大量的资源和时间来调整和适应，特别是要做一些不同的事情的时候。无论复杂的任务设计是由人还是机器人驱动的，它都遵循着编入组织的规则，就像韦伯（Weber，1948）所说的官僚机构中的规则化。在复杂的任务设计中，大多数任务都是转化任务或交易任务，它通常会比有序的任务设计拥有更多的社会任务。

可以说，乐高就属于复杂的任务设计。乐高的任务是高度重复性的：生产产品为世界各地的销售做好准备。任务复杂而且相互关联，但不确定性相对较低，因为它知道什么时候把什么东西运到世界的哪个地方。

所有五种任务类别，包括转化任务、交易任务、判断任务、社会任务和创造性任务，通常都存在于复杂的任务设计中。然而，判断任务和社会任务将在组织中处于较高的层次，创造性任务则主要注重提高现有工作流程的效率。

⚙ 分散的任务设计

如果你选择将组织的任务设计为连通性低但可变性高，那么你就是在进行分散的任务设计。与复杂的任务设计相比，分散的任务设计由于其低连通性，需要的协调更少。通过减少协调需求，每个子单元可以以自己的速度和节奏处理任务，不必等待其他单元完成任务后才能继续。进一步地，子单元可以采取创造性的方法来完成任务，也许可以争取自己的客户或顾客。伍德沃德的单元生产和汤普森的集合型任务设计就包括这些特点。通过分解公司的大任务，子单元可能更具创新性和积极性。有些单元可能比其他单元表现得更好，或者对公司的整体工作贡献更大。通用电气就是一个例子，它有喷气发动机生产部门、健康服务部门和其他产品和服务部门。对于一个正在努力发展其业务的技术开发公司（如软件开发商）来说，其客户群（个人、小企业、大企业和政府）的需求是相当不同的，也就是说，这些需求是高度可变的。因此，每个子单元的工作都是独立进行的。

或者，公司还可以根据软件类型来划分工作，如桌面软件和基于网络的软件。在这两种情况下，如果大任务可以被分解成低关联的子任务，而这些子任务也是可变的，那么任务设计可以被分割开来。在每个子任务中，工作可以被进一步分割，或者选择另一种任务设计。分散的任务设计意味着公司对其工作进行划分，以适应其业务的不同性质。从教授的角度来看，大学采用的是分散的设计，每个教授都独立进行自己的研究，与其他教授没有联系。每个教授都可以进行非常不同的研究和教学。这适用于某一学科的教授，如心理学教授和经济学教授，也适用于跨学科的教授。

尽管我们很容易认为任务设计是工作本身固有的，但重要的是要认识到，在许多情况下，同样的工作仍然可能被设计成不同的方式。因此，任务设计是一个管理上的选择题。假设你所在的组织是一家投资银行，你可能会选择一种分散的方法，将大任务分成若干个子任务，如投资咨询、信托服务和遗产规划。大学可以按心理学、经济学等学科组织，也可以按工程、商业、医学等专业组织。在投资银行的案例中每个子单元都可以自由地争取自己的客户，并设计服务以满足客户的需求。在每一个子单元内，工作的可变性可能很低，但在银行的大任务设计层面，各子单元之间的可变性很高，也就是说，随着客户被引导到另一个子单元，工作的形式和流程也要调整，以适应客户的独特需求。高可变性的任务设计方法允许大量的调整（即工作的执行没有标准化），但由于这些调整之间没有刚性的联系，因此对协调的要求就相当低。分散的任务设计可以是非常灵活的，因为每个子单元无须与其他子单元协调就可以快速调整以适应不断变化的技术或客户偏好。这在一个高度变化的世界中是一个明显的优势。为了管理分散的任务设计，决策者需要确保子任务（即子单元）拥有资源并有解读环境的能力，高层决策者不需要参与详细的协调工作。所有五种任务类别，即转化任务、交易任务、判断任务、社会任务和创造性任务，通常都是分散地存在的。相对而言，判断任务和社会任务在组织中处于较低层次。与其他任务设计方式相比，分散的任务设计方式中创造性任务的比重是最高的，并且其主要注重效用，即产出的价值。

在投资银行的案例中，分散的任务设计可能不是理想的选择，特别是当客户希望子任务能够被协调时（例如，客户希望他们的遗产规划、信托账户和信贷能够作为一个整体被考虑）。这是任务设计具有高度可分性的弊端。在这种情况下，投资银行可能会把它当作棘手的任务来设计。

海尔曾采用分散的任务设计方式。它把任务分解成自组织的单元，且这些单元必须高度关注客户的需求。海尔以这种思维指导标准化的产品线和地理区域划分，为不同的市场提供柔性服务。

⚙ 棘手的任务设计

棘手的任务设计是高度关联的，并且具有高可变性。棘手的任务设计就是识别流程的症结，尝试多个流程重新衔接的方式，使组织能够平滑衔接，让棘手变成顺手。这表明你认识到任务设计可以用多种形式来理解和框定，不能也不必拘于一格。棘手的任务设计不是畏难，也不是故意把任务想象得深不可测，而是选择尊重业务环境的动态变化属性，并积极寻找与自己能力适配的机会。为此你必须开发和掌握在子任务之间协调工作的各种方法，还要有多种完成子任务的风格和方案。棘手的任务设计鼓励负责子任务的人开发创新的（或至少是灵活调整的）工作方法，以满足每个客户的独特需求。同时，执行子任务的人必须将他们的工作与公司的其他单元结合起来。由于生产是定制化的，因此棘手的任务设计可能会带来最高的客户满意度，但也是最需要管理的任务设计类型。以客户为导向的美食餐厅就是一个例子，这类餐厅的工作很繁杂，与流程可控的麦当劳形成鲜明对比。

在新产品开发和推广阶段，管理者偏向以棘手的任务设计的思维来组织工作。这种现象在高科技创新产品和服务中比较普遍，比如推出一个新的长周期的游戏、一个生物技术实体，或一个新的全球金融工具。决策者的工作重点是协调不断出错的流程。鉴于可分性低，任何一个小任务出现故障都可能使整个组织停止运转，这可能会造成很大的损失。考虑到组织包含不同的任务设计方法，对信息处理的要求大大提高。用加尔布雷斯的话说，不确定性要大得多，因而需要更强大的信息处理能力。上述情形中，信息处理需求非线性地增加，使得决策者可能会超负荷工作。因此，这种任务设计对管理的要求是最高的。

丰田（Toyota）或雷诺（Renault）的汽车制造、联合利华（Unilever）的新产品开发（NPD）都需要高度协调和调整任务以适应新兴技术。新产品开发任务通常是按照分段执行、节点连通的方法设计的。节点连通的方法也可以应用于更多常规行业，以获得竞争优势。例如，一家美食餐厅可能每天都会制作新的菜品，每个新菜品都需要厨房工作人员的高度协调。由于这项任务是非重复性的，它让顾客每次到访餐厅时都能获得新的用餐体验。为此，该组织必须拥有烹饪技艺高超的厨师，能够不断创新和完美协调。在棘手的任务设计类型中，转化任务、交易任务、判断任务、社会任务或创造性任务相当平衡，但与其他三种任务设计类型相比，社会任务更多。

由于任务繁杂，微软的任务设计也运用了节点连通的方法。一方面，它的任务是向大量的用户提供像 Windows10 这样的标准产品。另一方面，它也为大客户提供量身定做的系统，量身定做的系统虽然是基于标准组件开发的，却能满足客户的个性化要求。

所有五种任务类别，即转化任务、交易任务、判断任务、社会任务和创造性任务，通常存在于一个分段节点的设计中。然而，在棘手的任务设计中，判断任务和社会任务将在组织的各个层面存在，创造性任务的比重较高，而且同时强调效用和效率。

⚙ 人工智能时代的任务设计

人工智能促使我们重新思考任务的种类和设计。任务管理离不开决策和选择。人工智能让许多决策和选择都实现了自动化，无须人的直接参与。

但是，由于管理者面临的问题性质以及处理问题所需要的信息量和准确程度不同，有些决策和选择不适合由智能机器人完成，或者智能机器人必须要人配合才能发挥作用。根据奈特（Knight）对决策过程中信息不确定性的定义，我们了解到管理中有四种问题情境，它们影响管理过程中的任务设计。下面首先介绍四种问题情境，然后再解释人工智能在其中扮演的任务角色。

第一种是可以自动"执行"的问题。它属于"已知的已知"（known knowns）。20 世纪 90 年代，企业开始强调执行力、流程再造和精益生产，它们有共同的前提假设，即我们可以获得想要获得的信息。通过收集企业最佳实践信息，我们能够建立起可靠的因果关系，然后，按照总结的规律，推广和重复最佳实践活动，并产生优化的结果。

第二种是可以"设计"的问题。它属于"未知的已知"（unknown knowns）。进入 21 世纪，人们越来越认识到社会复杂系统中人的意愿和体验因素的重要性。在有着多元文化和价值观的社会环境中，因为文化、社会心理和人的意愿等因素不同，管理往往面临"刁怪问题"（wicked problems）。在社会中，人们的策略目标和实现目标的手段都是可以改变的。因为可以改变，问题也可以被替换，被重新解释。当问题被重新解释时，解决方案当然可以再设计。

第三种是需要"反思"的问题。它属于"已知的未知"（known unknowns）。需要反思的问题有两类。一类是需要科学反思的问题，引发这类问题的是执行错误、偏差和失败。科学反思的重点在于用科学方法做实验，检验假设。根据实验结果，我们修改现有的规律和规则。另一类是需要价值反思的问题，引发这类问题的是不同利益相关者和群体之间的冲突。对于价值观冲突引发的管理失败，我们要从伦理道德和人文价值观的角度去反思现有管理实践是否合适。

第四种是需要"探索"的问题。它属于"未知的未知"（unknown unknowns）。需要探索的问题往往只存在于我们想象力的边缘地带。它首先属于人类好奇和文学式猜想范畴。例如，电脑的硅体智慧和人脑的有机体智慧结合后，会产生怎样的混元智慧？又如，假如因为地缘政治冲突和流行疾病的反复，全球各地变为一个个孤岛，人类社会将怎样进化或退化？这些问题均属于"未知的未知"范畴。在这个范畴，我们既不知道什么是合适的问题，也不知道解决问题的手段是什么。

从决策问题的性质和理解与选择所需信息的不确定性角度看待工作任务，人工智能可以实现自动化或提高人的决策能力。因此，人与智能机器人合作完成的决策任务可以分成以下四种：（1）可以自动执行的决策任务。此时，智能机器人几乎完全替代人。（2）需要重新想象和设计的决策任务。智能机器人能部分实现自动化以提高人的能力，但不能实现自动化的部分需人来完成。（3）事关社会文化、政治政策、道德伦理，以及人的自我学习和提升的反思决策任务。智能机器人可以提供帮助，但不能代替人做判断。（4）探索完全未知领域的决策任务。智能机器人可以在技术上提高人的探索能力，但需要人判断探索结果的科学性（可信的、可靠的、可证伪的）。下面是四种决策任务的例子。

"执行"问题的决策任务

新冠疫情初期，第四范式受委托收集数据，建立反应模型。虽然开始的时候只有小样本数据，但智能机器人可以自学习、自适应，并随着数据量的增加不断优化预测能力。模型显示，当新冠疫情在一个地方发生后，虽然有诸多需要立即采取的措施，但是实施大规模检测、了解疫情分布才应是首要的行动。后来，大规模检测成为标准动作，在时间紧迫的新冠疫情防范过程中，它极大提升了防疫效率。

一家国际连锁超市的仓库管理中有物流配件的合理配置问题。受仓库大小的限制，物流配件太多或太少都会造成物流瓶颈。而物流配件的需求与成千上万种货物的搬运、商店配货要求、货物季节变化等诸多因素相关。过去，超市只能凭借经验，配备更多的人力来协调。现在，智能机器人可以用环境学习工具模拟建立一个与仓库物流有高相似度的数字孪生虚拟环境。季节性的变量与参数可以在模拟环境中高保真显示。智能机器人也可以预测需求变化，成为管理人员的决策助手。有智能机器人的支持，管理人员可以关注其他仓库物流需要优化和改进的地方。在同一套智能机器人相同的语言环境中，各个环节的管理人员更加容易快速陈述问题，快速讨论决策，快速实施解决方案。这种认知协同效果是前所未有的。

"设计"问题的决策任务

一家银行众多客户的需求和业务背景千差万别，因此，他们对金融服务的价值偏好有极大的多样性。过去，在标准服务之外，银行的市场营销部门很难有多种多样的服务设计。凭借历史经验，银行最多依据100条规则来安排组合服务产品，而且正确性也不尽如人意。现在，智能机器人的应用可以支持千万条不同的规则。通过标注超过2 000万的数据集，银行可以精确地建议不同组合的服务产品。重要的是，市场营销人员被解放出来，可以集中时间和精力与客户进行社交互动和增加直观感知，提升客户的体验价值。

另外一个"设计"问题的例证是关于糖尿病的防治和长期治疗。糖尿病既是一种身体疾病，也是一种与生活方式有关的慢性病。医治慢性病，除了医生和病人的努力，还需要家庭和社区的帮助。过去，糖尿病治疗方案只有几种，不可能做到千人千方，因为观察、监控、诊断、建议、提醒、反馈等一系列流程涉及的信息量和分析维度超出了医生的能力。现在，智能机器人可以建立与每个病人之间的合作治理关系，为每个病人提供定制的健康规划。

"反思"问题的决策任务

在服务金融企业和医疗机构的过程中，智能机器人可以实现因人而异，但是，在实践过程中，问题也不断出现。这些问题往往不是由技术因素，而是由社会文化和政策因素引发的。有些因素不可能在新事物出现之前就存在，它们往往是被智能机器人强大的技术效果激发出来的。例如，客人和病人的隐私保护问题引起重视，需要调整智能机器人处理信息的方法。对于隐私保护，智能机器人现在已经有基于特征切分的隐私加密技术。它能防止企业追溯个人信息，同时允许企业对加密后的信息进行分析和利用。这是人与智能机器人合作，共同反思管理过程中出现的偏差和新现象的一个好例子。

有些场景下，我们刻意允许偏差，容忍失败，保持较高的容错率，因为我们需要有反思的机会。例如，为全部数据进行标注当然会提高模型的准确度，但是成本也很高。而且，前期完美的模型不一定能应对后期的新变化。石油勘探过程就是类似的场景。由于地质条件差异很大，智能机器人最好能够先从少量标注数据开始，通过自动半监督学习、自学习等技术，逐步标注新增加的油井信息。这既是比较经济的方法，也是进化学习的需要。在这个过程中，人与智能机器人之间的认知协同非常紧密，因为智能机器人需要人对新情况做预先判断，人可以依靠智能机器人的早期模型调整参数，优化模型。这是一个人机认知共同演化的过程。

"探索"问题的决策任务

渐冻症的识别和防治可以算是一个"探索"问题。渐冻症的发病率低于万分之三，而且病人特征差异很大。它的症状和起因可以算是"未知的未知"，即没有可以借鉴的先例，也没有可靠的研究参数。这种病早期容易误判，样本少，而且都是正样本（来的时候，求诊的人已经患病了）。对于这样的高不确定性的问题，智能机器人可以对未标记数据做噪声负样本处理，用自动半监督学习技术逐步标注数据，这样就有了起始的参数。有概率论知识的读者知道，只要有起始参数，我们就可以逐渐从"未知的未知"进入"已知的未知"。而对后者，我们可以用科学实验的方法去验证。在探索领域，智能机器人的应用可以让科学家的认知速度呈指数级增长。

另一个通用的"探索"问题是如何降低探索的风险和成本。通过环境学习（environment learning）技术，智能机器人可以为任何场景模拟一个数字孪生的环境，解决以往实际环境中难以解决的核心难题。通过数据驱动的方式，智能机器人主动从高维的环境中学习高维的环境知识与规律，并利用这样的环境知识与规律构建具有高精度的数字孪生环境。在精准的数字孪生环境中，实验者不必承担用实物做实验带来的风险，能够大规模模拟各种场景，并对决策结果做更加准确的预判。例如，电动车企业用数字孪生环境测试人车相撞的各种后果。没有数字孪生环境，这样的实验风险高，有违伦理，成本高。类似的探索可以广泛运用到企业的持续创新过程中。夸张地讲，在数字孪生环境中，人们可以像儿童玩耍一样，任意想象场景、参数、模型和互动效果。

总之，人工智能对传统的工作任务分类提出了新的挑战。决策任务是最容易受影响的领域，从管理面对的问题和对应的决策属性看，综合利用智能机器人是大趋势。

⚙ 匹配和错位

表 6-1 在第四章的表 4-1 的基础上增加了任务设计一行。同样，如果每一行的条目都依次落在同一列中，那么你所选择的公司的组织设计要素之间就是匹配的。

表 6-1 包含任务设计的匹配

部件	在组织设计坐标系中对应的象限			
	A	B	C	D
任务设计	有序的	复杂的	分散的	棘手的
组织结构	简单型	职能型	部门型	矩阵型

续表

部件	在组织设计坐标系中对应的象限			
	A	B	C	D
组织环境	平静的	多变的	局部骤变的	动荡的
战略类型	反应者	防御者	勘探者	有创新的分析者 没有创新的分析者
组织目标	既无效率也无效用	效率	效用	效率与效用

如果你的公司既不注重效率也不注重效用，那么有序的任务设计是合适的。有序的任务设计中的重复性会带来一些效率，因此管理者可能会认为这种任务设计很有吸引力。只要环境是平静的且相应的战略类型是反应者战略，那么有序的任务设计就会很有效。简单型的组织结构对有序的任务设计很有效，因为它将总的任务分解成不需要决策者协调的较小的任务，信息可以随时交流。只要环境是平静的，采用有序的任务设计的简单型结构的组织会产生最低的信息处理需求。除非环境发生变化，否则决策者不会因协调问题多而负担过重。如果新业务导致工作类型发生变化，从而消除了工作的高重复性，那么风险就会出现，在这种情况下有序的任务设计就是错位的。只要环境有变化，管理者就需要重新组织工作，将其分为独立的子任务来执行。这种频繁改组会给管理者带来很大的负担。

如果你的组织采用了有序的任务设计，那么你应该意识到，这与防御者战略或勘探者战略不一定相符，需要具体问题具体分析。任何偏离平静的环境的行为都会造成困难，因为需要调整与适应。职能型、矩阵型和部门型的组织结构成本较高，而且对于实现高度差异化或高度重复性的任务所需的协调方法来说又有些大材小用。对于大多数组织来说，除了最常规的操作外，有序的任务设计是不可持续的，因为它有标准化、稳定性和重复性的潜质，这些类型的任务适合自动化或外包。

复杂的任务设计更注重效率而非效用，其相应的战略是防御者战略，因为重复性带来的高效率有助于通过低成本实现盈利，守住业务基本盘。

此时，环境动态多变但可预测，这非常契合复杂的任务设计。职能型组织结构与复杂的任务设计是匹配的，因为它有能力协调高度依赖规则和程序的标准化的过程。汽车装配流水线就是一个典型的例子。许多现代服务看似复杂，却可以通过任务设计将复杂的活动调整为繁杂但可控的流程，例如自动取款机和自动审批小额贷款的银行服务，又如亚马逊利用其在线购买系统销售书籍及其他产品和服务。即使是合作伙伴的匹配，也可能是高度精密的，也就是说高重复性和低可分性建立在客户的既定特点和模式基础上。

对于需要创新并引入非重复性的过程的分析者战略来说，复杂的任务设计会产生错位。同样地，动荡的和局部骤变的环境需要调整与适应，但如果你采取复杂的任务设计方式来设计你的组织，那么这种调整是非常困难的。决策者会因协调细节而超负荷工作。

分散的任务设计更注重效用而非效率。如果你的组织的战略是勘探者战略，它寻求高度的有效性和持续的创新，那么这种任务设计就很有效。新产品的创造和基础研究是可分割活动的例子。精致的餐饮和创新的建筑设计，都是可分割的。正如前面所讨论的，喷气式发动机和健康服务的任务设计在通用电气可以是分割的。如果你的公司面临着局部骤变的商业环境，具有高度的不可预测性，那么使工作具有高可分性和低重复性的设计就是有意义的。对此，部门型结构是一个很好的选择：在这里，管理层侧重于提供资源和制定政策，而不是具体协调。采用蜂窝型结构（cellular configuration）也是一个好办法。

如果你的公司有效率和效用的双重目标，那么分散的任务设计会产生错位，它将大任务分解成相对独立且能优化资源使用的子任务，很难实现系统协同的效率化。

在这种情况下，棘手的任务设计是合适的。动荡的环境是复杂和不可预测的，与棘手的任务设计很匹配。如果任务有较低的可分性或较高的技术之间的相互依赖性以及较低的重复性，那么新产品的创造就是多环节的棘手的任务，相应的战略是有创新的分析者战略。同时，矩阵型结构也是一个很好的选择，因为它强调了多维度的协调以及对工作的持续调整，以满足组织的目标。多环节的棘手的任务设计可以实现定制化的工作，并且如果做得好，可以满足客户需求，实现较高的客户满意度。创新性设计，无论是新的建筑、汽车、银行服务还是互联网服务，都是一种棘手的任务设计。创新的时间要求会使任务设计从分散的（如果是顺序的）变为多环节的（如果是同时的）。正如我们将在第七章中所看到的，完成多环节的任务需要高度熟练的员工，以及能给予员工一定的自主权并支持员工学习的管理层。

棘手的任务设计与任何只以效率或效用为主导的战略、环境都是不匹配的。如果你选择的公司追求的是防御者战略或勘探者战略，那么你就应该避免采用棘手的任务设计，因为它太过复杂和昂贵，不是实现目标的最佳选择。

⚙ 诊断性问题

在你选择设计的组织中，任务是如何拟定的？和前面几章一样，使用你在第一章中选择的同一个分析单位来回答以下问题。在回答这些问题时，采取自上而下的方法，并将任务的分析限制在单位分析的大任务上是非常重要的。（记住，子任务一旦产生，就可以有自己的设计。）

你能从哪里找到任务设计的信息呢？与前几章不同的是，高层管理人员可能不是一个好的信息来源。你应该去找那些实际设计和执行这些任务的管理人员。经理、工程师和厨师长可以准确地解释任务是如何运作的。同时你还应检查一下包含任务设计解释的工作说明。此外，设计或修改新产品、服务和流程的科学家和工程师也可以提供信息。然后，你可以利用公司内部的供应链流程或价值链来对工作流程进行描述。如果企业有企业资源计划（ERP），如 SAP、Movex、Oracle 或 Navision，你也可以从中获得大量的信息，了解它们在企业中的实施情况。简单地说，你要对产品和服务进行一到两个层次的详细说明以了解任务设计。

1. 企业中任务的可变性程度如何?

a. 企业是否将每项工作任务视为独一无二的?(评分 1～5)

b. 企业今天执行的任务与昨天差不多,还是有很大的变化?(评分 1～5)

c. 企业在多大程度上使任务标准化而不是定制化?(评分 1～5)

根据 1～5 级评分量表对可变性进行评分,具体如下:

1	2	3	4	5
很低		中等		很高

2. 企业中任务的连通性程度如何?

a. 企业是否将其大任务分为相互独立的子任务,或者子任务之间有联系,需要大量的协调?(评分 1～5)

b. 企业是将任务作为一组专门的独立功能还是作为一个流程来管理?(评分 1～5)

c. 执行子任务的单元在多大程度上可以按照自己的意愿而不是按照指示来设计工作?(评分 1～5)

根据 1～5 级评分量表对连通性进行评分。

现在你可以在图 6-3 中找到你的企业,并确定该企业的任务设计类型。

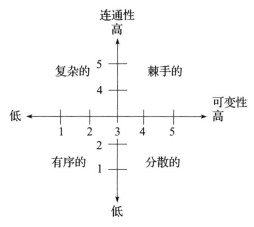

图 6-3 在任务设计空间中定位你的企业

⚙ 总结

工作任务设计从属于战略定位和组织结构的选择。通过对任务的可变性和连通性分析，工作任务可以被划分到四个象限中。四种类型的任务设计包括：有序的任务设计、复杂的任务设计、分散的任务设计、棘手的任务设计，它们对应落在四个象限中。四种任务设计分类只是建议性质的，可以重新设计和解释。管理者可以尝试不同类型的任务设计，以求与组织战略、组织结构、环境相匹配。一个工作系统内，大任务和小任务的属性可以不同，视各个步骤的匹配和对应情况而定。管理者可以动态调整对任务的理解，尝试不同的任务属性，试验四种任务设计类型，直至匹配。这也是动态多权变模型的管理精髓。在人工智能时代，工作任务设计方式更加多样，人可以利用智能机器人的自动化和增强功能重新思考管理问题，提高决策质量。

第七章

领导风格和组织氛围

⚙ 简介

领导风格和组织氛围是管理学中使用最广泛、争论最激烈、研究最多的两个概念。每个人都可以列出一个领导者名单。什么是领导者？[①] 一个好的领导者是独立地发挥作用还是必须与公司的文化和氛围相契合？什么是良好的组织氛围？在组织变革过程中，组织需要有什么样的组织氛围才能取得成功？当你设计一个组织时，这些问题都是需要认真考虑的。领导风格和组织氛围是影响组织中的人思考和行动的两个方面。因此，在设计一个组织的过程中，领导风格和组织氛围是需要重点分析的。领导风格（leadership style）是你的分析单位的高层管理人员主要的员工管理模式。如果你的分析单位是整个公司，那么这个人就是整个组织的高层管理人员；如果你的分析单位是一个部门或团队，那么这个人就是部门负责人或团队领导。高层管理人员是分析单位中级别最高的。在大型组织中，他们通常被称为首席（C-suite）。在第四章中，我们讨论了高层管理团队与组织整体

---

① 我们既使用领导者作为统称，也将其作为四种领导风格中的一种，可以根据语境进行判断。

设计之间的关系。组织氛围（organizational climate）是组织员工体验到的内部环境或工作氛围。你的分析单位的组织氛围可能与其他部门的组织氛围一致，也可能不一致。接下来，我们先从领导风格开始，然后介绍组织氛围。

◎ 领导风格

麦格雷戈（McGregor，1969）用两个风格相反的理论——X 理论和 Y 理论——来描述领导风格。这两个理论被广泛应用于管理的讨论中。X 理论中的领导者是指令性的、短期的和控制型的，而 Y 理论中的领导者则是长期的，并通过启发灵感的方式对员工进行激励。李克特（Likert，1967）所描述的专制与民主的领导者，以及科特（Kotter，1988）所描述的管理者与领导者，都体现了类似的逻辑。综合各学者的研究成果，这些截然不同的风格可以概括为决策偏好，一方面是领导者对授权的偏好，另一方面是领导者在不确定性规避方面的倾向。对授权的偏好在赛尔特和马奇（Cyert and March，1963）的以问题牵引探寻的理论中首次被提出。领导者的委托放权倾向是一种决策启发式的倾向，因为他们自己的信息处理能力和时间有限，所以他们认为委托是有效的。同样地，赛尔特和马奇认为不确定性规避体现了领导者对细节的偏好、被动而非主动的倾向、对短期决策与长期决策的比较，以及通过控制而非启发灵感来激励的倾向。举例来说，为降低长期预期和承诺的不确定性，领导者选择根据短期反馈向员工提供详细的指示。这意味着组织要解决紧迫的问题，而不是制定长期战略。这也意味着组织应避免对商业环境进行预测，或以其他方式在组织内部讨论改革，以应对重大的环境变化。一些高管倾向于向员工传达详细的指示，以降低未来管理中的不确定性。一些高管则相反：他们倾向于把控大局，让员工自己寻找方向，即便其中有不确定性因素，他们也愿意承担风险。当然，正如我们将看到的那样，两者之间也存在交叉部分。

我们使用两个维度，即授权偏好和不确定性规避，来分析领导风格。这两个维度衡量了管理者如何影响组织的效率和效用，也就是说，领导者如何通过他们的领导风格直接促进组织绩效的提升。对授权的偏好（preference for delegation）是指高层管理者鼓励低层管理者对组织中的工作内容和方式做出决策的程度。如果高层管理者依靠低层管理者和员工自主工作，低层管理者和员工在没有高层管理者批准的情况下自主做决定，那么高层管理者对授权的偏好程度就高；如果高层管理者倾向于自己对工作的方式和内容做决定，并近距离指导工作，那么高层管理者对授权的偏好就很低。不确定性规避（uncertainty avoidance）是指高层管理者避免对涉及重大风险的活动采取行动或做出选择。如果高层管理者倾向于承担风险，那么不确定性规避程度就低；如果高层管理者倾向于规避风险，那么不确定性规避程度就高。人工智能会如何影响领导风格呢？最有可能的是，它不会影响领导者对授权的偏好或在不确定性规避方面的倾向，但它很可能使得领导者的偏好不那么明显。一些学者对参与数字化转型的经理和高管的大规模调查表明：领导者应该使用人工智能以实现行政管理的自动化，在不取代人类判断的情况下，提高判断力。在授权偏好方面，在人工智能的影响下领导者可能不向员工授权，而是采取授权给智能机器人的形式，将更多的行政任务自动化，如报告编写，或通过数字工具监测销售情况。领导者对授权的偏好是否会受到授权给智能机器人这一事实的影响呢？与授权给员工相比，银行经理是否更愿意让智能机器人对贷款决策有更多的自由裁量权呢？在不确定性规避方面，人工智能也许更有可能支持而不是取代管理者进行以判断为导向的工作。某种程度上，人工智能比人类的偏见更少，并能快速处理大数据，因此可以帮助领导者处理未来的不确定性。正如我们在第三章中所讨论的，人工智能和预测算法可以减少组织感知到的不确定性，从而使领导者不再那么强调不确定性规避。

如图 7-1 所示，不确定性规避为纵轴，授权偏好为横轴，可以划分出四种领导风格：大师领导风格、经理人领导风格、领导者领导风格和监制人领导风格。大师领导风格倾向于尽量少的授权，同时接受不确定性。经理人领导风格则类似于 X 理论中描述的领导风格，偏好很少的授权并规避不确定性。领导者领导风格与经理人领导风格相反，与 Y 理论中描述的领导风格相似，接受不确定性并将决策权下放给下属。监制人领导风格力求降低不确定性，并倾向于授权管理。经理人领导风格和领导者领导风格是对立的领导风格，大师领导风格和监制人领导风格则是新的领导风格。下面我们要更详细地介绍每一种领导风格。

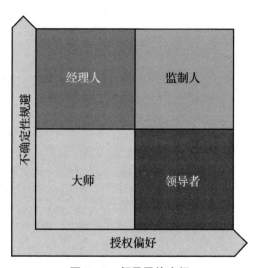

图 7-1 领导风格空间

⚙ 大师领导风格

大师（masetro）对授权的偏好很低，对不确定性的规避程度也很低。大师会直接对组织进行干预，以确保决策与自己的愿望一致。同时，大师并不规避长期决策的不确定性及其对公司的影响。

当缺乏授权造成决策困难和行动障碍时，比如决策还没有做出、项目还没有开始、产品开发得太晚以至于无法进入市场，大师就会因为有太多的事情要做而变得过度投入和过度负荷。此外，我们可以看到，高效的大师需要大量的专业知识，尤其要懂得如何和何时承担风险，以及如何领导下属并做出决策，以促使组织高歌猛进。

大师领导风格很适合初创的小公司；而对于成熟的大公司来说，不喜欢放权，同时又想要接受新的想法和项目的领导风格不太合适。大师领导风格可能适合于危机或重大变革（比如合并）时期。在对 407 家丹麦中小企业的研究中，霍孔森等（Håkonsson et al., 2012a）研究了领导风格和组织战略之间的一致性对绩效的影响。这项研究支持了大师领导风格与反应者战略相匹配的观点，因为他们从经验中发现，大师领导风格与勘探者战略、分析者战略或防御者战略并不匹配。相反，他们认为大师领导风格对追求反应型战略的企业来说更好。

如果高层管理者一直采取大师领导风格，很可能会变得被动。由于对授权的偏好较低，大师领导风格很可能成为决策中的瓶颈。该领导风格对不确定性的规避程度较低，环境和创新的变化可以被感知，但由于对授权的偏好较低，对于变化的反应会太慢。在一个采用大师领导风格的组织中进行变革是很困难的，尤其是在需要变革的时候。对于大师来说，采用人工智能作为决策支持工具可能非常有用，人工智能可以帮助工作繁忙的大师进行决策分析和数据分析。利勃登是一家员工数量不到 50 人的小型公司，自 2014 年被一家中国投资集团收购后，利勃登已经损失了近 1 亿美元。利勃登就需要大师领导风格。它有一个非常冒险和积极的战略，虽然持续亏损，但仍然有一个强烈的愿景，要在由搜诺思（Sonos）、索尼（Sony）、博士（Bose）和 B&O 主导的音箱市场中谋求一席之地。只有匹配大师领导风格，这家公司雄心勃勃的战略才会有生机。

前文我们讨论过娃哈哈的组织结构。娃哈哈董事长宗庆后就展现了大师领导风格。娃哈哈的发展历史表明，宗庆后并不规避不确定性，敢于开创新市场。实践中，宗庆后对管理干部实施分级授权，结合"黑板干部"的组织制度，超级扁平的组织结构强化了董事长的管理控制权。

⚙ 经理人领导风格

经理人（manager）对不确定性的规避程度高，对授权的偏好程度低。对不确定性的规避是通过做出反应性的、短期且细化的决策来实现的。经理人更注重对业务的控制，而不太关注长期的、战略性的决策，不会将决策权下放，而是通过正式的规则来管理下属。经理人了解正在发生的事情的细节，并能快速做出反应，保持可控的状态。在资源利用非常重要的时候，经理人领导风格有利于实现高效率的目标。

如果高层管理者采用的是经理人领导风格，那么其对细节的过度关注会导致管理盲点，组织容易受到那些由于某种原因而被忽视或者很少受到管理层关注的问题的影响。长期战略可能很少被注意到，一些战略弱信号可能会被错过。如果环境变得难以预测，企业很可能会错过变革的机会，从而损害企业的整体利益。此外，除了与效率有关的技术改革，经理人领导风格很少关注创新。总的来说，经理人领导风格具有短期导向性，往往忽略了公司的长期问题。霍孔森等（2012a）的研究发现，经理人领导风格最适合防御者战略。经理人高度关注效率，并具有较强的不确定性规避能力。在采用人工智能方面，经理人领导风格的管理者可能会看到人工智能在控制和行政任务方面的潜力，其中一些行政任务可能会被基于规则的机器人通过自动化的方式完成。在某种程度上，鉴于经理人和人工智能有任务重叠，这可能是会受到人工智能影响最大或替代最多的一种领导风格。另外，经理人领导风格在分析性决策方面的专注、经验和专长对于以判断为导向的决策仍有重要价值。当约根·维格·克努斯托普在 2004 年接手乐高时，他就展现了经理人领导风格，他通过减少零件和人员数量来降低公司的成本，并严格控制运营。第一年，为了掌握高效生产和资源充分利用的动态情况，他作为首席执行官兼首席运营官，亲自制定平衡成本和收入的决策。他的继任者尼尔斯·克里斯蒂安森也展现了经理人领导风格。当遇到挑战时，他希望参与并掌握控制权。这一点在乐高的组织结构变化中得到了体现。乐高正面临着市场渠道和数字化的挑战。因此，尼尔斯·克里斯蒂安森自己担任了首席营销官，并新增了一个直接向首席执行官报告的首席数字官（CDO）的职位。

珠海格力电器股份有限公司（以下简称"格力电器"）的董事长董明珠也是一位经理人。无论是生产还是营销，当部门运营出现短板时，她身体力行，直接指导部门的内部流程专业化建设。

格力电器成立于1991年，产品覆盖以空调、洗衣机、热水器等家用电器为主的消费领域和以高端装备、半导体器件和再生能源等尖端科技为主的工业领域，客户遍布全球160多个国家和地区。

为提高产品质量，格力电器在2001年引进了六西格玛管理方法。之前引进的ERP管理系统的效果不尽如人意。格力电器通过三年时间学习六西格玛管理方法，抓住了"让中高层参与"这一关键思想，首先推进中高层的黑带学院培训，让其明确自身在六西格玛管理中的位置，接着围绕项目开展部门内黑带对绿带的培训。让身体力行成为格力职能专业化的一种风格。

为建立高效的营销体系，格力电器实施过多次渠道变革。1994年，公司开始推行淡季销售政策，允许一级经销商自由发展二级经销商。1997年，各大经销商为争夺市场份额引发恶性价格战，格力电器开启了第二次渠道变革，成立了由经销商共同参股的区域性销售公司，开创了"利益共同体"营销模式。2004年，格力电器推动第三次渠道变革，从"借店营销"转变为自建专卖店渠道。2005年格力电器家用空调取得了全球销量第一的重大成果。2014年，格力电器官方商城上线，次年宣布与京东合作，正式开展第四次渠道变革。在O2O营销模式之下，格力电器和京东等电商平台在三四线市场建立了线下加盟店体系，在网络平台则组建批发商市场，使得渠道更加扁平化。至此，线上第三方电商平台与三万多家线下专卖店进行了深度融合，提供线下体验、线上下单、全国统一配送和安装的双线联动一体化服务。

进入网络营销时代，格力电器积极布局新零售渠道。2020 年，格力电器的董事长董明珠亲自在多个直播平台完成 13 场直播，销售额达 476.2 亿元。董明珠的经理人领导风格为格力品牌带来增益效果。

⚙ 领导者领导风格

领导者（leader）对授权有很高的偏好，对不确定性的规避程度很低。领导者综合了心理辅导老师、教练、咨询顾问的能力。领导者确信其他人可以为公司做出好的决定，因此认为授权是一种节省时间的有效方法。此外，领导者并不规避长期的不确定性，而是通过制定一系列战略决策来迎接挑战。如果高层管理者采用领导者领导风格来管理员工，那么他就会花大量的时间来考虑长期的问题、承担风险，并避免在详细控制任务上耗时。领导者探索新的想法和行动，并且鼓励下属想出新主意、倡议和项目。领导者对下属做决定和采取行动有信心，自己可以专注于更多长期的战略考量。研究表明，领导者的行事风格对于推动勘探者战略更有效。

领导者注重实效，愿意为实现宏伟目标而承担较大风险。在执行过程中，领导者很容易受到跟进行为的影响。如果下属辜负了领导者的信任，那么组织的绩效就会受到影响，这种影响甚至可能会持续很长一段时间。领导者缺乏对细节的关注也会给组织带来大问题。此外，领导者还可能会开展对公司不利的风险项目。人工智能，例如基于规则的决策支持系统，可以弥补领导者较少关注控制和运营细节的缺点。其他与创造性思维和实验有关的领导风格偏好并不会轻易被人工智能取代。海尔前首席执行官张瑞敏被公认为一位卓越的领导者，有许多关于他的领导风格的文章。他因将一个名不见经传的破产冰箱制造厂发展成世界上大型家电公司而闻名。他一直愿意承担风险。

上海来伊份股份有限公司（以下简称"来伊份"）创立于 2001 年，是中国休闲食品连锁经营模式的领先者，2015 年在上海证券交易所主板上市，拥有大约 3 700 家门店，其中 1/3 是加盟店。休闲食品的技术壁垒较低，行业进入门槛较低，加上产品创新空间相对有限，新品易于模仿复制，导致产品同质化现象较为严重。这就促使来伊份的两位创始人，要同时在运营效率和商业模式创新上下功夫。施永雷和郁瑞芬两位创始人轮流担任董事长和总经理，形成特殊的混合领导风格，兼顾经理人和领导者两种领导风格。

作为经理人，郁瑞芬在内部职能专业化和精细化方面下功夫。来伊份的总部力求成为"精总部、强总部"，主要表现在开发和提升四种专业能力上：零售经营、数据运营、社会资源整合、行业专家。以信息系统专业化建设为例，"大中台"是公司信息化建设规划的重点，公司雇用了 200 多位工程师，对现有信息系统进行深度整合。公司通过自主研发的 WMS 仓库管理系统、TMS 运输管理系统打通渠道销售和物流承运商系统，还与人工智能企业合作，对物流成本和门店销售进行多维度数据分析，实现智能化订单交付，实时监控订单配送，自动推荐门店上架产品。

作为领导者，施永雷广泛探索业务创新的途径，跨界整合资源，设立新业务事业部。他推动建立加盟经营模式和全渠道一体化网络，用合伙人制吸引风险投资。来伊份的混合领导风格值得其他企业学习借鉴。

⚙ 监制人领导风格

监制人（producer）对授权有很高的倾向性，对不确定性的规避程度很高。监制人的概念来自电影制片人。他们有时也被称为策划人或总监。监制人同时关注效率和效用。如果公司的高层管理人员拥有监制人领导风格，那么该公司很可能在与竞争对手的竞争中处于有利地位。监制人会确保新产品和服务的开发和引进，其关注的重点是双重的：短期和长期、运营和战略、当前的产品/服务和创新、内部活动和环境解读、亲力亲为的管理和便于他人独立行动的权力下放，以及效率和效用。由于分析者战略既注重利用又注重探索（如第二章所述），监制人领导风格的这种双重关注也被认为与分析者战略非常匹配。

监制人想知道发生了什么，并把工作分配给其他人，但不需要做出每一个决定。为了避免不确定性，监制人有一个长期的预测和规划重点。监制人善于通过授权来有效地利用时间。监制人领导风格的优势在于将权力下放给他人，但监制人会进行监管，以确保决策是根据他的偏好做出的。监制人可能会发现人工智能可以很好地弥补他对授权的偏好存在的不足，如人工智能可以作为一个有效的数据分析决策支持和控制工具。在支持监制人规避高不确定性方面，人工智能可以通过基于规则的决策对监制人的决策进行补充，或者减少其在判断中的偏差。

微软首席执行官萨提亚·纳德拉从创造明确性的角度来接受不确定性："任何领导者都需要有能力在不确定的情况下创造出明确性。不确定的情况总是存在，但在一天结束时，领导者必须做出决定。"当他在 2014 年成为微软的首席执行官时，他意识到员工需要"一个清晰、具体和鼓舞人心的愿景"。他决心定期明确地传达他的世界观和愿景。纳德拉的著作和他关于微软云的电子邮件都展示了他有效地沟通愿景的方式。

新的愿景在表述上有变化，这将在随后的五年里决定微软的地位：它将成为一家"人的公司"，而不是一家产品公司。在微软，人们的使命是让地球上的每个人和每个组织都能取得更大的成就。

福耀玻璃的董事长曹德旺也是监制人领导风格。前面章节中，我们分析过福耀玻璃走过的全球化道路。在汽车玻璃领域，它已经是强大的领先者，组织内部流程和横向协调也趋于成熟。作为董事长，曹德旺下放权力给职业经理人，而他更多扮演组织的代言人，协调与社会各方的关系，为福耀玻璃发展成为负责任的社会企业定方向。

⚙ 组织氛围

组织氛围是"一个组织内部环境的相对持久的特质，这种特质能被其成员体验到，能够影响他们的行为，并且可以用组织的一系列特定特征（或态度）来描述"（Tagiuri and Litwin，1968，p.27）。这个定义将组织氛围与组织文化区分开来（eg. Denison，1996），组织氛围指的是组织生活中的一个更短暂的、短期的方面。组织氛围是一个由成员体验到的组织的特征，是对组织的一种心理评价。领导风格仅针对高层管理人员，而组织氛围则涵盖组织的所有成员，包括上级和下级。相关学者认为，组织氛围容纳了情感事件，而这些情感事件又影响了员工的共同情绪和随后的信息处理。近来对组织中情感事件的理解的相关研究有了许多进展，将组织氛围概念化为情感事件方便了我们对组织氛围的讨论，因为有了具体的事件信息。

将组织氛围作为情感事件来把握，主要是指我们将组织氛围视为员工对组织事件的情绪反应。这些集体情绪对员工的信息处理行为起着情感过滤器的作用。在这里，组织氛围仅指对客观事件在情感上的评价方式。因此。组织氛围捕捉了员工对组织事件的情绪反应，并将二者联系起来。由于组织文化通常包括组织的深层结构，这一概念表明，我们所指的组织氛围不同于组织文化，因为氛围只与对组织事件的情感认知有关。

扎穆托和克拉科夫（Zammuto and Krakower，1991）尝试用七个维度来衡量组织氛围：信任、冲突、士气、奖励、抵制变革、领导者的夸奖和替罪羊现象（即把组织中的错误或问题归咎于他人）。另有学者在对246家丹麦服务企业的研究中发现，上述七个维度可以合并为两个：紧张感和变革抵触度。在这里，我们把紧张感和变革准备度（与变革抵触度相反）作为组织氛围的两个最基本的设计维度。

　　紧张感（tension）是指在工作氛围中存在压力感或心理上的"紧张、小心翼翼"的程度。当紧张感强烈时，信任度低，冲突多，士气低，奖励被认为是不公平的，领导者的信誉差，并且有一种寻找替罪羊的倾向。紧张感弱时则相反：信任度高，冲突少，士气高，奖励被认为是公平的，领导者的信誉高，很少或没有替罪羊的现象。紧张感强烈的组织氛围的特点是存在不愉快的情绪，而紧张感弱的组织氛围的特点则是存在愉快的情绪。乍一看，紧张感强烈对一个组织来说是一种糟糕的状态。对于一个组织来说，信任度低、冲突多、士气低等怎么会是有益的状态呢？虽然这些维度中的任何一个单独出现都可能产生负面影响，但它们结合在一起可以给组织带来韧性和活力，尤其是在它们尚未达到极端程度的时候。极高的冲突性和非常低落的士气等可能是灾难性的，但这些在一定程度上与上面提到的其他因素混合，可以刺激产生高效性，特别是当它们与我们在第六章讨论的工作、任务设计和委派等其他设计因素结合在一起时。组织氛围中某种程度的紧张感会令人感到压力，但它能提高工作效率，并促进组织高效发展。据报道，有些银行和金融机构，如高盛和巴克莱，紧张感很强烈，这些机构的领导层已经开始用新兴技术替换那些承担标准化职能的员工。在花旗银行，预计在不久的将来，40%的员工（约2万名员工）将因机器学习和人工智能的发展而被取代。这标志着向新趋势的过渡，而这个新趋势尚未在不同行业全面推进。对于已经参与其中的公司来说，这样的变革可能会造成员工之间的内部竞争而增加紧张感，包括士气、信任和领导者信誉下降。也就是说，对于那些机器人和自动化已经成为日常运作的一部分的公司来说，紧张感很可能发生在留下的员工之间，或者机器人和人类的接合点上。对于那些尚未采用新兴技术的公司来说，紧张感可能是由这些新技术带来的不确定性引起的。然而，如果组织将受到影响的个人和新技术的引进融合，那么紧张感就会带来高效的生产。当然，这种紧张感不能是极端的。

变革准备度（readiness to change）是指组织中的人可能改变方向或调整他们的工作习惯以迎接新的、未预料到的挑战的程度。高变革准备度的氛围与热情高涨的情绪有关，而低变革准备度的氛围则与沉重的情绪有关。情绪取决于员工是否相信他们有足够的资源来应对变革。持续的规范、惯例或常规的做事方式，可以成为一个组织的资产，因为这代表了一种完成工作的社会技能。但是，如果人们固守现有的工作常规，抵制变革，那么持续的做事方式也可能成为一种负担。如果一个组织想长期有效地工作，准备好改变、探索和采用新的工作方式和做法是至关重要的。变革准备度也可能影响人工智能的采用。以低变革准备度的组织氛围为标志的组织不太可能认可人工智能的潜力，甚至可能将其视为威胁而非机会，以高变革准备度的组织氛围为标志的组织则相反。因此，在步骤6和步骤7中，变革准备度是最重要的，因为此时必须通过改变组织设计来处理错位问题。

组织氛围可以分为四种类型：团体氛围、内部流程氛围、发展氛围和理性目标氛围，如图7-2所示。团体氛围是安静的，具有较弱的紧张感和较低的变革准备度，即拥有愉快和平稳的情绪。内部流程氛围更偏于呆

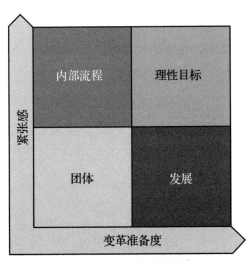

图7-2　组织氛围的分类

板，对变革的准备度低，紧张感则相对强烈，即拥有低沉和不愉快的情绪。发展氛围更偏向于外部导向，紧张感相对较弱，对变革的准备度较高，即拥有愉快和高亢的情绪。理性目标氛围也是通过外部导向来实现成功的，其对变革的准备度高，紧张感也相对强烈，即拥有亢奋和不愉快的情绪。

⚙ 团体氛围

团体氛围（group climate）的特点是对变革的准备度低，并且很少有让人感到高度紧张的事件发生。基于累积的经验，这是一种以平静、舒适和放松等情绪和开放自由的信息流动为特征的氛围，即组织中的人拥有愉快和平稳的情绪。

有团体氛围的公司是一个令人愉快的工作场所，员工之间相互信任，冲突较少，奖励被认为是公平的，而且几乎没有变革的意愿。在这里，员工对其境况和其他人都很满意，认为没有必要考虑任何变革，总体上员工感到十分愉快。团体氛围通常有较少的冲突，即使存在冲突，也是建设性的冲突，倾向于加强组织建设，而不是破坏它，也就是说，在这种氛围中员工对组织的目的本身可以有分歧，这通常伴随着高或中高程度的员工士气。员工认为自己属于组织，是组织的一部分。奖励不需要平均，但必须让人感到公平，即组织中的个人能够理解和接受奖励分配的基础。

如果一个组织有团体氛围，那么它管理信息流是相对容易的，信息更可能被"传播"而不是被"引导"。信息的管理准则被"每个人知晓"或在需要分享知识的特定人群中进行非正式交流，而非"需要知晓"时才被批准知晓。这其中秘密是很少的。因此，团体氛围可以处理复杂的信息集束。

虽然在团体氛围中员工的心情是愉快的，但人们对变革的准备度不高。这里有高度的信任，很少出现替罪羊现象，领导者在下属中也可能有很好的信誉。然而，让人们接受变革是一个挑战，因为在团体氛围中，对理想的行为，人们有一致的信念和态度，不会随着环境的变化而轻易调整。在采用新兴技术方面，团体氛围可能比其他任何一种氛围有更严格的规范。特别是，团体氛围中的员工对变革的高度抵制可能会导致他们将变革视为无关紧要的事情，因为他们不太可能对新想法持开放态度，因此可能看不到机器人和学习算法的潜力。不过如果管理层向他们介绍新兴技术，团体氛围的弱紧张感也可能使他们愿意倾听、讨论。

⚙ 内部流程氛围

内部流程氛围（internal process climate）的特点是强烈的紧张感和低变革准备度。在该氛围中，组织工作的情感体验与多冲突、低士气和低领导者信誉，也就是不愉快的情绪有关。同样，低变革准备度与低沉的情绪有关，这可能是由于员工对以前的变革失望，不再相信组织有足够的资源来处理变革。在这种组织氛围中，普遍的情绪是失望、平静、羞愧和疲劳。在信息处理方面，内部流程氛围很可能导致较少的开放共享和较少的主动交流以及有限的分享，员工局限于规则，根据程序分享与工作或任务密切相关的信息。这种氛围所特有的不愉快的、低沉的情绪会导致一种内部驱动的、自上而下的、官僚化的风格，在这种风格下，感知和判断都变得不准确。员工之间缺少了信任，产生了更多的冲突，还可能认为奖励是不公平的，且几乎没有准备好进行变革。

在信息共享方面，内部流程氛围意味着个人之间没有共享和开放的氛围，因为每个人都比较内向和谨慎。组织中的冲突可能很严重，因此人们可能对手段和目的（即工作方法和目标）持有不同意见。此外，奖励会被认为是不公平的。因此，员工的士气会很低落。

在内部流程氛围中，人们倾向于向内关注如何完成工作，即工作方法或流程，这对组织获得高效率非常重要。因此，这样的氛围对组织来说不一定是破坏性的。管理上的挑战是如何让人们专注于工作流程，而不至于让信任、冲突、感知到的不平等等问题变得很严重而阻碍组织获得成功。在谨慎管理的情况下，内部流程氛围可以给组织带来好处。例如，流行的六西格玛管理方法强调量化、卓越、直面问题，以及鼓励持续减少差错。六西格玛管理方法适合内部流程氛围。它在管理上的挑战是如何把握内部流程氛围的度，不至于让员工陷入消极的漩涡中，从而实现组织的高效率和差错控制。在这种类型的氛围中，尽管有新技术的增强作用，但对变革的高度抵制可能使员工不易适应新的工作方式。

如果组织中存在内部流程氛围，那么组织对变革的准备度往往很低，可以说在这样的氛围中，任何变革都不会受到欢迎。证据表明，人们有强烈的流程导向，不愿意接受任何改变流程的活动。也许，在这些组织中，领导者的信誉差也是员工不愿听从变革召唤的原因。员工对领导层的信任度较低，而对流程本身的信任度较高，所以对变革的抵触情绪高涨。替罪羊现象似乎在内部流程氛围中经常出现。换句话说，与团体氛围相比，内部流程氛围对变革的抵制更强烈。

内部流程氛围不具备通过非正式手段处理大量信息的能力，而正式的组织结构必须拥有必要的信息处理能力。在这种组织氛围中信息往往是私密的，并且在需要信息的角色之间或特定的工作范围内按照程序传递，与工作、任务密切相关，而自发的信息链接或主动沟通在很大程度上是缺失的。在这类循规蹈矩的氛围中，人工智能、数字化和学习算法可能促进信息处理。

⚙ 发展氛围

发展氛围（developmental climate）的紧张感较弱，对变革的准备度高。

在这种类型的氛围中，员工很可能体验到有足够的资源来处理变革的感觉（高昂的情绪），并且感受到新生事物变化带来的愉悦。因此，随后的情绪是热情、兴奋和快乐。这种氛围的特点是组织中的人容易产生乐观的认知和判断，以及自下而上的、灵活的和"苟日新，日日新"的风格。

拥有发展氛围的公司是一个令人愉快的工作场所：人们普遍相互信任，冲突较少，奖励被认为是公平的，而且人们非常愿意参与变革。在发展氛围中，人们彼此之间相处融洽，并欢迎新的机会。

发展氛围的一些特征与团体氛围相似。对于两者来说都有信任度高、冲突少、士气高、奖励相对公平的特征。两者重要的区别在于变革准备度：在团体氛围中，变革准备度较低；而在发展氛围中则较高。如果一个组织拥有发展氛围，你会发现它通常非常关注个人的成长和工作生活的质量，这也是变革准备度高的基础。在发展氛围中，奖励可以比内部流程氛围更多地以个人对组织的贡献为基础，而较少关注个人对公平的感知。与团体氛围和内部流程氛围相比，发展氛围更加以外部因素为导向：人们认为组织的成功更多是在组织外部实现的，并在此观念的基础上采取行动。

上述几种组织氛围在领导者的信誉和替罪羊现象方面也有微小的差异。与团体氛围相比，发展氛围具有不同的信息特征。团体氛围会更注重内部信息，而发展氛围则更注重外部环境信息，因为外部环境信息可能对发展和成长有更大的价值。此外，发展氛围也更能接受妥协和适应。发展氛围中的组织由于对变革准备度高，紧张感弱，因而更有可能接受新技术，并有可能迅速适应这些技术，努力保持与新的角色和规范同步。

⚙ 理性目标氛围

理性目标氛围（rational goal climate）具有强烈的紧张感和较高的变革

准备度。这种氛围中常见的情绪反应是激动、愤怒和苦恼。然而，在这种氛围中的员工相信他们有足够的资源来应对变革。而对变革的开放性则是基于对当前情况的不满。这也是一种以不愉快的情绪为特征的氛围，在这种氛围中员工不太愿意相信奖励是以公平的方式给予的，也不相信领导者一定是值得信赖的。然而，较大的情绪落差通常会促使人们愿意为了改善现有情况而行动。理性目标氛围的特点是信息的私密性，信息在小范围内传递，其中，信息的分享和交流并不是自发的，而是围绕工作进行的。自下而上的信息交流也很普遍。这是一种目标驱动的组织氛围，由于紧张感强烈，个人会有些不安，所以要注意不要让紧张感强烈到对组织不利的程度。事实上，一定程度的紧张感有助于提高绩效，敦促人们维护信任关系、解决冲突。如果人们相信目标可以实现，他们就愿意进行改变并拥抱新的机会。

理性目标氛围与内部流程氛围在紧张感方面相似，但两者在变革准备度上有所不同。与内部流程氛围一样，理性目标氛围在结构上强调计划性、生产力和高效率。

在信息处理方面，理性目标氛围与内部流程氛围类似，但更强调外部环境信息。低信任度和频繁的冲突等因素导致人们对信息设限，谨慎交换信息，信息的分享和交流不会自发地发生，除非涉及任务目标。换句话说，人们不是为了分享信息而分享，而是为了满足与工作任务相关的特定需求而分享。在这种情况下，信息交换是谨慎的，而不是完全开放的。拥有理性目标氛围的公司是一个竞争非常激烈的工作场所。由于员工的流动率高，员工也许不会对组织忠心耿耿。奖励是基于绩效的，因为组织可能会努力留住最有价值或最熟练的员工，同时也不会太过担心其他人因工作不开心而离开。由于较高的变革准备度，人事层面的重组是可以预期的，对高级职位的竞争也会非常激烈。同时，鉴于较高的变革准备度，员工可能愿意紧跟最新的技术趋势，并调整工作任务和角色。

⚙ 匹配和错位

对一家公司来说，什么是良好的领导风格，什么又是合适的组织氛围？怎么样算是好的匹配？在表7-1中，我们将领导风格和组织氛围的匹配关系添加到你所选择的公司的组织目标、战略类型、组织环境、组织结构和任务设计中。在A、B、C、D四列中，可以从上到下垂直地浏览匹配关系。

表7-1 包含领导风格和组织氛围的匹配

部件	在组织设计坐标系中对应的象限			
	A	B	C	D
组织氛围	团体	内部流程	发展	理性目标
领导风格	大师	经理人	领导者	监制人
任务设计	有序的	复杂的	分散的	棘手的
组织结构	简单型	职能型	部门型	矩阵型
组织环境	平静的	多变的	局部骤变的	动荡的
战略类型	反应者	防御者	勘探者	有创新的分析者 没有创新的分析者
组织目标	既无效率也无效用	效率	效用	效率与效用

从组织设计的角度来看，领导风格和组织氛围的错位形成了一个特殊的难点。虽然你可以改变你所选择的组织的目标、战略或结构，但对于一个高管来说，要改变他的领导风格可能是非常困难的。你可能无法控制这个设计因素。因此，领导风格和其他设计要素之间的匹配可能是个难点。改变领导风格可能需要一个新的决策者或调整其他高层管理者。同样地，组织氛围是组织的一个相对持久的属性，不能轻易地在短期内改变。因此，如果领导风格和组织氛围存在不匹配的情况，那么对其他组件进行调整可能会更容易。当然，如果这意味着你所选择的组织要改用不同的、不那么

令人满意的战略，那么可能就需要从长远的角度出发，采取艰难但必要的辅助行动，使组织的领导风格和组织氛围与组织目标、战略类型和组织结构匹配。如果可能，为了组织的绩效，使领导风格和组织氛围与组织的环境和结构要素匹配是非常重要的。

如表 7-1 所示，在 A 列中，大师领导风格、团体氛围、简单型组织结构、平静的组织环境、反应者战略和既无效率也无效用的组织目标是匹配的。组织氛围是愉快的、没有压力的，组织的节奏通常比较和缓。一个具有新风格的新主管会很快成为他人的威胁，并造成团体氛围的不稳定。如果公司业绩不佳，很可能出现错位情况，从而创造了重新设计组织的机会。动态调整后，各个组织元素又保持一致，新的匹配实现了。随着时间的推移，管理者将各个组成部分整合到组织设计空间的一个新象限中。通过这种方式，组织可以实现效率和效用的双重目标。我们将在第十一章和第十二章中更详细地讨论错位和变革管理的过程。

转到 B 列，经理人领导风格、内部流程氛围、职能型组织结构、多变的组织环境、防御者战略和效率目标之间存在匹配关系。组织信息处理的需求大大增加，但经理人采取了更多行动，减少了授权，并进行更严格的监控。另外，基于规则的智能机器人也越来越多地被应用于这种组织中，它们可以替代经理人发挥直接控制功能。我们将在后文更详细地讨论这一趋势。这一列的组织氛围中紧张感强烈，而信任度较低和领导者的信誉较差，而且氛围也不那么令人愉快。一般来说，这种组织氛围不难形成，但需要较长的时间来缓解紧张感。在此状态下，公司的效率目标能够实现，但创新的可能性较小。

在 C 列中，公司有具有领导者领导风格的高管、发展氛围、部门型组织结构、局部骤变的环境、勘探者战略和效用目标。高管乐于让别人做决定，也能够接受不确定性。这种组织氛围的紧张感较弱，对变革的准备度较高。许多人认为，由于高度的信任和高管的支持，C 列的组织是一个令人兴奋的工作场所，这与勘探者战略和效用目标是吻合的。如果组织希望专注于短期效率目标，那么高管可能会变得更加注重控制，这对发展氛围来说是一种干扰。同时，决策者可能很快就会被细节所累，这可能会进一步破坏发展氛围。当创新受到重视，并且组织将下属单位看作独立的部门或单元，实行勘探者战略时，领导者领导风格和发展组织氛围就会发挥最大的作用。

就 D 列而言，公司具有监制人领导风格、理性目标氛围、矩阵型组织结构、动荡的环境、分析者战略，并追求效率与效用的双重目标。监制人领导风格意味着高层管理者倾向于授权，但也试图避免不确定性。这种氛围具有强烈的紧张感，但也有一定的变革准备度。位于这个象限的组织是由绩效驱动的，旨在实现创新的高效性和有效性，是一个要求很高的工作场所，紧张度很高，但有些人对此感到很兴奋，非常乐于接受变革。D 列中的组织是一个与动荡的环境和包含创新与变革的分析者战略适应得很好的组织。这种类型的组织对协调的需求很高，需要快速变化来实现组织目标，还要具有强大的信息处理能力，以目标驱动组织活动。因此，矩阵型组织结构是一个合适的选择。

根据你对本章诊断性问题的回答，如果你所选择的公司的组织部件位于不同列中，那么，你应该考虑如何使该公司对应目标列实现匹配。但同时也要考虑实现不同的目标所需要调整的投入，以及组织在短期和长期内应该或可以做什么。我们将在第十一章进一步讨论这个问题。

⚙ 诊断性问题

你应该首先检查你的分析单位的两个维度（见图 7-3）：授权偏好和不确定性规避。沿着这两个维度找出你的分析单位的领导风格在哪个象限，然后将领导风格归类为：大师领导风格、经理人领导风格、领导者领导风格或监制人领导风格。首先，请回答下面的诊断性问题。

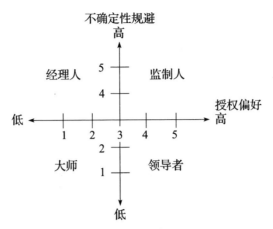

图 7-3 找出你的分析单位的领导风格

1. 对于你的分析单位，你在这里描述的高层管理者是谁？是单独的一位高管还是一组人（如一个执行小组或董事会）。在回答下面的问题 2 和问题 3 时，参考这个高层管理者。请注意，如果你就是负责你的分析单位的决策者，那么这些问题就是关于你的领导风格的。

下面的问题将帮助你在授权偏好和不确定性规避维度上对你的高层管理者进行定位。

2. 授权偏好：

a. 高层管理者在多大程度上倾向于自己保持控制，或鼓励其他人承担管理工作任务的责任？（评分 1～5）

b. 高层管理者在多大程度上允许其下属为组织做出重要决定并采取行动（评分 1～5）？总的来说，对于你的分析单位，高层管理者对授权的偏好是什么（评分 1～5）？

根据 1～5 级评分量表对授权偏好进行评分，具体如下：

1	2	3	4	5
很低		中等		很高

如果你不属于高层管理者，你可能需要收集额外的数据来回答这些问

题。相关数据可能包括高层管理者的议程和会议记录，他们做出的决定，他们对参与战术或战略决策的要求。如果你是高层管理者，或者是其中的一员，你可以问下属是否同意你对上述问题的回答。无论是哪种情况，请记住，这些问题与偏好有关，而不是与当前形势所允许的情况有关。

3. 不确定性规避：

a. 高层管理者在多大程度上关注决策中的大局，而不是细节？（评分 $1 \sim 5$）

b. 高层管理者在决策方面是倾向于积极的，还是谨慎的？（评分 $1 \sim 5$）

c. 高层管理者对风险的接受程度和对风险的规避程度如何？（评分 $1 \sim 5$）

d. 高层管理者在管理其下属时，在多大程度上是以控制为导向的：低还是高？（评分 $1 \sim 5$）

根据 $1 \sim 5$ 级评分量表对不确定性规避进行评分。

回答这四个问题可能需要不同类型的信息。

评估高层管理者是否关注大局的相关数据包括高层管理者要求的报告类型的信息：如果他们要求提供关于整体销售、税前利润或投资的报告的信息，这表明他们关注大局。

如果他们要求提供一些非成本问题的偏差报告，如个别员工的病假天数，这表明他们关注细节。

为了评估高层管理者的风险偏好，可以看一看该组织所做的一些大型投资，然后评估与这些投资有关的风险。

为了评估高层管理者的控制偏好，可能需要收集高层管理者要求提供报告的频率，他们需要年度、月度、每周还是每日的报告？高频率即表示高控制。

对于所有这四个问题，与高层管理者的访谈也可能带来额外的信息。

同样，如果你是高层管理者，或者是其中的一员，要根据你的喜好来回答这些问题，而不是在当前情况下你被要求如何做。

4. 在图 7-3 中找到你的分析单位，它的领导风格是什么？

现在，我们考虑组织氛围。在回答这些问题时，请记住要概括整个分析单位。在图 7-4 中，将公司的变革准备度和紧张感作为维度，可以将组织氛围分为：团体氛围、内部流程氛围、发展氛围或理性目标氛围。下面的问题将帮助你找到你所选择的分析单位的组织氛围。

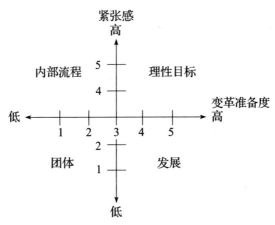

图 7-4　在组织氛围空间中定位你的分析单位

5. 变革准备度——激活情绪：

a. 人们偏好旧的思维方式和做事方式，还是愿意接受新的思维方式和做事方式？（评分 1～5）

b. 人们在多大程度上倾向于转变方向或调整他们的工作习惯，以应对新的、意料之外的挑战，低或高？（评分 1～5）

c. 总的来说，组织对变革的准备度如何，低还是高？（评分 1～5）

根据 1～5 级评分量表对变革准备度进行评分，具体如下：

1	2	3	4	5
很低		中等		很高

回答这三个问题可能需要不同类型的数据。第一、二级数据可能是相关的，例如与员工的内部流动率和离职率有关的数据。如果内部流动率很低，可能表明变革准备度较低。在此基础上，如果员工离职率也很低，就表明变革准备度更低。第二，你可以通过仔细观察员工对正常工作日事件的反应来获得有用的信息。第三，如果可能的话，对相关员工进行访谈也有助于评估。特别是对于组织氛围的评估，私下的访谈可能会发现正式文件中未包含的重要内容。第四，与员工进行小型的实验性游戏也可以很好地评估人们对变革的反应。

6. 紧张感——愉快 / 不愉快的情绪：

a. 对公司的信任度是低还是高？（评分 1 ～ 5）

b. 公司的冲突程度是低还是高？（评分 1 ～ 5）

c. 员工在多大程度上认为奖励不公平，低还是高？（评分 1 ～ 5）

d. 员工在多大程度上质疑高层管理者的信誉，低还是高？（评分 1 ～ 5）

e. 替罪羊现象发生的频率，或指责别人的程度是多少？（评分 1 ～ 5）

根据 1 ～ 5 级评分量表对紧张感进行评分。

你可以使用现有的数据来源收集与紧张感有关的数据。组织可能已经有员工满意度调查以及全方位的管理评估，你也可以研究病假的统计数据。同样，你也可以对相关员工进行访谈，这些员工可以是随机的，也可以是由管理层指定的。

现在你可以在图 7-4 上定位你选择的分析单位，其组织氛围是怎样的？

◎ 总结

我们以授权偏好和不确定性规避作为衡量标准划分领导风格。因此，领导风格有四种，分别是：大师领导风格、经理人领导风格、领导者领导风格和监制人领导风格。我们以紧张感和变革准备度作为衡量标准划分组织氛围。组织氛围也有四种，分别为：团体氛围、内部流程氛围、发展氛围和理性目标氛围。每种领导风格都有优缺点。每种组织氛围都有可以利用或需要控制的方面。我们讨论了每种分类成功和失败的可能性。对应公司目标，我们看到一系列相互匹配的关系和错位关系。对于不同节点的错位，我们要评估从哪里着手更合适。有些节点调整难度大，例如需要改变领导风格或组织氛围，我们建议，先易后难，利用短期和长期的组织设计手段进行调整。所有的错位都是可以调整的，我们需要注重先后顺序和轻重缓急，这体现了变革管理的艺术。

步骤 5

协调、控制和激励

第八章

协调和控制

⚙ 简介

一旦你诊断出组织的任务流程是否支持所选择的结构，那么下一步就是要诊断它对协调和控制的要求。信息和知识系统对于确保组织各部分之间的顺利合作非常重要，使组织各部分都朝着战略目标前进。协调和控制系统、信息和知识系统支持组织的整合，并为决策提供监测和支持，使管理者能够预测和应对内部和外部变化，并及时做出调整。

在本章中，我们介绍管理者可以用来协调和控制组织工作的一系列手段。

我们将介绍组织基础设施的两个主要方面。首先是协调和控制系统，它是将组织结构中原本不相干的要素联系在一起，从而增强组织对环境或任务需求变化的反应能力，它也是执行质量控制的系统。换句话说，它是整合或是连接组织的各个子单元的系统。然后介绍信息和知识系统如何向决策者提供有意义的数据。信息和知识系统可能是基于计算机建立的，但不一定是这样，它也可以基于纸质备忘录、谈话或非正式会议建立。无论是基于手工操作还是基于计算机，信息和知识系统都是组织内传输和处理数据的渠道。它也会标注或显示数据的意义与重要性。

协调和控制系统、信息和知识系统共同构成了组织的基础设施，为协调、决策、创新和控制提供信息共享的基本途径。一个充满活力的、设计良好的基础设施可以促进组织的健康整合、业务流程畅通以及人员之间的有序互动。如今，如果没有计算机信息和知识系统的辅助，银行、航空公司和零售商等许多机构根本无法运作。

信息和知识系统为协调和控制系统的运作提供了必要的数据。随着人工智能的使用，部分自动化的系统也可以做出决定。事实上，协调和控制系统与信息和知识系统之间的区别主要是概念上的。两者是（或应该是）错综复杂地交织在一起的，以促进管理工作的开展。因此，它们应该一起设计，而不应分别考量。协调和控制系统形成战略需求的想法，信息和知识系统是想法的实现形式和工具。

当我们讨论这些系统时，需要记住，我们在用概括性语言来描述组织系统设计的指导原则或理念，而不是讨论一个特定的协调和控制系统或信息和知识系统所涉及的具体细节。组织系统的具体设计是一项重大的工作，需要高度关注细节。决策者最应关注的是为组织系统设计选择基本原则或指导性维度，这是我们现在关注的问题。尽管我们的讨论是通用性的和高层次的，但你要仔细分辨你的组织在本章所概述的维度上的位置。这不是一件小事，事关其他重要的设计决定。

⚙ 协调和控制系统

在专业的商业组织发展初期，高层管理者主要关注的是建立控制系统，或开发确保公司上下信息传递质量和效率的方法。中层管理者的作用是控制信息传递，特别是在高层管理者和工人之间的信息传递。控制系统还负责监控并衡量次级单位及其人员的表现，进而将情况反馈给管理层。

制定预算、生产测量和绩效审查是对控制系统的运用。随着组织变得越来越扁平化和分散化，人们越来越重视协调，包括子单元之间的信息横向流动。协调系统有助于提高部门内和部门间的灵活性和适应性。可以说，协调系统"让右手知道左手在做什么"。协调系统的其他例子包括跨职能的团队、委员会以及项目管理系统。当今，控制和协调系统是密不可分的。Infor M3、Navision、SAP 和 People Soft 等系统为库存、人员和项目管理提供支持，是大规模协调和控制系统的例子。而小规模的协调和控制系统包括联络员、委员会、正式和非正式的规则、工作说明、程序声明、道德准则、雇员或客户调查系统、统计抽样系统，以及组织中普遍存在的"做事方法"。正如你所看到的，协调和控制系统包括无数可能的指导、监督和确保公司的灵活性和敏捷性的方法。

要设计协调和控制系统，首先要做出两个基本选择。第一，你希望这些系统有多正式？第二，控制和协调的集中化程度如何？正规化和集中化是协调和控制系统设计的两个基本维度。而分散化是集中化的反向表述。

正规化是指组织在多大程度上规定了一套规范或准则来管理工作。协调工作最简单的方法之一是通过正式的规则和条例来规定工作如何完成、由谁完成，以及在什么情况下或限制条件下完成。如果规则非常详细，并且持续地传达给组织成员，那么组织的正规化程度就很高。如果规则被记录在政策声明中，比如在传统的官僚体制中，制定并公布的书面规则可以被所有人看到并分享；又如编写计算机程序或其他程序来监测和提供反馈，那么组织的正规化程度也很高。监测和反馈系统有助于提高正规化程度。正如我们将看到的，即使规则没有被"写下来"，正规化程度也可能很高。规则可以通过培训程序、行为准则或口头化的工作守则来传达。想象一个具有高道德标准的组织，即使一些做事做人的规矩没有写在文件中，每个人也都能知道并遵守。当今，许多甚至大多数规则都不是书面的，而是整合到信息技术系统和用户界面中。需要注意的是，正规化的重要意义在于，它将协调和控制建立在完成工作的强烈期望上，包含监督和反馈机制。在高度正规化的组织中，违反规则会受到惩罚。

如果没有书面的或公认的规则或行为准则，则正规化程度很低。在正规化程度很低的地方，用于管理组织工作的方法和程序的差异很大，因此也很灵活。大多数组织的运作处于中等的正规化水平。

规则可能会随着时间的推移而改变，并在不同情况下有所不同。在极端情况下，一个正规化程度过低的组织是混乱的，而一个正规化程度过高的组织则存在官僚主义且缺乏创造力。

韦伯（Weber，1948）将规则、知识和工作任务的正规化作为根本："办公室的管理遵循一般的规则，这些规则或多或少是稳定的、详尽的，而且是可以学习的。对这些规则的了解代表了职员们拥有的特殊技术。"（p.198）也就是说，几乎所有可能发生的事情都有规则，组织中的个人可以通过培训来学习这些规则。原则上，这些规则及其实施能够解决大多数组织问题。韦伯（1948）阐述道："对于通常由规则，即法律或行政法规来安排的固定的和正式的管辖区域来说，都存在一定的原则。"（p.196）"将现代办公室管理简化为规则……对这些规则的了解代表了职员拥有的特殊技术知识。"（p.198）

如果感知到的环境不确定性很低，那么正规化程度就会很高。如果你对环境有更多的了解，并能预测会发生什么，那么感知到的不确定性就比较少。随着人工智能和预测算法的使用，你将了解到很多关于客户的信息，然后制定符合这些知识的规则。这意味着，人工智能和预测规则使得建立一个有效的官僚机构是可能的。在此，官僚机构是一种组织结构设计，是个中性的概念。我们已经看到，通过人工智能的自动化和增强能力，新的按照算法规则自动决策的组织形态已经出现。

例如，客户通过亚马逊的基于规则的智能机器人系统购买商品；优步在没有任何人类参与的情况下，完成了接收乘客提出的请求、匹配司机及付款这一套乘车交易流程。除了像韦伯预计的处理例外情况和衔接不当的情形之外，这些系统的运作是分布式的，没有等级之分。除了亚马逊、优步，大趋势显示，银行和航空公司的客户服务和运营管理、政府服务和医疗保健等领域也正在引入更多基于规则的智能机器人。基于规则的智能机器人正在取代层次分明的由人构成的工作系统，因为它们更加可靠，并能在更短的时间内提供服务。

集中化是指一个核心人物或某一特定级别的机构（通常是公司总部）协调和控制组织的程度。在小型创业企业或传统官僚机构中，集中化程度通常很高，而许多现代企业已经转向了更加分散的协调和控制方式。因此，对集中化做反向思考，企业的协调和控制系统应实现何种程度的分散化或分布式管理？这个问题是很有意义的。

分散化是指决策权与协调和控制的责任由公司的下属单位和个别管理人员承担，而不是由公司总部或某一特定级别的机构承担。分散化系统满足了一些企业的多元化需求，并允许员工对企业的行动承担更多的责任。如果战略决策是由公司的最高层做出的，而运营决策由部门或分公司做出，那么该组织就比一个由高层掌握运营决策的公司更分散。换句话说，比起制定战略或政策，协调和控制系统更关注的是工作流程的设计。在今天的知识经济时代，管理工作流程意味着管理人们如何相互联系以完成组织的任务。集中化与分散化的选择也会影响组织中信息的分布式管理。

当人类被智能机器人取代时，可能很难确定集中化和分散化的含义。如果智能机器人取代的是曾经做出分散化决策的人类，你可以说分散化仍然存在。然而，如果算法决策基于集中化的规则和算法，那么你也可以说决策是集中化的。这需要根据智能机器人具体替代的活动来定性。

我们用正规化和分散化这两个维度来总结协调和控制系统的设计方案，共有五种设计方案（见图 8-1）。你可以把它们看作不同的指导范式，或者管理工作流程的基本模式。

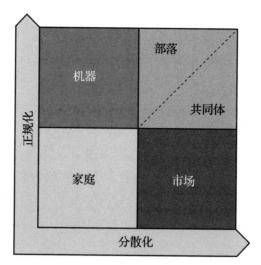

图 8 - 1　协调和控制系统的分类

家庭模式

如果正规化和分散化程度都很低，那么协调和控制系统就会被设计为依赖非正式和非集中的控制手段，称为家庭模式。在此模式下，鲜有成文的规则和刚性的程序，人们依靠指令完成工作，执行所理解的任务。指令集中来自一位长官或灵魂人物。他可能是首席执行官，或者是一个业务单元或部门的总经理，或者是作坊式组织的大师傅。组织就像一个家庭一样运作，由大家长决定应该做的工作，以及如何完成工作。大家长既要做编剧，又要做导演，甚至偶尔担任主角。而其他人在信任的基础上听从大家长的指令。在家庭模式中，控制和协调是随时变化的，也就是说，规则是根据需要制定的。只要人们遵守中心人物的指令，组织就能合理地运作。此外，集中（低分散化）和非正式（低正规化）使组织具有灵活性。然而，如果有新的成员加入（如家庭规模扩大），中心人物发生变化（如任命新的首席执行官），或发生其他干扰，这样的设计就会变得低效，甚至出现麻烦。众所周知，迪士尼公司的创始人华特·迪士尼（Walt Disney）以把他的公司作为一个家庭来管理而闻名。员工们被期望像家庭成员一样一起工作，在需要时互相帮助，听从华特·迪士尼的指示，并对他保持高度忠诚。

初创企业经常使用家庭模式来经营，协调和控制是非正式和集中的。人们在老板的指导下团结起来完成工作。利勃登在某种程度上仍然被认为是一家初创公司，它的员工人数相对较少，开发活动集中在哥本哈根，其运营似乎也遵循了家庭模式。如果领导者是称职的，且成员之间具有配合性，那么家庭模式的协调可能是有效的，但是如果成员不配合或领导者不称职、领导者发生变化且不像以前的领导者那样受到尊重，这种形式的协调也会失灵。应对这些类型的挑战，新领导者往往需要更加正规化和分散化的控制方法，以便组织能够再次走上正轨。娃哈哈也一直保留着家庭模式。2021 年 12 月，董事长宗庆后的女儿宗馥莉接任副董事长和总经理。作为大家长，宗庆后仍然掌握整个公司的决策权。不过，随着公司规模的扩大、专业人员的加入和职能部门的增加，家庭模式快速决策的优越性也日益受到挑战。

机器模式

如果一个组织采用机器模式进行协调和控制，那么它就会强调高度的正规化和集中化。与权力掌握在一个核心的地方，如公司总部、首席执行官、审计部门或组织中的其他权力中心的家庭模式不同，机器模式的设计将规则和程序记录在文本里。机器模式注意指定工作应该如何完成，如何监测，以及如何设计反馈和纠正系统。基于机器模式协调和控制的组织可能有官僚主义倾向，即有许多规则和程序来管理工作过程，但这并不意味着这种组织效率低。相反，协调和控制系统可以使组织像一个智能的机器一样运作。准时制、六西格玛和 360 度反馈都是以机器模式作为指导思想的协调和控制系统的例子。在机器模式下，组织利用信息来提高效率，并通过修改规则来满足不断变化的需求，使组织充满活力，而不是一成不变。正如我们将看到的，日趋完善的数据处理方法与机器模式有天然的匹配性。

沃尔玛是一个很好的例子，它建立了先进的协调和控制系统，能够监控公司业务的各个方面，从招聘和员工发展到库存管理、销售、分销和预测。许多医院在设计协调和控制系统时也同样采用了机器模式。在医院的环境中，为了确保高质量的护理，规范化的信息跟踪方法是必须的，工作说明和详细的工作程序是至关重要的。报告和问责制度对于管理大型和小型任务都很重要。在协调任务繁重的医院，机器模式是一个合适的选择。对于乐高而言，一方面要有一个非常正规的任务流程设定，从生产、物流到营销的一系列过程必须有一个高度结构化的安排以确保为销售做好一切准备；另一方面要让研发部门还保留非正式的协调风格，这是它的任务性质决定的。

机器模式的缺点是缺乏创造性和灵活性。因此，旧的系统必须定期更换为新的系统，否则，现有的系统可能会使组织因循守旧，无法适应新的环境条件。

大型国企改革过程中，必然会经历应用机器模式的阶段，这是建立专业化、精细化生产的过程。中建集团、中粮集团、中核集团都利用现代股份制企业改造的机会建立专业团队，聚焦有核心竞争力的业务，提高内部流程的正规性和标准化程度。

市场模式

为协调和控制系统设计的市场模式强调低正规化和高分散化。组织中，某些协调和控制系统可能是正规化的，如预算编制和绩效审查系统，但总体上强调更多非正规的控制风格和方法，如强调分享信息、鼓励人们"大声说出来"和找不足的文化。通过培训、集体活动和日常互动，我们还可以用非正式的方法来建立员工对绩效的心理期望和发现员工在合作中的问题。值得注意的是，跨部门、跨层级协调和控制时，市场模式的形式和风格差异较大，因为这种模式的内在属性就是因地制宜、动态权变。它与标准化方法格格不入，倾向于让子单元自己管理自己或在非正式规则的影响下与其他子单元合作。

正如第四章中所讨论的，海尔由 200 多个相对独立的团队组成，因此，其分散化程度很高。总公司更倾向于通过大平台和定期绩效检验来协调各团队。因此，海尔选择的是市场模式。

如果做得好，市场模式可以有效地进行协调和控制，特别是在促进创新和为个别下属单位定制管理方法方面。这种治理结构的控制权在产品线或区域集团而不是公司总部。

在市场模式中，管理是相对分散的，这意味着业务单元以相当于公司总部的高度自主权来监督自己。拥有市场模式的组织是冒险的、精明的和创新的。由于市场模式中很少有明确的规则，对于试图找出规则以及弄清楚如何把事情做好的新人来说，事情可能显得很混乱。但对于那些在组织内部工作的人来说，低正规化和高分散化会促进创新。当然，市场模式的缺点是不是所有的次级单位都能很好地管理自己。还有，如果各次级单位在执行工作任务时创立了独特性很强的方法，就容易出现冲突。

B 站选择市场模式，既有业务性质又有技术属性的原因。B 站成立于 2009 年，所处的互联网视频网站行业的新技术和新应用都层出不穷。公司需要紧紧跟随市场变化的节奏，调整业务范围。未来，B 站将发挥扁平化组织架构的优势。目前，公司的内部任务根据董事长、首席运营官和首席财务官三位核心高管的分工来划分，呈现出"一大脑、多终端"的特征。B 站的决策权主要掌握在高管手中。如果要发挥市场协调机制的潜力，B 站需要促进员工的参与，利用专业洞察力选择有竞争力的产品和服务。

部落模式或共同体模式

当分散化和正规化程度都很高时，协调和控制就有两种可能的模式，即部落模式或共同体模式。虽然这两种模式有共同的属性，但它们在具体的设计方面有很大不同，因此需要分开讨论。部落模式倾向于更高的正规化和更低的分散化。它使用较严格的规范来指导工作，且无论员工身处组织的何处，这些规范都深深地印在他们的心中。在部落模式中，组织招聘员工时，能否遵守规矩是一个重要的选择标准。入职后，员工会经过正式培训来理解组织的规则。工作过程中，老员工和管理人员还会通过讲解日常工作中做事的方式来向新员工灌输正式规则。组织可以对书面规则和程序做一些调整，以满足不同工作场景的需求。相比之下，部落模式比机器模式要灵活一些。

西南航空的首席执行官赫伯·凯莱赫（Herb Kelleher）建立了一种非常成功的部落模式，并在此基础上建立了非常高效且灵活的协调和控制系统。该公司以挑选快乐、热爱生活的员工闻名，他们与客户互动良好，重视持续优化服务。即使在赫伯·凯莱赫卸任后，公司仍然保持同样的风格。该航空公司的业务广泛分布在美国各地，以一种有纪律但不官僚的方式运作。员工精通一套精简的基本准则，他们可以据此做出满足客户需求的决定。公司坚持较高的标准，正规化的规则和程序保障了质量控制的一致性。与正规化相匹配的是共同的价值观，通过它，公司维系了一个强大的工作社群。共同的价值观是协调和控制系统的黏合剂。

部落模式能否成功在很大程度上取决于领导者能否传达一套强有力的规范和价值观。这套规范和价值观还要成为招聘和培训员工的指导框架。如此，精通规范的员工才能自由发挥而不逾矩。有了这些条件，组织内部的人不会感到被限制或被压制，相反，他们对组织忠心耿耿，为实现高效率和高效用而努力。瑞典家具巨头宜家就是一个有效利用部落模式进行协调和控制的例子。它开发了一系列具有特色的业务，其中包括一套经营原则。这套原则是全球通用的，必须严格执行。在原则范围内，管理者和雇员有一定的自由度，可以根据当地客户的需求特征变通。

如果要寻找一个模式转型的典范，那非微软莫属。回顾过去10年，微软从机器模式转向了共同体模式。

纳德拉（Nadella）谈他在微软继承的文化时说：

微软的文化一直很僵化。每个员工都必须向大家证明,他是这里最聪明的人。责任感,即项目按时交付和完成绩效胜过一切。会议是正式的。如果一个高级领导想挖掘组织中低层人员的能量和创造力,他需要通过这个人的上级,依此类推。等级制度已经控制了局面,并压制了自发性和创造性。

纳德拉谈他希望灌输的东西时说:

我想要的文化变革的核心是每天以三种不同的方式思考和实践。

首先,我们的业务的核心必须是好奇心和畅想,以伟大的技术来满足客户未阐明和未被满足的需求。这不是抽象的,我们每天都要练习。当我们与客户交谈时,我们需要倾听。我们需要不厌其烦地从外部学习并将这种学习带入微软。

其次,当我们积极寻求多样性和包容性时,我们才是处于最佳状态。

最后,我们是一家公司,一个微软,而不是一个联盟。自建的孤岛不会促进创新和竞争,所以我们必须学会越过这些障碍。

与部落模式相比,共同体模式倾向于更高的分散化和更低的正规化。与部落模式相比,共同体模式更能容纳差异或多元的系统成分,同一组织中协调和控制系统可以同时有多种设计并存。不过,子单元或子系统的设计变化也有程度方面的问题。例如,一家中国手游公司可能有一个基本的游戏源代码,可以支持其在全球的不同游戏版本。根据欧洲、北美、东南亚各地用户的文化背景和消费习惯,总部可以开发不同主题的游戏,利用不同的商业合作形式与当地伙伴合作,服务消费者。这种多种治理结构和协调手段混合的商业模式就是一种共同体模式。再如中国跨境电商需要在全球各地建立物流转运站。总公司的库存和物流体系是一个平台，但它允许各地代理根据情况建立全资、合资、合伙或合同制的物流转运站。与之相对应的所有协调和控制系统（如会计、人力资源、绩效评估和知识管理系统）也需要定制，不能统一化。当然，定制化的大前提是与总公司的平台兼容，并形成一个有意义的整体。就像万花筒或教堂门窗上的彩色马赛克玻璃一样，多姿多彩，各不相同，却又整体和谐，所以本书也用"马赛克"（mosaic）来形容这一协调和控制模式。

联合利华就采用了共同体模式，因为它能够促进兼容国家（地区）和产品线之间的差异性和丰富性。同时，它又能用一个强大的相互依存的总部管理设施来整合各地区、各产品线的子系统。如此，公司可以确保产品的整体质量，而不仅仅是简单集合众多业务单元。

运用共同体模式时，组织可以改变某个领域的协调或控制系统，没有必要改变整个公司的系统。共同体模式允许整个组织的不同系统像万花筒一样变化。尽管变革过程初看很模糊，但它是系统化的、有大框架的、遵循第一原则的。也许你已经意识到，组织设计中的共同体模型很有挑战性。它要求在各个子单元之间进行广泛的双向交流、对话、妥协、合作，要同时确保在为子单元开发定制的协调和控制系统时，整体系统的需求仍然能够得到满足。

在国际化和多元化过程中，企业往往会有一个阶段需要采用共同体模式。前面我们讨论过锦江集团的案例。为协调连续收购的国际品牌酒店，锦江集团成立了锦江国际全球酒店管理委员会。委员会的职责在于协调各国际品牌的共同点和差异化优势。针对每个品牌的优势，集团不搞"一刀切"的标准化统一管理，鼓励竞相争艳。同时，委员会用内部谈判的方式，寻找共识，确定可以规模化和标准化的任务活动，例如采购、财务、物流、信息中台。对于一些可以集中管理的重大战略选择，委员会反复讨论，直至达成共识。合作导向的集体谈判是共同体模式常用的一种方法。

⚙ 信息和知识系统

除了协调和控制系统之外，信息和知识系统也是组织基础设施的重要组成部分。协调和控制系统是管理如何完成工作的方法，而信息和知识系统则是向决策者提供有意义的数据的方法。信息和知识系统应该被设计用于支持协调和控制系统。我们在广义上使用"信息和知识系统"一词，以概括企业内所有收集、存储和处理信息的系统。信息和知识系统的提供者或使用者可能在企业之外（例如，云服务、客户或政府机构），但系统本身在组织的控制下运行。信息和知识系统是组织设计的组成部分。信息和知识系统的设计必须在信息处理的需求和能力之间谋求一个平衡。一方面，大数据、物联网和其他信息系统可能会创造新的数据，从而增加信息处理需求。另一方面，信息系统可能包括基于规则的决策和人工智能代理，这些都能提高其信息处理能力。

知识是与特定环境相对应的信息。知识交流是对信息的分享，知识需要经过管理者的解释和分析，才能成为有用的智慧。为促进知识交流选择合适的协调方法是很重要的，因为它将影响组织设计的其他方面。

信息和知识系统的选择很多，但是哪些是至关重要的呢？什么类型的系统应该被优先考虑？虽然有很多影响选择的因素，我们需要重点关注两个关键的维度：信息的数量和隐性知识程度。我们要把这两个维度放到主要的、整体的信息处理需求的大背景中去平衡。我们的目标是优化和持续提升组织的信息处理能力。

设计信息和知识系统时，信息量（在这里被定义为一个组织必须定期收集、处理和存储的数据总量）很重要。在某种程度上，它也是企业规模的函数：大型企业往往对信息处理有更高的要求。但是，与组织规模相比，信息量与企业的工作类型和工作任务的设计（见第六章）的相关性更强。如果任务是重复性的，并且在一天中会被执行数百次或数千次（如在大型连锁零售店或银行），那么信息处理的需求是巨大的。在这里，我们会说必须处理的信息量很大。如果任务是一次性的，而且数量相对较少，那么信息量可能较少。

然而，请注意，需要处理的信息量少并不意味着信息处理是一件容易的事情！在信息量少的环境中，收集、处理和传播信息可能和在信息量多的环境中一样困难。信息量对管理部门设计信息和知识系统的方法有影响，但不影响系统开发的困难程度。

设计信息和知识系统的第二个关键维度是在组织内交流的信息和知识的性质（隐性知识和显性知识）。隐性知识的特点是因果关系的模糊性和文本编码的困难性。它不易被表述为一套事实或规则，因此难以进行公开交流。这与显性知识形成鲜明对比，后者可以通过符号和事实来正式地表达，因此更容易交流。当然，所有的组织都必须同时处理隐性知识和显性知识，问题是哪种类型的知识对组织的日常运作更关键，也就是说，哪种类型的知识对执行任务和完成工作更重要。如果大量隐性知识的交流对组织的日常工作至关重要，那信息和知识系统的设计将更多地基于人和人际互动关系，而不是基于事件或数据。

如何设计组织的信息和知识系统以匹配组织在信息数量和隐性特征上的信息处理需求呢？在当今的企业中，你可以依靠数字虚拟化和互联网信息技术来管理信息和知识交流。

事件驱动

如果企业的信息处理总量不大，隐性知识也不多，或者掌握隐性知识的专业大师也是大家长或大管家，那么企业的信息和知识系统就可以采用事件驱动的模式来设计。这意味着，事件发生，场景出现，信息和知识需求也随之明确。事件驱动系统可以在特定情况出现或结果发生时，处理与之相关的信息，因此它是反应性的。事件驱动系统的例子有：核对基本情况的例会、对外公告以及公司内部上传下达的行政指令。电子邮件和电话是与事件驱动匹配的最基本的基础设施。其他系统设施也是先设想需求场景，再配以信息技术手段，以保障及时、顺畅、清晰的沟通。例如，受新冠疫情影响，企业开始配置远程办公和会议系统。

顾名思义，事件驱动系统由已经发生的事件触发，针对新的信息需求，补充信息技术设施、沟通流程和渠道。因此，它的应用几乎不需要太多预测或规划，而是反应式的。复杂的搜索和检索系统建设也并不是它的优先事项，因为需要处理的信息量相对较少，而且主要目标是根据需要来传递信息。它的重点也不放在复杂的数据分析、解释或长期规划方面。只要涉及信息的隐性知识较少（即信息的意义是明确的、容易解释的），事件驱动系统就不会给组织带来问题。事件驱动系统在小型、反应型的组织中是有价值的。

事件驱动型交流通常依靠人与人之间的接触或组织内部成员构成的小团体（2～10人）来分享知识。一般是有需求才沟通。小型的、松散的人群可以提供自下而上的、基于内部知识的创新，也就是说，刺激创新的信息一般来自周边人员。这些非正式团体通常是临时性的，针对特定事件执行工作任务，形式包括项目组、突击队、工作组、专项任务团队等。它们通常由管理层组织，在工作中拥有相当程度的自主权，并对执行过程和结果表现有一定程度的自行裁量权。例如，自我约定信息互通和知识分享的频率和方式，约定向上级报告工作进程的方式等。在事件驱动的沟通中，领导者的工作习惯和管理方法可能会对工作设计产生很大影响。例如，领导者随时提出工作要求，没有预先设定的程序，甚至团体的架构也是临时决定的，以快速适应领导者临时起意的工作需要。对于具有这种风格的管理者或临时性任务频繁的小企业，事件驱动型的信息和知识交流方式可以非常有效。简言之，方式没有好坏，是否匹配才是管理重点。

北京致远互联的一个重要营销方法是召开大型会议，如公司年会、用户大会和伙伴大会。公司每年要举办3～4场大型会议。每次参与的人数在600～800人。大会筹备和运营就成为一个事件驱动的大任务。它需要有经验的营销主管带领一个相互了解、配合默契的团队去执行每一个细节。在旁观者看来,许多会场工作似乎无法按时完成,因为在开会前一天,现场还是一片狼藉。但是,会议团队很有经验和配合能力,他们总是能够在凌晨完成所有准备工作,这是因为这个团队内部形成了一套信息和知识的存储和沟通方法。

数据驱动

随着信息海量增加,信息和知识系统需要以数据为导向的设计。系统不能再基于事件驱动模式,而应主动捕捉、分析和传递重要的信息。如果任务信息量大,组织有条件建设智能化系统,信息处理能力又是竞争力的关键组成部分,数据驱动的方法就很适用。数据驱动的方法假定信息是可编码的,也就是说,它可以被文本化、存储、调用、更新。不需要依赖隐性知识是数据驱动方法高效的关键。通过为决策者提供及时、详细的信息,数据驱动系统提高了企业获取和处理信息的能力,为组织实现目标赋能。

如果一个企业采用数据驱动模式的信息和知识系统,那么它就会投资大型交易系统、数据库和企业级系统(如 SAP 或 PeopleSoft)。这些系统不仅可以处理大数据,还能够实现库存管理、绩效监测、质量控制等目的。沃尔玛就是一个数据驱动的组织。数据驱动的方法与基于机器的协调和控制模式相得益彰。

数据驱动的组织有时也被称为信息化或数字化组织。如今,计算机、互联网和通信技术已嵌入工作流程的设计和监测中,它们推动任务的标准化、流程化、自动化。各种技术手段之间彼此紧密联系,并持续优化质量和进行成本控制。例如,现在大多数银行使用信息和知识系统来监测客户咨询,以不断改善服务,提高效用。同样,美国联合包裹运送服务公司(UPS)的业务遍布全球,它将卡车内的信息和知识系统与包裹追踪系统联系起来,客户、工人和管理层都能够查看从下单到包裹递送的一系列操作的进程。这些都是数据驱动的组织的例子。通过上述技术,事件和过程变得可见和可测量，工作任务可以重新设计和定制。数据驱动的组织增加了以创造性方式重新安排和连接工作活动的可能性。从制造业到服务业，甚至各行各业，数据驱动的组织设计正在普及。展望未来，随着智慧型企业与客户的交流中知识含量增加，医院、咨询和教育等企业会成为数据驱动的组织设计的先锋。另外，大数据、云计算、物联网逐渐进入中小型企业，因为技术迭代、成本下降以及应用软件越来越普及。

近年来，来伊份邀请人工智能企业第四范式为它的店面建设智能荐货系统。智能荐货系统可以通过成千上万的维度和变量去预先判断热销产品，并自动通知仓储和物流系统及时补货。智能荐货系统完全依靠数据驱动，店长则有更多的时间投入客服和员工文化建设方面。如果数据驱动完全自动化，它会转向下面讨论的代理人驱动模式，只不过这里的代理人不是自然人专家，而是智能机器人。

代理人驱动

那些信息处理量不大，但隐性知识极多的企业应该依靠代理人驱动模式来设计其信息和知识系统。代理人驱动强调调度和利用代理人丰富的经验、专长和隐性知识。这些经验、专长和隐性知识往往难以以常规的方式进行文本编码，在工作中却又至关重要。基于隐性知识的属性，系统的首要任务是让人们能够面对面交流。代理人驱动模式是利用和分享隐性知识的最佳方式。当然，计算机或电信系统可以发挥辅助作用，随时支持丰富的隐性知识的传输。如果无法进行面对面的会谈，那么密集的电话交谈、在线媒介，如视频会议，也都是可替代的选择。正如第六章所讨论的，智能机器人可以接管一些通常由人类执行的任务，例如聊天机器人能执行一些电话交谈任务。机器学习已经可以采集大部分隐性知识。在某些行业，智能机器人甚至还可以处理虚拟的"面对面"对话。

一般情况下，人们不会认为会议属于信息和知识系统，但会认为会议可以有效地促进面对面的知识转移，因此信息和知识系统可以包括会议。

现在，智能机器人，例如 ChatGPT 也被当作一种特定的代理人，因为它已经能够识别和转换一部分自然人专家曾经拥有的隐性知识。智能机器人不仅能处理海量信息，其规模化成本也呈下降趋势。综上，组织应该系统考虑代理人驱动的信息和知识系统。在满足隐性知识需求时，自然人专家的经验和智能机器人的机器学习能力可以结合在一个系统中。

当代理人驱动的系统真正由人驱动时，只要交换的信息量不是太大，它就能很好地发挥作用。例如联想集团收购 IBM 电脑产品线是在一个大多数参与者都不熟悉的业务领域共同探讨一个新的风险投资，双方管理层要沟通理解崭新的商业模式的价值。这种理解不可能仅仅通过数据库、电子邮件或其他标准信息流程来达成，双方高管对新市场、新产品、新文化以及在一个新的环境中创造新的合作方式反复沟通，亲自交流。参与者需要了解对方的意愿、立场和做事风格。在线讨论、远程通信和其他结构化的信息交换永远无法带给人们面对面私下交流所获得的信任。在这样的新组织形成阶段，代理人驱动模式不仅有效而且必要。

一旦交流涉及隐性知识或相对私密的信息，直接人际互动交流的效果就十分明显。一方面，交流涉及的信息不容易被文本编码；另一方面，随着时间的推移，信息内容和意义会改变。因此，对于隐性知识，过度开发常规或标准化的信息和知识系统是不值得的。实验室团队和专家咨询小组要考虑隐性知识的属性，运用以代理人（专家）为本的协调和控制模式。代理人驱动的方法与市场模式的协调和控制机制非常吻合，可以结合在一起发挥作用。

数据驱动和代理人驱动各有千秋。如果高科技组织需要快速调整和更新工作流程，数据驱动略胜一筹。在输入和输出隐性知识方面，代理人驱动更有优势。代理人驱动的另外一个优势是能够将关键信息存储在组织内部，提高创造力或竞争力。当然，数据驱动有系统层面的知识标准化的优势，代理人驱动则能够在子单元层面容纳更多差异和变化。

与事件驱动相比，代理人驱动更加外向，即使代理人是智能机器人。

代理人驱动的组织会广泛发展与外部各方的关系，以不断吸收知识养料，更新知识体系。代理人驱动与事件驱动相似的地方在于积极的人际互动。信息技术手段有用，但无法完美替代代理人之间丰富的互动形式。越是研发新产品，越是探索新项目，组织就越需要代理人驱动的信息和知识协调模式，因为它为分享和积累隐性知识带来极大的灵活性。

关系驱动

关系驱动是最复杂的信息和知识系统设计模式，同时也是最有可能提高公司效率和提高效用的模式。关系驱动的设计强调采集和处理字里行间、人际交往和人机界面之间的链接关系或关系中的数据，它适用于把控信息总量大而且隐性知识多的情况。关系驱动模式将硬性（可编码）数据与软性（解释性）数据结合起来，为组织决策提供丰富的依据。它要求海量大数据和生动厚数据的结合。厚数据指的是利用人类学定性研究来阐释的数据。

关系驱动型组织将公司内部各单位相互联系起来，并注重发展内部单位与组织外部单位之间的积极联系，以满足多维度、多种类的知识需求。与代理人驱动略有不同，它涉及多方位的隐性知识。如果不使用现代信息技术，关系驱动模式几乎不可能被创建。现代信息技术被用来全方位连接合作单位，而不仅仅是纵向或横向连接。从理论上讲，关系驱动型组织可以作为一个由公司下属单位组成的环形或星形关系网来运作，资源、人员和思想会向各个方向流动。特定的交流点可以在各子单元之间，也可以在组织与重要的外部合作者合作的界面上。保持动态生成和消失，关系驱动的形式就能避免因信息过载而失效或失控。相反，关系纽带是有智慧的，能在需要的时间和地点进行对口的知识交流。关系驱动型组织结合了数据驱动型组织的信息强度和代理人驱动型组织的跨边界知识汇通。因此，它与新的组织形式非常相关。新的组织形式不在意垂直等级制度，更倾向于信息自由交流。

客户关系管理（CRM）系统是典型的关系驱动系统。CRM 系统获取了大量的可量化的客户数据，还提供了组织成员之间的互动功能。例如，两个销售人员可以自由交流客户经验和需求。视频会议赋能的远程医疗是关系驱动的另一个例子：医生们远程交谈，同时查看和讨论病人的磁共振成像（MRI）或 CT 图像；医生可以在医疗记录中添加评论或建议，这些数据和更多可量化的数据都被用到后续病人护理过程中。

由于同时包含数据驱动和代理人驱动的元素，关系驱动模式开发起来很复杂。设计良好的关系驱动模式需要包括最新的交易信息和数据库信息，以及人们在使用可量化数据时产生的较直观的、解释性的信息。这样一来，这一模式就并不是简单地随着时间的推移而更新，而是随着组织的使用而不断地提高能力。在机器强化学习被引入后，复杂的搜索算法和自然语言界面正成为关系驱动模式的要件。

为了同时处理大量信息和隐性知识，组织不能仅仅依靠机器模型，因为机器模型处理的大部分信息是难以编码的。同样地，组织也不能完全依赖代理人驱动模式，因为虽然它对处理隐性知识很有效，但面对海量信息，代理人驱动模式中的人工方法不太适用。关系驱动模式能够与部落模式或共同体模式很好地结合，支持组织的协调和控制设施。如果对应部落模式的协调和控制系统，那么信息和知识系统在整个企业中将有通用性。而采用共同体模式的协调和控制系统时，关系驱动模式就要按场景设计，以满足特定子单元的需求。

我们观察到企业正经历从产品到服务概念的转型。例如，拥有移动和云计算战略的微软，正朝着服务概念发展。如果企业以服务为导向，关系驱动的组织设计就有普遍适应性。

观察人工智能企业与传统企业的合作过程，我们发现，人工智能企业更多的是提供一种数字化和智能化能力，而非定型的产品。人工智能企业的工程师需要更多地利用关系驱动模式，深入客户业务场景，了解现在的业务逻辑，想象未来可能的新业务逻辑。这个过程要求双方的工程师开放式地沟通问题，共同寻找新的商业价值和解决方案。社会人际关系和专业关系对信息交流和知识迁移影响很大。现实中，真正能够运用关系驱动模式去开启探索之路的工程师很少，这也是合作初期总是障碍重重的原因。

⚙ 匹配和错位

应该使用哪种协调和控制系统以及信息和知识系统来设计一个组织的基础设施呢？信息和知识系统的具体设计必须与协调和控制系统以及特定商业模式相匹配。处于四个象限中的企业可以对应四种信息和知识系统设计中的一个，或者创造一个混合的设计。销售服务或产品的选择会影响对信息和知识系统的需求。使用基于云的系统则使组织能够选择各种信息技术支持。像亚马逊和 JustEat 这样的生态系统是一种通用平台，应该被当作信息技术基础设施来建设。

表 8 - 1 显示了企业协调和控制的基础设施应如何设计，以与组织目标、战略类型、组织环境、组织结构、任务设计、领导风格、组织氛围相匹配。在当今世界，管理者倾向于认为基础设施，尤其是技术，应该是最新的，并且在功能和操作上是相似的。SAP、数据库、视频会议等设施的普及说明了这种趋势。尽管这些技术可能对任何公司都是有用的，但我们强调，组织应该先搞明白自己的整体设计需要，再配备技术基础设施。例如，数据驱动的方法并不适合所有组织，特别是开发创新产品的创业企业。它们也许更应该选择事件驱动、代理驱动或关系驱动的方法。在设计公司的基础设施时，应首先设计协调和控制系统，接着再设计信息和知识系统。尽管这两者执行时可以同时推进，但思考的时候最好有先后顺序。

表 8 - 1　包含协调和控制系统的匹配

部件	在组织设计坐标系中对应的象限			
	A	B	C	D
协调和控制	家庭	机器	市场	部落 / 共同体
组织氛围	团体	内部流程	发展	理性目标
领导风格	大师	经理人	领导者	监制人
任务设计	有序的	复杂的	分散的	棘手的
组织结构	简单型	职能型	部门型	矩阵型
组织环境	平静的	多变的	局部骤变的	动荡的
战略类型	反应者	防御者	勘探者	有创新的分析者 没有创新的分析者
组织目标	既无效率 也无效用	效率	效用	效率与效用

　　如果企业在组织目标、战略类型、组织环境等方面处于 A 列，那么协调和控制系统的设计就应该考虑家庭模式。这意味着组织有高度的非正规性、高度集中的权力和控制、作坊式的人员管理方式，以及大师领导风格。由于组织结构简单、商业环境平静，因此复杂的协调和控制机制，以及高科技的信息和知识系统都不是必要的。事实上，复杂的系统所带来的正规化和大量的信息处理会分散 A 列公司的注意力，使其无法顺利实现目标。A 列公司基础设施建设的口号应该是"保持简单"。战略或环境发生大变化时可以建设更复杂的基础设施。家庭模式的协调和控制方法要求决策者对工作和工人进行及时和细致的监督。此外，人们必须随时对领导者发布的公告或指令做出反应。让人们定期了解预期的情况是至关重要的，因为这是组织习惯，自动化技术系统无法做到这一点。如果 A 列公司的目标、战略、环境、结构、任务设计位于任何其他列中，那么公司的基础设施管理方法就会变得无效，很快就会出现错位。因此，如果一个公司目前正在使用一个家庭模式的、事件驱动的方法来管理技术基础设施，但它的目标或其他关键设计属性在另一列中，那么该公司就应该思考开发一种对应的

基础设施。

转到 B 列，我们看到基于机器的协调和控制模式与数据驱动的信息和知识系统设计方法是一致的，这些与工厂流水线模式的人员管理、复杂的任务设计、经理人领导风格以及内部流程组织氛围的选择相辅相成。B 列中成功的公司重视效率，具有宏大的职能型组织结构，采用防御者战略，并用智能化、信息化的方法管理知识交流。假设机器和数据驱动的基础设施建设方法得到实施，并且与所有其他设计维度匹配（即它们都属于 B 列），那么 B 列中的公司的信息处理能力就要比 A 列中的公司强得多。为了满足 B 列公司较多的信息处理需求，更复杂的数据驱动的信息和知识系统设计方法是必要的。详细的工作说明、政策声明和执行工作任务的方法至关重要，复杂的监测和控制系统也很重要。该列中的公司相应的组织氛围很紧张，员工对领导的信任度较低；但只要没有经常性的创新需求，生产效率可以维持在较高水平。

如果公司因当地风云变幻的商业环境而需要更大的创新，或者任务设计是分散的，同时具有多部门或多国本地化结构，那么组织的基础设施就不能像 B 列中那样标准化。此时，C 列则更为合适。C 列中的公司追求创新，重视子单元的自主性，因此不同子单元的基础设施要有多样性，要有以人为本的支持大量隐性知识共享的信息和知识系统。基础设施的标准化被降到最低，以便采用更多的定制化方法来协调、控制和处理各子单元的信息。这是一种基于市场的协调和控制模式，其效率低于机器模式，但面对局部骤变的环境时，它更有可能实现公司的持续创新目标。正如前几章所指出的，如果高层管理者采用领导者领导风格、发展氛围和勘探者战略来管理员工，那么 C 列中的公司的表现最好。高层管理者让别人做决定，要容忍协调和控制方法的不一致，要接受由此带来的不确定性和整个组织的高协调成本。但 C 列公司的基础设施不利于大量的、标准化的信息处理。如果既要处理海量信息，又要兼顾深度的隐性知识的共享，那么公司就应该转向 D 列的基础设施设计方法。

就 D 列而言，公司具有监制人领导风格、理性目标氛围、对称的矩阵型结构、动荡的环境、分析者战略，以及对效率和效用双重目标的追求。D 列中公司的基础设施建设无疑是最困难的，需要不断更新和调整才能取得成功。人员和数据构成了信息和知识系统设计的基础。公司的基础设施需要确保子单元的自主权以及工作流程控制的高度正规化。D 列中的公司同时具有纪律性和高度创新性，因此，其协调和控制系统的设计必须非常谨慎，允许持续改进。为了保证灵活性，一种方式是在员工中发展一种合作性的文化心态，这样他们能够容忍高度的正规化，同时还要弘扬隐性知识共享文化，如此才能协调；另一种方式是在各子单元之间开发多种相互兼容的协调和控制方法，并注意确保各子单元在整个公司内形成一个有意义的共同体模式。尽管要同时分享海量信息和允许各子单元高度自治，部落模式或共同体模式仍然能使 D 列中组织的不同子单元协调一致，这就是组织设计的魅力。

正如我们之前所观察到的，D 列中的公司拥有监制人领导风格，高层管理者授权决策，也控制不确定性（例如通过高度的正规化）。这种公司的组织氛围具有强烈的紧张感，但也有对变革的准备。D 列中的组织以绩效为导向，旨在实现效率和效用的双重目标，是一个要求很高的工作场所，其运作具有高度的专业性，并不断获取和分享隐性知识。规则的正规化是动态的，这意味着规则是强大的，但又是可以改变的。规则顺应环境条件变化，使组织能及时预测变化。在动荡的环境中，正规化和分散化之间的关系是微妙的。例如，如果动荡的环境威胁到组织的生存，这时就需要一个最高管理层全面控制的高度集中的组织。环境的威胁减少后，可以再调整。有些组织针对不同情境采用不同的设计。例如，一些军事组织有两种运作模式：一种用于和平时期，另一种用于战斗时期。

根据你对本章诊断性问题的回答，如果你所选择的组织的设计要素位于不同的列中，那么你应该考虑如何使其进入符合你目标的列中。

⚙ 诊断性问题

在回答这些问题时，请把你的分析单位作为一个整体来考虑，在你的分析单位追求其业务目标时，从其工作的主导性、驱动性需求方面考虑，对于每个诊断性问题，根据 1 ～ 5 级评分量表对组织进行评分，具体如下：

1	2	3	4	5
很低		中等		很高

你能够从哪里获得有关协调和控制系统的数据呢？集中化和分散化被定义为在等级制度中由谁来做决定。你可以看看是否有给管理小组的书面授权书，也可以看看谁能做什么书面规定，谁可以雇用人员，谁能做出采购的决定，谁可以签订合同，在没有上级批准的情况下，你能在一个项目上花多少钱。这些问题你可以咨询高层管理小组。同时，你应该谨慎行事，因为许多高层管理者往往认为他们的权力比实际情况更为分散。组织结构图表明了谁做什么决定，但并不完整。以这些问题的答案为背景，调查预算编制过程，会计部门在这方面会有大量的信息。然后，与中层管理人员交谈，他们倾向于发表与高层管理者不同的观点。调查生产水平的变化，分析招聘和其他运营决策是如何做出的。最后，明确谁做出了与新产品和服务相关的决定。有了这些数据，你应该能够回答下面的问题。

1. 首先，考察图 8-2 中的两个维度：正规化和分散化。将正规化和分散化作为评价协调和控制系统的维度，给你的组织评分。接下来，你可以从正规化和分散化两个维度将组织的协调和控制系统分为：家庭模式、机器模式、市场模式、部落模式 / 共同体模式。然后，回答下面的诊断性问题。

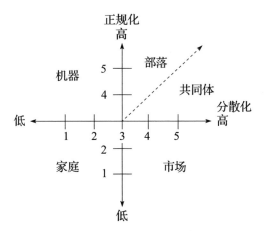

图 8-2 在协调和控制空间中定位你的组织

2. 分散化：

你的组织使用分散（权力下放）的方法来管理工作任务、人员和流程的程度：不频繁，还是很频繁？为了回答这个问题，你可以思考以下问题。

a. 子单元的决定和行动在多大程度上是由公司总部或其他唯一的权威机构指导的，而不是由子单元独立管理的？（评分 1～5）

b. 高层管理者在多大程度上将运营决策的控制权交给负责这些业务的经理或其他人？（评分 1～5）

c. 次级单位经理在制定预算时有多大的自由裁量权？（评分 1～5）

d. 次级单位经理在决定如何评价其单位表现方面有多大的自由裁量权？（评分 1～5）

e. 在如何处理工作中的例外情况方面，次级单位经理有多大的自由裁量权？（评分 1～5）

你如何获得有关正规化的数据呢？当你在调查上述集中化/分散化问题时，从高层管理者开始，然后到中层管理者，向他们请教一下正规化的情况。同样，负责预算和支出监督的会计部门、负责职位说明和招聘政策的人力资源部门和负责支出限制的财务部门都会有关于正规化的数据。许多操作规则将被嵌入信息技术系统中。这些信息技术系统是灵活的还是死板的？做出更改系统设定的决策很容易，还是很困难？此外，该组织是否通过了 ISO 认证（通过则意味着高度的正规化）？有了这些数据，你应该能够回答下面的问题。

3. 正规化：

你的组织在多大程度上使用正规化的协调和控制方法：很少使用，还是经常使用？

为了回答这个问题，你可以思考以下问题。

a. 组织在多大程度上依靠规则、守则或政策来管理工作的完成情况？（评分 1 ～ 5）

b. 是否有精确的工作说明来框定谁做什么以及如何做？（评分 1 ～ 5）

c. 对于员工表现，关于什么是"正确的""可接受的""期待的"行为表现，是不是有众所周知的说明？（评分 1 ～ 5）

d. 对于违反规则或不符合期望的职场行为，是否有公认的惩罚措施？（评分 1 ～ 5）

e. 在多大程度上对员工的行动进行了监控、记录，并反馈给员工本人或管理人员？（评分 1 ～ 5）

现在你可以在图 8 - 2 中找到你公司的位置，其协调和控制系统的设计模式是什么？

⚙ 总结

协调和控制系统有多种模式。模式没有好坏之分，只有是否匹配之分。正规化和分散化（权力下放）是概述协调和控制系统设计的两个关键维度。信息量和隐性知识数量是信息和知识系统设计的两个关键维度。协调和控制系统的基本模式包括：家庭模式、机器模式、市场模式、部落模式 / 共同体模式。利用信息和知识系统的基本方法包括：事件驱动、数据驱动、代理人驱动和关系驱动。

组织一般通过信息共享进行协调和控制。信息和知识系统应该明确标识如何完成工作，由谁来做，如何管理监测和反馈，采集、存储和处理什么信息以及如何分享知识等。信息和知识系统直接辅助组织的协调和控制功能。库存管理系统、客户关系管理系统、数据库、会议、多媒体系统、互联网门户以及许多其他类型的信息技术设计都可以作为组织的协调和控制系统、信息和知识系统基础设施的一部分。需要牢记的一点是，无论是大数据还是人工智能，信息技术既可以提供垂直职能控制服务，也可以为促进横向跨部门合作服务。

第九章

激励制度

⚙ 简介

在前几章中，从组织目标开始，到战略类型、组织环境、组织结构、新组织形式、任务设计、领导风格、组织氛围、协调和控制系统、信息和知识系统等方面，你分析了所选择的组织（分析单位）。现在，我们为公司的设计增加了另一个重要的组成部分：对个人和团体给予什么样的激励？怎样使他们做出的决定和采取的行动与其他设计特征匹配，并有助于实现组织目标？在 20 世纪 90 年代中期，花旗银行选择新战略后对组织实施重大重组，随后，将新的薪酬激励系统付诸实施。新系统通过促进团队合作和优化个人表现，支持公司的协调和控制系统、信息和知识系统等基础设施，从而助力新工作任务的执行和组织目标的实现。

我们所说的激励是什么？激励是一种手段或机制，旨在鼓励一位员工或一群员工的某些行动或行为。激励的效果取决于人们对公司所提供的激励的理解和反应（不一定是管理者想要的）。小时工资、年薪、津贴等形式的货币奖励是一种激励措施，但不是唯一的激励措施。人们对赞美、组织认可、归属感和自我价值实现也非常在意。有时，拍拍后背也是一种很重要的激励。晋升或职称也可以是一种激励。最后，激励措施必须被员工认同，这样员工才接受激励措施，认为这些激励措施是公平的，并有动力去做好工作。大体上说，如果人们认为他们获得的奖励对于其努力程度来说是合理的，而且他们的奖励与身边的其他个人或团体的奖励一致，那么该奖励就会被视为公平的奖励。

激励措施与组织目标的一致性往往是一个问题，许多组织在这方面做得不好。克尔（Kerr，1975）在那篇著名的论文《希望得到 B 而被奖励 A 的愚蠢之举》中，描述了许多情况，其中包括组织中激励措施和期望的行为、结果之间的错位。一个常见的例子是，高管基于可以衡量而非想要实现的目标进行奖励。高管可能希望组织有团队合作，却对个人表现进行奖励。另一个例子是，一家公司在经济不景气的情况下试图展示对员工的公平，因此设计了一个计划：如果员工被解雇，可以得到 6 个月的工资，但如果他们自愿离开，则什么都没有。然而，这样一来，员工可能会开始朝着被解雇的方向努力。展示公平的意图变成了对消极工作和推卸责任的激励[1]。这些都是管理层的良好意图可能出错的意外后果。为了避免希望得到 B 而被奖励 A 的愚蠢行为，你可以采用的启发式方法是：从员工的角度思考员工可能对组织提供的激励措施做出的反应。列出员工可能的行动和行为的清单，然后评估这些行动和行为是否是你想要的。就上述情况而言，我们可以合理地预期，一些员工（尽管不是全部）会为了被解雇而表现不佳。被解雇可能符合个人的利益，但不符合该公司的利益。

传统的激励设计观点是从控制的角度出发的，即通过设计激励措施来控制员工的行为或管理员工行为的结果（即他们如何做出决策或采取什么行动）。认识控制行为和控制结果之间的区别是很重要的。控制行为涉及

---

[1]　在高管 MBA 课程中，我们要求每个学生描述一种激励方案，即公司"希望得到 A，但是奖励员工 B"。这些激励方案可以归纳为：奖励销售，而利润才是目标；奖励容易（用数字）衡量的东西，而不是重要的东西，真正的目标衡量起来成本很高；奖励一种虚假的公平，即对每个人都一视同仁，但每个人的奖励都不同。在最好的情况下，激励方案支持公司的目标；在最坏的情况下，它促使个人向理想行为的反方向发展。

对个人的监控，即工作是如何完成的。控制结果涉及对工作完成后的结果的监控。将控制行为和控制结果区分开来的一个原因是，从行为或过程的角度看到员工的实际工作情况是很困难的，甚至是不可能的。在一个分散式销售的组织中，试图控制员工的实际行为是没有意义的。几十年来，通过发放个人奖金来补偿舟车劳顿的销售人员一直是一种惯例，因为很难直接控制他们的努力程度。此外，通过观察也不一定能知道一个人在做什么。例如，很难知道一个人是在深入思考公司的问题还是在办公室里做黄粱美梦。

一线员工可能有更好的信息或更好的技能来做出决定或采取行动，所以他们可以更好地判断该怎么做。例如，销售人员可能在行为规则之外通过直接观察了解客户的喜好。因此，要保证目标的实现，控制结果是更优的选择。现场工人更知道什么是有效的行为，管理层反而只能根据结果进行奖励。

你大体上可以通过三种方式来影响员工和下属单位的活动：你可以告诉他们应该做什么；你可以制定一套行为规则，规定他们在某些情况下应该做什么；或者你可以建立一个激励系统，间接影响员工做你希望他们做的事情。这三种控制员工和下属单位活动的方式应该被视为一个整体。例如，可能会有一个规则，说明应该做什么，还匹配一个激励系统，如果员工能很好地遵守规则，他们就会得到奖励。也可能有一个中央决策机构，告诉员工在特定情况下应该遵守哪一套规则，或者给员工自由裁量权，让他们决定如何做他们的工作，但他们的表现是根据约定的结果来评估的。有时，通过组织结构来影响行为会更好，而有时，使用激励措施会更好。

另一个复杂的问题是，雇员可能无法决定其工作的结果。不受控制的环境可能是决定结果的一个主要因素。对于一个不确定的环境——你必须厘清有多少结果是基于员工的努力，以及有多少是不可控的。这里，一个重要的问题是谁来承担风险，个人还是组织。基于结果的激励措施把风险放在员工（或子单元）身上，因此可能包括不在人们控制范围内的因素。这是代理人理论的基础，委托人将部分风险转移给代理人，而代理人拥有更多的信息（尽管不完善）。代理人根据结果获得奖励，尽管其中一些结果是他们无法控制的。例如，公司股东根据股票价值评估管理层，足球队老板根据获胜记录评估教练（不考虑伤病或竞争强度）。

对于基于行为（而不是结果）的激励，员工不承担风险，因此，组织承担了风险。员工不需要对错误的决定、坏运气或者他们无法控制的环境中的意外事件负责。举例来说，士兵可能会因为遵守军事协议和执行上级命令而得到奖励，无论他们的行动是否导致了一场特定战斗的胜利。呼叫中心的员工可能会因为他们处理电话的数量和服务质量而得到奖励，无论实际实现的销售额如何。当然，这个例子涉及短期的表现。如果组织长期表现不佳，奖励就会取消，个人就会失去工作，所以个人总是要承担一些风险。

为什么个人要承担部分风险？其中一个原因可能是承担风险的报酬的数额可能比其他情况要高。在高风险的企业中，高管会得到大量的报酬。另外，人们对风险的偏好不同，文化背景可能会影响一个人承担风险的意愿。因此，应当让一些员工或业务部门比其他人承担更多风险。例如，年轻的工人或企业家可能更喜欢较高的风险，研究和产品开发部门相对于其他部门可能更喜欢较高的风险。

员工的教育水平也是一个重要因素，有助于评估一个人是否愿意承担风险。一般来说，技能水平越高，个人可能承担的风险就越高，这也许是由于他们对风险的理解更深，承接的任务更艰巨，担负的责任更大，所处的战略地位更高。如果一个人要承担风险，他应该有必要的技能和知识来理解和适应不确定性。同时，在执行工作任务的过程中，个人应该被赋予做出适当决定的权力。这就引入了授权程度和激励机制设计之间的关系。如果决定授权，那么激励机制应与之匹配，以支持组织的效率和效用目标的实现。

毋庸置疑，激励措施会影响员工的行为。这一概念得到了心理学和经济学研究以及日常观察的支持。组织中的个人会受到组织所提供的特定激励措施的影响。对于团体或其他次级单位来说也是如此。如果提供给人们的激励措施是与他人协同工作，而不是独立工作，那么行为就会受到相应的影响。我们应该设计员工独自工作，还是与其他小组或次级单位协同工作以实现组织目标呢？答案取决于激励系统的设计。在一个实验中，我们研究了利用相关机会或误导性信息作弊，以牺牲他人的利益来提高自己的业绩的行为。研究发现，相比多部门结构，管理人员更有可能在职能型结构中作弊。克雷奇默和普拉南（Kretschmer and Puranam，2008）指出了合作激励对提高管理单位间相互依赖性的有效性，他们发现组织的下属单位的专业化程度影响着合作激励的效用和结构。同样，普拉南等（Puranam et al.，2012）认为，员工激励计划的激励广度对组织的信息处理需求有很大的影响。总之，激励机制要与战略类型和组织结构的选择相匹配。

在这里，我们从战略组织设计的角度来研究激励机制。我们着眼于为构成分析单位的群体或个体设计特定的激励制度的基本原则，以及考虑他们在组织中的活动性质。我们不会讨论为某个特定的个人或次级单位制定特定的激励合同或计划的细节。激励措施可能与货币报酬或其他类型的奖励有关。在设计激励制度时，必须考虑许多问题。

从上面的讨论中，我们可以看出，一个基本的设计选择是考虑将激励措施建立在对应的行为或结果的基础上。这个设计维度是对工作进行评价的基础。从一个极端的角度说，行为激励关注的是程序：对标准、规则和常规的遵守。从另一个极端的角度说，结果激励关注的是成果，即实现组织目标的有效性。一个重要的问题是，行为（即程序）或结果（即成果）是否可以被监控和评估，以及是否可以在个人或团体的基础上进行监控。

新的数字技术的发展影响了监测的内容和方式。当一个组织的所有核心流程被数字化时，原则上可以更密切地监控行为和结果。智能工厂和智能办公室以及几乎可以监控一切的摄像头和物联网传感器的引入，为企业提供了一套不同的激励系统设计的选择。同样地，移动个人数字助理的引入，使得客户和公司都能即时获得更多信息。当你在互联网上购买物品时，你希望能够跟踪订单的每一步，直到交货。你可以在你的移动应用程序上跟踪你的订单的每一步，处理和交付订单的系统也可以做到，即使有许多不同的公司参与了该订单的完成。举例来说，这意味着送货的人的行为受到监控，他们接到任务的时间和交付物品的时间被记录下来，然后公司通过客户的即时评价对送货人员进行考核。并非每个客户都对这些评价请求作出回应，但这本身就可以提供关于送货和服务的更广泛的信息和知识。数字化使利用信息的成本变低。然而，信息总是昂贵的，无论对于个人还是团体来说，与激励措施有关的活动的评估都是昂贵的。

评价基准是第一个维度。从交易成本的角度也能做出控制行为还是控制结果的选择。

第二个维度是激励目标，也就是说，将激励建立在个人还是团体的工作表现之上。工作激励是基于个人还是基于团体，取决于你的分析单位。例如，如果你的分析单位是一个团队，那么你可以为团队成员设计激励措施，也可以为团队整体设计激励措施。在后一种情况下，你可以根据团队的集体行为或结果进行奖励，而不是根据任何一个人的结果或行为进行奖励。如果你的分析单位是一个有多个部门或业务单元的大型组织，那么你可以根据每个部门或子单元的行为或结果（个人）进行奖励，也可以根据各部门的集体行为或结果（团体）进行奖励。个人和团体代表了激励系统设计中的两个不同目标。亨纳特（Hennart，1993）认为，控制行为还是结果不是一个纯粹的选择，最佳形式是两者的结合。

利用激励制度设计的两个维度，即评价基准和激励目标，我们可以勾勒出四种不同类型的激励制度，如图 9 - 1 所示：忠臣薪酬、技能薪酬、奖金激励和分享利润 / 收益。这种分类法提供了一个组织的激励系统设计的总体原则。

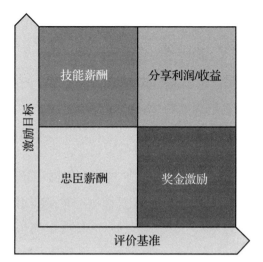

图 9 - 1　激励系统的设计空间

下面我们将分别介绍四种类型的激励制度。

⚙ 忠臣薪酬

忠臣薪酬是针对分析单位中的个人或子单元，以及他们与雇主的正式契约或心理契约而特别设计的。如图 9 - 1 左下象限所示，忠臣薪酬的激励设计方法是以个人的行为为基础的。它是个人与老板或组织之间的一种协议或心理约定。

忠臣薪酬并不强调结果或成果，而是强调个人遵守小团体的规则或服从老板的指令。这其中可能会有一些基于绩效的评估（如偶尔的奖金），但并不是要点。相反，奖励的设计以"懂事的方式工作"为前提。通常情况下，以忠臣薪酬为基础的制度采取的是激励协议或心理契约，员工行为是以特定时间段在现场工作的时长来衡量的，行为表现通常通过"打卡上班"和"打卡下班"来展示。组织可能会有个人必须遵守的特定规则或工作说明。在给定的规则下，雇员在工作中要遵循老板的指示，按照老板的要求做事。实际薪酬是通过一对一谈判确定的，因此从事相同工作的人或团体之间的薪酬可能会有很大的差异。对员工来说，最重要的是遵守规则或听从指令，所以他们既不注重效率也不注重效用。这种奖励制度要求环境不能经常变化，而且组织制定的规则是能够遵守的，否则制度无法奏效。此外，在某种程度上，这种方法假定团队成员的性格也与组织制度匹配。追求变化、无惧风险的人很难接受这种奖励制度。此外，由于组织承担了所有的风险，因此实际的薪酬水平往往会低于其他激励制度下的薪酬水平。

我们研究的许多创业企业都有上述特征。员工的主要收入来自底薪，然后有 10% 左右的年终奖金。除此之外，没有其他的激励措施，例如期权或股份等。老板在企业里有说一不二的权威。如果老板也是技术大拿，企业就更像一家师傅带徒弟的工坊。进入更成熟的发展阶段时，创业企业的奖励制度也会变化。有些企业延续旧方式，有些企业开始引入不同的激励制度。

⚙ 技能薪酬

基于技能的薪酬制度可能是现代企业中使用最广泛的激励制度。它是大多数组织的薪酬基础，无论是私营企业还是公共政府机构。在这种设计方法中，薪酬是基于技能或专业职位而非基于结果确定的。正常情况下，薪酬或工资是由个人技能或个人在组织中的特定职位或工作决定的。在许多组织，特别是公共组织中，技能是以接受正规教育的年限和资历来衡量的，其中包括执行某些任务的能力。因此，在组织的规则下，一个人要想获得高工资，可以接受更多的正规教育，留在同一个组织中多年，或在职场上不断晋升，同时磨炼技术。虽然奖励与个人有关，但薪酬是由资历、等级和受教育程度来决定的，技能薪酬位于图 9-1 的左上象限。

这种激励制度的基础是员工具备必要的技能，并且能够遵循工作规则和组织的政策，其假设是任务、岗位专业职责清晰，详细描述人们在日常工作中应该做的事是可行的。现代组织中，这些细节通常被收录在信息系统中。计算机提供如何执行任务的信息，并反过来监测员工工作的速度和准确性。此外，员工需要服从组织的命令，通常是等级制度中的管理者对员工发出命令。

乐高主要向员工支付固定的工资。除此以外，如果财务结果令人满意，员工还可以得到奖金，每位员工通常会得到年薪的 5% 的奖金。因此，乐高不仅有技能薪酬的设计，还有额外的激励措施来促进各部门协同工作。

安踏有自己的一套绩效考核和激励系统，其设计理念是"高效高薪"，即高绩效、高效率、高成效的员工理应获得更高的收入。对于员工，除了以薪资分位来衡量收入回报，同时辅以晋升激励。公司每年上下半年各进行一次绩效考核（业务结果 70%+ 文化行为 30%），然后进行强制排名，运用九宫格把员工分为九类。第一、二、三、五象限为优秀与合格；第四、六象限的员工成为观察对象，如果员工连续两次进入第四、六象限则启动绩效改善计划；第七、八象限的员工需要立即进行绩效改善，同时考虑降级 / 降薪 / 调岗，连续两次进入第七、八象限的员工直接淘汰；第九象限的员工直接被淘汰。被淘汰的员工会在档案里标记"不建议返聘"。

⚙ 奖金激励

现在我们来看看图 9-1 的右下象限。与前面的两个类别相反，在这里，激励制度将重点从行为转向结果，即从过程转向成果。工作结果可以反馈到主管方，然后由他来发放奖金。通常情况下，奖金是正常的技能薪酬以外的报酬。然而，有一些员工，如销售人员，他们获得的全部报酬是由销售额来决定的。我们认为这两种情况都属于奖金薪酬。基于奖金的激励制度植根于目标管理的理念。组织为员工设定目标，并根据与预先设定的指标或目标的比较来进行奖励（如资金、晋升、旅行、股票期权等）。目标可以是销售额或生产目标，也可以是一个组织单位的成果（如业务单元的利润）。如果组织有能力将绩效和结果与行为明确地联系起来，那么使用基于结果的激励措施是合适的。只要员工普遍认为将行为与结果挂钩是公平的，而且是他们能控制的，那么这其中的一些不确定性也是可以接受的。

这种以奖金为基础的激励方案的一个例子是，高层管理人员的收入取决于组织的利润，而如果组织是一家上市公司，则取决于股票价值。这样做的目的是使高层管理人员的目标与企业的利润目标一致，从而使他们做出能够提高公司价值的决定。这样的激励制度被许多股票分析师推崇，但也有许多副作用。当结果不尽如人意时，这种激励制度可能会引发急于实现预期结果的高管不道德甚至是非法的行为。这种激励制度下还可能出现员工对提供奖励的上级隐瞒信息，尤其是藏匿坏消息的倾向。因此，当你为一个组织设计激励制度时，不仅要考虑你希望从员工那里得到的结果，而且要预见可能出现的负面效应，这是很重要的。

基于奖金的激励措施也可以用于非正式的和短期的关系中，如对非技术工人或从事专门工作（如项目咨询或修理高科技设备）的技术工人的补偿。对于非技术工人，老板可能会给出非常详细的指示。但对于技术工人，老板可能只会提出简单的"它坏了，把它修好"的要求，如果修好了，雇员会得到报酬。律师可能会靠案件的胜诉来获得报酬。房地产代理商或经纪人可能在完成重要的销售交易后获得酬劳。在咨询业务中，有"没效果，无报酬"的合同。在非正式和短期这两种情况下，劳务关系都是个性化的，为满足组织的需要而定制。劳务关系也可能是长期的，如信息系统长期维护的外包合同，其中的服务协议决定了报酬水平。但基于奖金的激励制度更多用在短期合同上，并与特定的任务相联系。

基于奖金的激励机制的优势在于它为组织提供了灵活性。首先，组织可以要求个人做任何需要做的事情。此外，组织可以不断地提出工作要求，而且不需要提前计划。其次，合同在奖金方面通常没有长期承诺。因此，组织可以在短时间内改变其要求、终止商业关系，或重新商谈合同中的奖金安排。对于个人来说，这种非正式和短期的关系提供了一定的自由，但不太理想的是，这种关系会使个人缺乏安全感，因为组织在建立和终止激励机制时可以很随意。思科作为一家网络路由器制造商，在客户需求高峰时期使用奖金薪酬来提高路由器组装小组的生产力，在客户需求低迷时期，该激励措施则被取消（基于技能的薪酬仍然是该公司的基本薪酬制度）。通用电气前首席执行官杰克·韦尔奇（Jack Welch）曾告诉业务部门的员工，他们必须在各自的业务中表现出色，否则他将抛售这些业务。这是把激励措施与结果挂钩的例子。

海尔对200多个自组织团队提出了非常严格的绩效要求，并且每个季度进行考核。因此，海尔的激励措施是基于结果而不是基于行为的。激励制度与自组织单位有关，而不是与公司的总业绩有关。

合理的激励机制是中核集团大发展的一个重要动因。核工业研发实力是中核集团的核心竞争力，提高众多科研院所技术人员的积极性成为集团变革的关键议题。2019年，集团发布《中核集团关于深化科研院所改革的意见》，推进科研"一所两制"的改革。"一所两制"指的是研究所同时具有新型现代院所运行机制和现代企业市场化运行机制，以打破科研成果与市场化之间的瓶颈。中核八所是中核集团最先进行"一所两制"改革的研究所之一。中核八所，即核工业第八研究所，是中核集团所属的专用材料研究所，曾为"两弹一艇"的生产制造作出重大贡献。数十年来，中核八所依靠强大的科研实力，经济效益节节攀升。然而，2018年之后，核电发展动荡，科研成果转化低，中核八所的营收断崖式下跌。为了突破困境，中核八所积极实施"一所两制"改革，从传统事业单位向企业化的运营体制转型。组织结构上，中核八所形成了企业平台与研究所平台产研互动的主体架构。同时，中核八所深化薪酬体系改革，建立了五元薪酬体系，即"基本工资、岗位工资、绩效工资、专项奖励、中长期激励"体系，把总收入的55%作为绩效奖励，将激励与绩效紧密挂钩。现在，中核八所在个人薪酬和技能薪酬的基础上，增加了基于奖金的激励和基于团队的共享收益激励，通过基于结果的激励措施，充分提高了科研人员和职能人员的工作积极性。

总而言之，奖金激励措施与个人和公司之间的合同关系有关。在现代组织中，激励制度可以采取许多不同的形式。

◎ 分享利润／收益

图 9-1 右上象限是分享利润／收益激励制度，它是基于团体的，可以是一群人，也可以是一个子单元的集合，其基本思想类似于基于奖金的激励制度，将报酬与结果而非行为挂钩，人们在与他人有效合作的基础上获得奖励，从而在团体中产生高绩效。分享利润／收益激励制度不仅给分析单位一份固定的奖金，也和该单位的所有成员分享收益或利润（收入减去成本）。为了估计收益，组织的业绩要与预想的收益进行比较，例如进行年初预算和年终核算。如果有利润，员工将获得奖金。

分享利润／收益激励制度适用于所有需要员工合作的业务类型，在制造业、医疗保健业、分销和服务业，以及公共部门和非营利组织中都可以看到。因此，它更多地是以团体为单位来分配，而不是基于个人。这个团体可以是一个团队、部门或其他次级单位；也可以是整个组织，即公司本身。分享利润／收益激励制度的理念是，在不可能通过操纵行为来预测或控制实际结果的模式下，用分享利润／收益来提升团体绩效。

分享利润／收益激励制度发挥作用时，人们应该感到个人的表现可以为团体的结果带来变化，任务必须依赖于目标群体中每个人的共同努力。当结果建立在大家协调各自的技能和知识的基础上，并且个人的优秀表现不足以产生优异的团体表现时，分享利润／收益的激励制度是合适的。换句话说，这种激励制度假定组成工作群体的个人之间的工作是相互依赖的。

以团队为基础的体育项目说明了这种激励制度是如何产生效益的。成功的团队不仅需要非常有天赋的球员，还需要队友之间的有效合作，以产生团队的高绩效。迈克尔·乔丹（Michael Jordan）可能是他那个时代最好的球员，但这并不足以确保团队的最佳表现。同样，公司内部的团队、部门或其他次级单位可能不仅依赖优秀的员工，还有赖于高效的团队合作以获得最大的效益。美国大型连锁店全食超市（Whole Foods Market）在其门店和部门（肉类、鱼类、乳制品、预制食品等）设定利润中心，定期对门店和部门层面的盈利表现进行奖励。

目标团体越小，分享利润/收益的方案就越有可能达到预期效果。如果公司规模较大，那么基于组织总成果的利润分享计划就不太可能奏效，因为个人不能看到他的努力对组织绩效的影响。这可能会导致"搭便车"问题，即一些人不劳而获，享受其他人的技能和付出所带来的成果。如果人们相信自己对团体工作的贡献是重要的，那么分享利润/收益的方案就会非常有效。大家致力于与同事们一起工作，并且认为激励机制是公平的。美国大陆航空（Continental Airlines）在1995年推出了一项以奖金为基础的激励计划：如果公司达到了其总体目标，所有员工都将获得奖金。尽管有潜在的"搭便车"问题，但这个激励计划确实提高了个人绩效。

微软在2018年改变了它的激励制度。在微软高管的薪酬中，约36%来自绩效股票奖励（PSA）。绩效股票奖励进一步细分为：商业云收入、商业云用户、Windows10月度活跃设备、消费者售后服务货币化毛利润、领英社群以及Surface手提电脑毛利润。值得进一步注意的是，薪酬的大部分都与客户对设备的使用而非售出数量有关。因此，微软正在将其激励制度的重点放在各大产品线的业绩上。

前面的章节我们讨论过来伊份试图开拓其他消费品市场，例如酒类。开发新市场时，来伊份更多采取加盟或合伙的方式。加盟商可以投资入股，参与利润分享。用这种利益共同体的激励方式，来伊份不仅能调动加盟商的积极性，还可以控制资本风险。

⚙ 匹配和错位

　　表9-1显示了激励制度与组织设计其他方面的匹配关系，我们在七步法中已经考虑了这些关系。如果组织设计要素不在同一列中，就会出现错位现象。这四列对应于组织设计空间的四个象限。

表 9-1　包含激励制度的匹配

部件	在组织设计坐标系中对应的象限			
	A	**B**	**C**	**D**
激励制度	忠臣薪酬	技能薪酬	奖金激励	分享利润/收益
协调和控制	家庭	机器	市场	部落/共同体
组织氛围	团体	内部流程	发展	理性目标
领导风格	大师	经理人	领导者	监制人
任务设计	有序的	复杂的	分散的	棘手的
组织结构	简单型	职能型	部门型	矩阵型
组织环境	平静的	多变的	局部骤变的	动荡的
战略类型	反应者	防御者	勘探者	有创新的分析者 没有创新的分析者
组织目标	既无效率也无效用	效率	效用	效率与效用

　　A列中的忠臣薪酬激励制度很适合简单型组织结构，即老板可以迅速改变任务。员工的报酬基本上基于他们被指示做的事情。如果组织没有太多的信息处理需求，例如在平静的环境中或应用反应者战略，这种激励制度就很有效。忠臣薪酬激励制度既不注重效率也不注重效用。而在规则少、分散化程度高的情况下，这种激励制度就不能很好地发挥作用。在动态变化环境中，如果组织选择勘探者战略，这种激励制度就行不通。

　　B列中的基于技能的薪酬很适合高度专业化的官僚机构或职能型的组

织，可以形成基于团体的激励制度。在注重技能的激励制度下，我们希望获得高效率来捍卫组织的市场地位。这种激励制度在稳定的环境中运作良好，可以处理环境和组织中的大量复杂问题。这种激励制度适合环境相对稳定、采用防御者战略、组织结构高度专业化的组织。机器模式的协调和控制系统，加上数据驱动的信息和知识系统，有助于促进技能薪酬的成功。这样一个激励制度是官僚机构的一个组成部分，在这里，个人对于组织的实际绩效成果不承担风险。这也是为什么在那些很难量化结果的组织中（如许多公共组织），这样的制度往往成为首选。

把技能薪酬放到采用勘探者战略的局部骤变的环境中则是一种错误和错位，因为后者侧重于产品创新和对客户需求变化的快速反应。在这种情况下，基于结果的激励方式是比较好的。技能薪酬可以作为其激励机制的一部分，在此基础上再加上一种基于结果的激励（如奖金）。

C 列中的奖金激励制度要求人们愿意承担风险，因为奖励将与一些他们无法控制的因素有关。接受这种激励制度的人的技能水平相对较高，个性或文化属性使他们倾向于接受较高的风险。奖金激励制度与紧张感较弱和变革阻力较小的组织氛围相适应。市场模式的协调和控制系统，加上代理人驱动的信息和知识系统，有助于促进奖金激励制度的成功。局部骤变的环境要求组织对新颖的解决方案做出快速反应，在这种情况下，员工可能在高层没有掌握全面的信息时自主裁断。因此，高层需要放权。一旦放权，激励措施就必须基于结果而不是行为。这样一来，以奖金为基础的激励制度就很好地适应了局部骤变的环境中的高度分散化和部门型结构及勘探者战略。

对于矩阵型结构的组织来说，D 列中的分享利润 / 收益激励制度非常有效，因为这种组织强调组织内人员的协调，以有限的资源实现组织目标。它也很适合动荡的环境中的分析者战略，以及以合作精神和强烈紧张感来争取变革的理性目标组织氛围。对于大规模生产的组织，激励制度应该建立在对创新团体和从事高质量生产的团体的激励上，而不是对标个人的激励。再加上部落/共同体模式的协调和控制、监制人领导风格以及基于关系的信息和知识系统，分享利润/收益激励制度是将组织凝聚在一起的文化黏合剂，能够整合面临动荡环境的不同的子单元。

有些公司的表现对激励制度更为敏感，因此，高管更要全面考虑激励制度的设计。一方面，部门型结构对基于行为的激励制度比基于结果的激励制度更不敏感；另一方面，职能型结构对激励制度的选择特别敏感。在职能型结构中引入基于结果的激励制度，会带来负面的竞争，很可能会破坏各部门之间的合作。将部门利益纳入分享利润/收益激励制度似乎是个好主意，但如果不加以管理，使其他组织设计部分与这种激励制度相适应，就会导致冲突和业绩下降。

为了使激励制度有效果，员工要理解和接受它，即人们必须认为它是一种激励，而非福利。此外，激励必须与组织希望激励的工作任务相关。在这里，你必须记住，激励措施会影响到不属于激励体系的其他组织维度。如果薪酬基于数量而不是质量，那么你就会得到要求的数量，但不一定得到期望的质量。因此，激励制度往往会产生一些组织不希望出现的后果。若要搞明白衍生后果，用下面的问题来检验：在这种激励制度下，员工可能会做什么？哪些可能的结果是我希望看到的，而哪些则是我不愿看到的？希望得到 B 而被奖励 A 就是一个经常出现的错误。

从长远来看，七步法的各个维度可能会相互影响。公平问题是非常重要的，因为一个被员工认为不公平的激励方案会影响组织氛围，并可能削弱协调和控制的基础设施。从激励理论来看，我们有一个简单的模型，即员工会将自己的报酬与同龄人进行比较，而这种比较的结果应是公平的，否则就很有可能造成不满，从而影响到组织氛围。员工的看法可能不会降低当期的组织绩效，但会间接导致组织设计中的组织氛围、领导风格、协调和控制方面的错位。从长远来看，这种错位会影响组织的效率和效用。

⚙ 诊断性问题

以上是四类典型的激励制度。通常情况下，企业在设计激励制度时，会将各种方法结合起来，例如，将基于行为的激励制度与基于结果的激励制度结合，这对个人来说风险较低，其基本理念是以结果为中心。因此，从组织设计的角度来看，重要的是建立驱动的理念。在此基础上，你可以确定你的组织的激励制度。

现在，还是从你选择的分析单位出发，确定你所选择的组织在图9-2中的位置，以及你希望它位于何处。

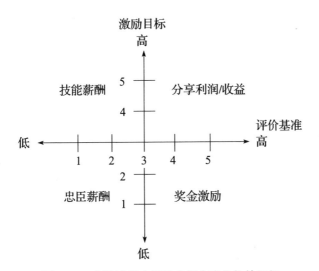

图9-2　在激励制度设计空间中定位你的组织

为了能够回答下面的诊断性问题，你需要对激励制度进行审查。这种审查包括三个部分：对正式激励制度的审查、对非正式激励制度的审查以及对感知激励制度的审查。

对正式激励制度的审查包括审查组织中的员工合同、工资结构和奖金制度。具体包括对工资谈判以及如何在组织内获得加薪的审查，还包括对员工评估系统以及如何使用这些系统的审查。晋升系统如何运作也是正式激励制度审查的一部分。可能有一些外部因素也会影响激励制度，比如工会合同。

对非正式激励制度的审查通常要复杂得多，包括审查其他设计要素具有什么内在的激励作用。组织结构的复杂性就是一个例子。如果复杂度低，晋升机会就少，这也可以被员工感知为一种反向的促进或压力，即内卷。奥胡斯大学在 2011 年的重大重组中，将学院的数量从 9 个减少到 4 个，这就导致了院长职位数量的减少，内部竞争加剧。

对员工来说，正式和非正式的激励制度都可能是明显的或不明显的，有些激励制度是不透明的，有些激励制度虽然存在，但从未被使用。因此，审查员工对激励制度的看法很重要，因为这决定了他们的行为。我们如何了解员工的观点呢？一种方法是简单地询问他们，即做问卷调查，或成立焦点小组倾听员工看法。从信息处理的角度来看，沟通过程越是开放，你就越有可能听到和理解这些观点。

1. 你在第一章中选择的并在我们整个分步骤过程中使用的分析单位是什么？在回答下面的问题时，请使用这个分析单位作为目标组织。

下面的问题将帮助你在激励目标和评价基准维度上对你的组织进行定位。对于每个问题，根据 1～5 级评分量表对组织进行评分，具体如下：

1	2	3	4	5
很低		适中的		很高

2. 你的组织在多大程度上使用了基于结果的激励措施？

为了回答这个问题，你可以考虑以下几点。

a. 组织是用固定的薪资或小时 / 日工资来对员工进行奖励，还是只根据他们工作产出的质量 / 数量来奖励？（评分 1～5）

b. 工资或其他奖励在多大程度上基于员工的技能、经验、在职努力或合作性，而不是基于其工作成果的数量或质量？（评分 1～5）

c. 在评估人们的晋升、福利或其他奖励（无论是有形的还是无形的）

时，管理层是强调完成工作的过程还是强调工作的结果？（评分 1～5）

3. 组织中使用基于团体的激励措施的程度如何？

为了回答这个问题，你可以考虑以下几点。

a. 你的组织中的活动是需要个人之间的协作还是只能由团队完成？（评分 1～5）

b. 团队在多大程度上只根据个人业绩而不是组织业绩获得奖励？（评分 1～5）

c. 在评估人们的晋升、福利或其他奖励（无论是有形的还是无形的）时，管理层是强调个人的工作还是整个组织（分析单位）的工作？（评分 1～5）

4. 现在，根据激励目标和评价基准维度的值，在图 9-2 中找到你所选择的组织。它的激励制度的类型是什么？

⚙ 总结

我们从组织诊断和设计的角度描述了基本的激励维度和类别。

激励制度分类的主要维度包括关注个人还是团体，以及激励措施是基于行为还是结果。据研究，有许多激励制度与公司目标错位的例子。

我们将激励制度分为：忠臣薪酬、技能薪酬、奖金激励和分享利润/收益。一个公司如果能使其激励制度与组织设计的其他方面匹配，就更有可能实现组织目标。

第十章

设计结构和协调措施

⚙ 简介

到目前为止，我们已经概述了一个分步式框架，以诊断企业在其组织设计中是否存在战略性的错位。从组织目标、战略类型和组织环境开始，到组织结构，再到第九章的激励制度，我们开发了一套完整的组织设计方法，并进行了匹配和错位的评估（见表 9 - 1）。每个设计要素都由两个维度描述，每个维度由三到七个问题来评估，每个问题都代表了维度的基本定义。我们称其为组织设计多权变模型。

多权变模型是一种整体的综合方法，在这种方法中，你要逐步考虑九个设计部件。研究表明，如果采取非整体性的方法，即在不改变其他设计要素的情况下只改变少数设计要素，很可能造成严重的绩效损失。在图 10 - 1 中，如果一个组织的所有设计要素都被定位在一个象限内，那就是匹配的，如果其组织设计要素被定位在不同的象限内，就会出现错位。请注意，在象限 A 的左边有一个图例，指出了本书中的九个主要设计要素。

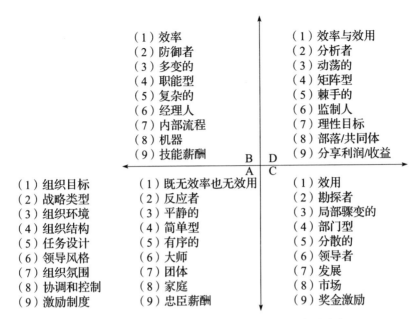

图 10-1 2×2 组织架构空间内的完整组件类型集合

象限 A、B、C、D 中都有很好的匹配，举例来说，在象限 C 中，在局部骤变的环境中的勘探者战略与部门型结构和基于奖金的激励制度是匹配的。在象限 A、B 和 D 中，也存在类似的匹配。每个象限都有独有的特征。

当一个或多个组织设计部件落在不同的象限时，公司就会出现错位。例如，象限 C 的勘探者战略与象限 A 的平静的环境是不匹配的。因为有这么多设计部件，所以有可能出现大量的错位。快速评估你所选择的公司的错位程度的一个方法是在你回答章末的诊断性问题时，圈出你所确定的设计类型。如果公司的所有或几乎所有的设计部件都属于同一象限，那么就没有或很少有错位，此时可能没有必要改变（除非你预计在不久的将来会发生变革）。如果你的公司的部件分散在四个象限中，就会有大量的错位，你必须认真考虑如何重新设计组织，以减少错位并使各设计部件之间相互匹配。

在下一节中，我们将从四个象限的角度考查匹配的情况。

◎ 传统的设计在什么时候起作用？

四个象限代表四种典型的组织设计。匹配关系规定了各个部件如何结合在一起。这使得你可以先选择其中一个部件，然后根据图10-1指定其他的部件。在许多情况下，可能需要具体说明特定的组织结构何时能发挥作用。因此，在表10-1中，图10-1中的匹配关系被重新表述为四种典型的组织结构设计：简单型、职能型、部门型和矩阵型。它们与评估目标、评估流程和人员等步骤结合在一起，形成组织设计的整体系统。

表10-1给出了四种基本结构的概述。在接下来的章节中，我们将讨论何时选择何种结构。

表 10-1 四种基本结构

	设计要素			
	组织目标、战略类型、组织环境	组织结构、任务设计	领导风格、组织氛围	协调和控制系统、信息和知识系统、激励制度
简单型	没有主导的目标或战略，处于一个平静的环境中	没有专门化的任务	领导风格是大师风格，主导集团一切事物的发展方向	采用家庭模式，报酬是基于个人的
职能型	目标是高效率，在多变的环境中，采用防御者战略	工作任务职能专业化	经理人管控日常化活动和标准化的内部流程	采用机器模式，有大量的精确信息，需要高水平的技能
部门型	目标是高效用，其勘探者战略有助于灵活地适应局部骤变的环境	各事业部自主管理各自领域的任务	领导者注重赋能和放权，不干涉部运营，各事业部允许不同的领导风格和组织氛围存在	外部市场竞争有助于协调各部门的活动，各部门保持独立性，有市场化的激励措施

续表

矩阵型	持续分析理解动荡的环境，其分析者战略可平衡效率和效用目标，允许有侧重	综合纵向和横向结构的优势，适应变化的环境，共同决策，保持灵活性，在标准和非标准任务之间切换	监制人兼顾策划和督导角色，能容忍模糊性，足智多谋，紧盯大目标	充分利用社会关系和大数据分析工具，综合使用内外协调工具，要么分享利润，要么依据综合收益激励团队

◎ 何时选择简单型结构？

　　传统的简单型结构有赖于一个主导一切的领导者。通常情况下，目标由领导者个人设定，暂时没有清晰主导的战略，环境是平静的（也就是说，外部环境较少影响组织战略或领导风格）。领导者设定任何他们所希望的工作任务，从技术含量高的任务到技术含量低的任务。协调组织的活动围绕领导者进行，他几乎指挥和控制着一切。组织有一个以领导者为中心的信息和知识系统。鉴于环境是平静的，协调和控制系统对信息和沟通的要求较低，这将组织对信息处理的需求降到了最低。员工的奖励是由领导者给予的。当外部环境和公司内部没有发生很多变化时，简单型结构就能发挥合适的效果。此时，领导者的愿望尚不清晰，组织目标也比较模糊。

　　简单型结构的好处是允许领导者自由发挥，随意想象。这种组合可以是灵活的、敏捷的，但在极端情况下也可能是僵化的。如果领导者采取了错误的行动，也会导致失败。该组合在大多数组织设计维度上都能发挥作用，因为领导者有很大的权力，组织可以在他的意愿范围内调度，但领导者错误的决定也会被放大。选择简单型结构的组织在一个非常平静的、稳定的环境中能够良好运作。在其他环境中，它很可能难以持久，除非组织能够从外部获得源源不断的资源。

⚙ 何时选择职能型结构?

选择职能型结构的组织注重效率,适用于以下情况:组织目标、战略类型和组织环境相对稳定和可预测;组织活动可以准确预测和长期规划;变化对管理层来说不是经常发生的。如果外部环境或者组织内部经常变化,那么职能型结构可能会丧失新机会,不能满足客户的需求,不能实施最新的技术,不能发展新的员工技能,最终变得效率低下。尽管有这些限制,职能型结构仍然是世界上最广泛使用的结构,效率是人们关注的主要目标。

首先,职能型结构在多变量、多参数的任务情形中效果最好。这种情形在市场、产品和技术方面可能有许多重要的变量参数。在规模上,选择职能型结构的组织可以非常大,也可以很小。最关键的是这些变量参数都比较稳定,这种情形下组织的战略目标是效率,即用很少的资源又快又好地完成工作。这个目标可以通过与工作要求相匹配的专业技能来实现。专业技能是清晰定义的,并且可以从高到低划分,从高端专家水平到无需专门训练的基本技能。当目标和专业技能水平对应时,智能机器人就被引入工作场景。智能机器人用于制造和完成物流任务有一段时间了,最近,智能机器人还融入了可编程的技术,从而能够完成从简单交易到高级分析的系列任务。正如我们在第六章中所论述的那样,在职能型结构中,智能机器人替代个体的趋势是明确的,但同时,智能机器人可以与人一起工作,并对人进行补充,提高人的能力。我们应该注意到,这些智能机器人可能非常复杂,有数千甚至数亿条程序规则。在考虑职能型结构时,一个常见的错误是一开始就忽略了智能机器人,而只关注组织结构图和人员。智能机器人可以成为现代职能型组织设计的一部分,因此应该从一开始就将其纳入设计范围。

在传统组织中,由经理告诉员工该怎么做,即直接控制。随着智能机器人的出现,关于"做什么"和"怎么做"的程序性规则已经可以内置。

管理者的重点已经转变为确保组织的运作，间接控制组织。此外，组织中的个人不需要管理者亲自指导，需要心理支持，例如倾听、辅导，而不是对不遵守规定的惩罚。这些变化在航空业、银行业和制造业等行业都很明显。雇员的任务是维护系统并保证其正常运行，设计的智能机器人应具有高水平的分析技能，并对运营进行诊断和调整。这些系统需要利用大数据对众多交易进行精确协调。这些数据和信息系统通常是面向交易的，而且使用标准化的格式。这些对管理层来说是一个重大变化。

与传统错位情形一样，风险在于职能型组织可能会演变成与环境和战略要求不相适应的组织，而且没有内部机制来适应新情况。即使有了智能机器人，这种风险依然存在。规则过于刚性，甚至僵化，是该结构的问题所在。

当组织需要在一个稳定和可预测的环境中提高生产线的效率时，职能型结构的效果最好。在组织内部，规则应该驱动产品或服务的及时交付，让管理者和员工助推职能型组织发挥作用。假如稳定和可预测的外部环境与内部职能型组织之间发生错位，那可能涉及其他组织设计部件，短期内会有机会成本，长期则会影响组织的适应能力。

⚙ 何时选择部门型结构？

部门型组织注重为客户提供新产品和提高现有产品、服务的效用，反映了勘探者战略的一种外部导向。在实施组织战略的过程中，内部效率在各部门内部很重要。每个部门都有自己的目标，从最大化现金流到全力支持新产品的开发。这样，整个公司在产品、服务和技术应用方面的覆盖面广泛，在不断变化的、不可预测的、有不同客户的环境中具有整体的灵活性。部门型组织在战略上兼顾当前的任务和未来的机会，为平衡短期的回报和长期生存能力，它既可以只设置一个部门，也可以设置多个部门以发挥组合优势，实现协同发展。

因为部门型结构能够兼顾当下和未来，保持组织的市场和技术跨度，整个公司的系统风险得以降低。为做到这一点，每个部门被允许相对独立于其他部门运作。也就是说，每个部门都可以有自己的结构设计，可以是简单型、职能型、矩阵型甚至是部门型。这种独立性允许每个部门在公司整体战略下选择自己的客户、服务和产品。因此，在部门型组织中，各部门的领导风格可以不同；工作任务可以与适当的智能机器人技术匹配；协调和控制可以集中在各部门；每个部门的激励措施可以是不同的。如此一来，公司总部怎么进行控制和协调呢？

公司总部管理全公司的整体战略，而不是各部门的战略落实。总部有一些必要任务和一些向部门赋能的行动，但也要避免过度干扰部门的活动。必要任务有：发展和选择部门领导；分配和监督各部门的财力资源；为长远发展购买或开发新技术、做产品和服务的投资，包括兼并和收购；营造能够将各部门凝聚成一体的氛围。向部门赋能的行动包括：公司总部为所有部门制定政策和标准，包括财务报告，信息技术系统，运营、人事政策，激励准则，新技术采用和开发政策，并且统筹各部门之间的协同。赋能幅度可以从完全不参与到直接参与。公司总部要避免对各部门进行微观管理，不能直接制定或批准部门级别的行动，也最好避免间接地通过事后评估部门表现来开脱总部的战略失误责任。

虽然部门型结构有许多优点，但它同样有很多缺点。各部门之间的协调通常很少，有时甚至不存在。通常未采取的行动会产生机会损失，因此更难以观察，并且也没有关于未采取的行动的标准报告。这些机会损失可能来自：没有给客户提供潜在的优秀产品和服务；没有在各部门之间整合技术；没有在各部门之间分享学习经验。如果没有一个合作的公司氛围，各部门就会过度索要资源，从而损害公司的整体利益。在极端情况下，各部门还可能会出现损害公司利益的信息失真问题。反之，通过部门组合，公司可能会抓住难以察觉的机会，而通过激励部门之间竞争，信息反馈也会更真实。应对部门独立性附带的信息失真，公司总部需要获得在标准报告中不容易得到的信息，并为此建立不同的信息系统。

部门型结构可以相对容易地通过兼并和收购来增加或减少部门数量，从而改变公司规模。公司总部可以建立一个新的部门或收购一家公司，而且不会对公司的其他部门造成太大的影响。在不断变化和不可预测的世界中，这是一个很大的优势，因为客户的喜好在不断变化、新技术在不断地涌现。此外，任何一个部门的业绩不佳，都不会威胁到整个公司的稳定，这就是组合效应带来的好处。对于公共企业来说，这是一个明显的优势，因为公众对企业的持续监督可以限制企业在局部骤变的环境中冒险。

部门型结构在全球范围内得到广泛应用，因为它具有通过组合效应使业绩更加稳定的优势，以及使得每个部门通过市场激励模式进行自我管理的高效率。公司总部面临的一个主要挑战是如何制定跨部门学习的激励措施。每个部门的环境可能是局部骤变的，客户和技术是独立的，因此各个部门的结构不能很好地整合，这可能导致不容易观察到的重大机会损失。这种机会损失很难通过标准报告事先发现，解决信息失真问题需要各部门之间的合作。为此，组织氛围就很重要。总之，没有完美的组织设计，但可以微调各组织设计部件，拾遗补漏。

⚙ 何时选择矩阵型结构？

如图 10 - 1 所示，矩阵型组织更在意组织设计部件的一致性。它要求组织拥有围绕战略目标的一系列对应的组织设计部件，还强调组织随情境变化做权变安排。为此，娴熟管理矩阵型结构的连接点或交叉点就十分重要。在那里管理者能够感知权变的信号。考虑到动态、权变管理的难度，如果其他组织结构能够满足组织的需求，那么矩阵型结构就可能不是一个好的选择。矩阵型结构既可以提供高效率又可以提供高效用，但在人员素质、组织氛围和信息系统方面的要求高，运营费用不菲。矩阵型结构需要很长的磨合时间，要求管理层和加入矩阵的个体共同参与创建。它不可能在短时间内由高层强加于员工，这是一个常见的错误。此外，在一个矩阵型结构中，如果一个环节管理很糟糕，其糟糕的结果可能被放大，甚至可能是灾难性的。尽管如此，从好的方面看，矩阵型结构可以实现其他结构不可能完成的但又需要完成的任务。如果管理得当，矩阵型结构既可以对外反应敏捷又能对内控制适当。那么，权衡上面的情况，什么时候才适合使用矩阵型结构呢？

矩阵型结构的基础是对效率和效用的同时重视，即适用于一个能同时实现这两方面目标的组织。这样的组织的环境应该是动荡的，或者是以不可预测的方式快速变化的，因此需要不断地对战略进行快速调整。这对领导者和员工提出了巨大的挑战，要求他们对整个组织进行较大程度的调整，而不是简单地对一两个小部门调整。这个挑战会在整个组织内形成衍生的影响，我们称之为果冻效应，即一旦果冻表面的轨迹形成，后来的水流都顺道而行。现实中，一项新的技术或新的环境变化会影响整个组织。这种变化会导致后续产品设计、制造、交付和销售方面的变化。这种调整波及整个组织，而不只是局部的变化，因此给整个组织带来了衍生的影响。

为反应及时，整个组织必须参与到新的活动中，并愿意做出必要的改变。旧的工作任务可能会消失，而新的工作任务则要通过管理者和员工的分析和试验才会出现。因为持续改变和保持快节奏，工作说明必须进行修改以适应新的现实，实际的工作内容可能先于工作说明发生变化。在这种情况下，组织需要一个理性目标氛围：员工和管理层共同参与分析和试验，然后理性选择组织设计的匹配方案。为此，与这种复杂性相匹配的领导风格是一种支持、指导和信任的微妙组合，领导者对活动的直接控制很少。矩阵型结构中的连接点应该由负责人进行协调和控制，并且只需不定期地让更高级别的管理层参与。高层管理者推动矩阵型结构发挥作用，但不直接控制具体活动。一些管理者不太适应，他们常有做出微观决策和提供指导的倾向，这将导致信息过载和本来可以避免的错误。

矩阵型结构协调难度大。为实现快速调整，部门间要交换大量的信息。许多信息是多维的、丰富的、本地化的、非标准的，不符合普通的格式或模板。它以多种形式出现在各个地方。没有一个人能够完美应付这些种类繁多、数量巨大的信息。尽管智能机器人和商业分析学领域有所进步，但仍难以满足协调和控制的要求。如我们上面建议的，组织为应对以上情况必须进行组织层面的设计，而不是依靠个人之间自上而下的指令传导。及时的信息共享在整个组织中是必不可少的。人们需要习惯在部门之间做决定，而且要能预想每个决定产生衍生作用的路径和连锁反应。这就是前面提到的，矩阵链接关口的决策的果冻效应。

组织设计激励制度要考虑到如何支持对应的领导风格和提高员工参与度。共享的激励形式往往是重要的。领导者必须容忍失败，而不是对试验性质的错误进行事后惩罚。集体犯错误是组织必需的学习过程，要避免对行为者个人的惩罚。否则创新中的冒险行为会被边缘化，决策在组织内按官僚线路升级上交，导致矩阵型结构无效。

理性分析清楚之后，再选用矩阵型结构。要重申的还有两个注意事项。第一，矩阵型结构是一种脆弱的结构，因为它很可能会出错，而且一旦出错，结果会非常糟糕。第二，创建一个矩阵型结构需要很长时间。一个常见的错误是，当一个组织意识到需要采用矩阵型结构时，就会试图在短时间内构建。然而实际上，要采用矩阵型结构，你可能要在需要它之前就开始构建。因此，要有预见性，要提前准备对应的领导风格、组织氛围以及协调和控制系统。我们鼓励管理层改变自上而下的指令性方法，习惯向下授权、向员工赋能。

尽管有难度，矩阵型结构还是受到青睐。在当今复杂的环境中，员工有两个或更多的老板，有经常变化的模糊的工作要求，有大数据，有整个组织高层的纵横协调，这些都将成为司空见惯的现象。

⚙ 从传统到新派的转变

在此，我们将新的组织形式作为传统形式的转型或变体来研究。上面讨论的四种基本结构都有一个等级制度。等级制度描述了整体结构和协调：工作分工、信息模式、决策授权和控制。每一种结构都可以采取混合的形式，这取决于纵向和横向的区分、协调和控制的选择以及特定的信息支持系统。也就是说，每一种结构都可以有不同的变化，比如中央集权被广泛的决策规则取代，那么简单型组织就会变成一个灵活的组织。

职能型结构的具体形式取决于部门的设计。由于选择职能型结构是为了通过专业化的优势来提高效率，部门的设计应考虑到协调的成本，并使专业化的优势得到最大程度的发挥。此外，使用信息和决策系统可以实现更大的控制范围。因此，具体的选择要视情况而定。职能型组织设计中的另一个因素是控制范围。围绕这个问题，传统的讨论中，有人建议控制范围应该相对较小。然而，如今的世界发生了很大的变化，许多研究改变了人们的看法，包括：管理者在自己的工作上花费的时间与管理他人的时间相比多多少、工作流程在多大程度上是标准化和正式的、个人直接报告的工作有多相似或不同、团队成员的工作需要多少经验和培训以及直接报告的独立性如何。结论是，管理人员的控制范围可以考虑以上因素实施权变。

新的组织形式下，组织设计和评估要权衡协调与结构的配置效果。过去，拥有一个松散的结构所带来的好处会因为缺乏协调而丧失。然而，新的数字技术可以维持这些松散的组织结构，并抵消部分协调成本。尽管有这些变化，加尔布雷斯的信息处理理论的设计原则，即信息处理能力要与信息处理需求一致，仍然是指导我们评估组织设计效果的第一原则。

新的自组织和无老板组织制定了自己的规则，由规则来说明它们将如何运作。这些规则可以是明确的，但更可能被组织中的个人理解为一种隐性的"做事的方式"。这些规则规范了组织活动的协调形式，以实现效率和效用目标，不仅规定了做事的组织流程，而且规定了要做什么事，例如，GitHub 的"二元规则"就是一个资源分配规则。此后，规则成为等级制度的替代品。有新组织形式的组织往往是规则组织。

在传统的架构中，无论是简单型、职能型、部门型还是矩阵型结构的等级制度，都管理着该做的事和将要做的事。但在每种结构中，规则和等级制度之间可能存在差异。例如，职能型结构在许多规则下运作良好，这些规则使组织变得像机器一样；等级制度处理着规则之外的情况、豁免案例和维护规则。在有较少的规则的情况下，我们通常用等级制度来管理公司的运作，而这通常会导致高层的信息过载。在简单型结构中，通常情况下，规则是靠自己理解并隐含在日常互动过程中的，但高层管理者可以随时介入。对于部门型结构来说，等级制度通常用来对各部门进行管理，而各部门之间的规则很少。矩阵型结构可能会因规则冲突而受阻，因为更高级别的规则或等级制度会有先决权，从而造成高层遇到决策瓶颈、低层等待观望。组织必须平衡传统的等级制度和新兴规则的协调效果，而规则组织是大趋势。

⚙ 自组织或无老板组织何时发挥作用？

有许多对于新组织形式的实验，但很少有正式的证据表明它们何时能发挥作用，以及它们能发挥作用的前提条件是什么。大多数新组织形式的共同点是自组织，尽管程度和具体形式有差别。什么情况下需要自组织？自组织什么时候可能有效呢？

有新组织形式的组织一般被归结为拥有自主性的团队，而最激进的新组织形式则是将自组织与自主决策等同起来。大多数自主决策都是在小型企业中取得成功的，而在大型企业中我们看到的成功案例较少。不过，大型企业海尔是一个例外。它有很强的自主团队，我们在前面几章已经讨论过。

临时工作或项目组经常选择自组织或无老板组织形式，不过临时项目的整体战略决策一般已经做出。大战略的决策者可能是上市公司大股东、董事会或高管。从信息处理难度和成本的角度来看，当人们不清楚什么时候应该做什么的时候，自组织就会有价值，因为它将自觉主动地生成目标、定义任务、安排角色。组织本身有创意或创新的需要时，自组织比较活跃，比如高科技公司和制药业总是需要与时俱进。外部客户的创新产品要求也会刺激内部产生自组织团队。因此，当公司处于需要激进创新的环境中时，自组织是一种合适的选择。而在需要高效率的情况下，自主决策的自组织是行不通的，除非既注重效率又注重效用。

自主决策的自组织需要一个协调任务活动的机制。海尔通过一个非常强大的绩效控制和激励系统来协调。许多互联网企业利用业务中台来上下承接。如果没有这种正式的协调机制，新组织形式就无法发挥作用。小公司例外，因为它们的总经理或老板就是协调员。

让新组织形式发挥作用的另一个要求是招聘称职的员工，喜欢并能自主决策的员工有自发管理的天生素质。而新组织形式与主动性强的人才往往是相互吸引的。

由于上述原因，许多采用新组织形式的组织要么是小型公司，要么是大型组织中的次级单位。这就提出了一个新的挑战，即如何在一个组织中整合不同的组织形式。

◎ 混合的组织形式

在前几章中，我们已经介绍了四种典型的组织结构。然而，我们在实践中很少能看到纯粹的典型组织结构。你经常看到不同类型的组织结构的混合体，具体说来有三种。第一种类型是拼装的混合模式。例如垂直集中结构与分散灵活结构的拼装。在生产与总部行政结构方面，它可能是一个高度专业化、有许多文本规则和中央集权的垂直结构。在销售体系方面却可能有一个高度灵活和分散决策的结构。分散决策的基础也许是产品线，也许是地域，也许是特定的客户群。造成这种情况的原因是各部门面临的环境非常不同。生产部门的环境可能是复杂的，销售部门则可能面临局部激烈的环境。如果面临这样的情形，一个解决方案就是建立一个部门型结构，其中每个部门都有不同但相对单一的环境，从而允许各个部门选择匹配的结构。

第二种类型是为变革而选择过渡性的混合模式。在第四章中，我们描述了乐高的混合组织结构。乐高曾经采用职能型结构。这种职能型结构支持乐高的战略，即可以有效地满足其市场需求，覆盖全球各个零售市场。现在，由于互联网电商发展和线下零售业的困境，乐高所处的环境正在发生变化。它过去的一些主要客户，如玩具"反"斗城破产了。乐高必须开发新渠道，管理差异较大的多元市场。乐高的对策是建立一个垂直功能和横向部门的混合结构，见图4-5。这种结构的目的是继续保持对效率的关注，同时也提高对效用的重视。这种结构可能是向基于市场的部门型结构或矩阵型结构的一种过渡。

第三种类型是"传统＋"的混合模式，传统的市场＋等级制度＋社区的混合体合弄制组织和灵活组织机构（adhocracy）是传统与非传统两种组织形式的混合体：一种是等级制度，一种是社区性质的自组织。

许多大型组织开发基于规则的组织形式，使用正式的"打通关"创新流程（从构思到启动的操作路线图，分为不同的阶段，按决策选择条件分隔，也称为关卡），但还是无法与小型组织的创新速度相比。因此，一些组织也尝试创建混合型组织，其中大多数子单元遵循传统的结构，而一些特别设立的子单元则采取高度分权和自组织等新的组织形式来推动创新行动计划。当丹斯克银行（Danske Bank）想要创建一个替代的支付系统

MobilcPay 时，它就创建了一个拥有新的组织形式的部门。很快，它推出一个新的解决方案，将其他银行赶出了市场。但是新的解决方案也与该组织原有的传统部门产生了明显的矛盾。传统部门希望公司的规则也适用于新部门。然而，该产品处在一个快速变化的环境中，可能会面临来自苹果支付和谷歌支付的竞争，所以需要迭代创新。为解决新老结构之间的冲突，丹斯克银行将新部门独立成为一个实体，并吸收其他银行的股权投资。既要保持创新势头，又要保持规则一致，这个特殊的子单元就必须与传统部门正式分离。

这个事例表明，当你有一个混合的组织结构时，各部分之间可能会出现冲突。同样，要让这个组织真正运转起来，协调机制是需要首先考虑的设计问题。

⚙ 双灵活组织

许多组织正面临着来自其所处环境的多种要求。一种要求是在竞争激烈的市场中实现高效率。另一种要求则是持续创新，也就是创造新的产品或服务。因此，你需要一个双灵活组织，也就是一个能够在寻找新产品、新市场、新价值的过程中，成功地开发现有技能和探索新技能的组织。通过时间和空间维度的拆分聚合，企业可以打造平衡的控制能力，实现组织的双灵活性。

第一种方法是布朗和艾森哈特（Brown and Eisenhardt，1997）提出的，双灵活性可以通过时间的拆分聚合来实现，即随着时间的推移，组织结构会满足开发和探索的需要。第二种方法是组织可以利用空间上的拆分聚合，由结构的分离或组合带来双灵活性，一方面鼓励相对独立的部门自主开发和创新探索，另一方面允许其中的个人继续专注于各自的任务，发挥专业分工的效率优势。

实现双灵活性的第三种方法是将员工的时间分为两类：日常工作时间和探索创新时间。然后，将探索创新时间对应分配给开发和探索活动。这样的设计需要一套流程、系统来支持，要让员工能够自己判断和选择如何分配时间和安排任务。有时，时间和任务的性质会有冲突，员工要自己提高双灵活性。这样的情况在大学中最普遍，学者们既要做研究也要教学。他们在不同的时间和工作地点交叉进行研究和教学活动。其他商业组织也在进行类似的安排。

第四种方法是组织将决策权力下放，但决策过程仍然遵循正规流程。

实现双灵活性的四种方法都不容易管理，且都需要集中精力进行协调。时间上的灵活安排会增加转换成本和协调成本。实现空间结构上的灵活性也需要协调成本。有时，从探索活动结构转移到开发活动结构涉及心理、能力和配合，远不止经济成本问题。这种随任务情境变化的双灵活能力对人的素质要求很高，要求人们有能力在两种模式之间切换。平衡的双灵活能力是指组织可以弹性调整使用探索和开发两种模式。第四章和上文所讨论的矩阵型结构可以算是具有平衡的双灵活能力。矩阵型结构中的高管也会利用垂直层级权威进行必要的协调。

⚙ 组织的新属性

研究组织设计的学者提出了一些具有特定属性的组织。虽然是新属性，这些组织的具体设计还是遵循信息处理理论和多权变理论。下面，我们将讨论三个具有新属性的组织：敏捷型组织、可持续组织和数字化组织。

敏捷型组织

人们一直在追求组织的灵活性、创新性以及为员工提供有意义的工作的能力。为此，管理层首先在层级制度范围内调整一些参数。第一步是取消中间管理层。这可以通过扩大横向管理范围来实现协调和控制，其效果是减少了垂直层级。第二步是广泛使用规则，让员工有更多的余地来应对环境的变化。第三步是允许员工在他们的专业领域内真正做决策。在不同文献中，敏捷型组织也被命名为灵活组织、网络组织和特别设计的服务组织。

在前面的章节中，我们已经讨论了敏捷型组织的各个方面。敏捷是指一个组织以富有效率和效用的方式迅速适应市场和环境变化的能力。这个概念也指一个组织在取得成功的过程中利用复杂的适应性系统的关键属性。复杂的适应性系统是由具有相似属性的众多微观结构连接而成的复杂的宏观集合，能适应不断变化的环境。它通过不同程度的自组织来提高整个系统的可生存性。要使你的组织成为一个敏捷型组织，你必须首先设定组织的目标，展示出对效用的追求。随后，你应该制定一个勘探者或分析者战略。为了支持这一战略，你可以选择部门型、矩阵型组织结构或新的组织形式。如第五章所述，合同可以用来赋予组织和人员敏捷性，以使它们可以快速、大规模地进行调整。如果符合上述条件，组织就可以被命名为敏捷型组织。

敏捷型组织中最重要的部分是人的思维方式。领导风格应该是领导者或监制人风格。组织氛围应该具有较高的变革准备度，如理性目标氛围或发展氛围。

协调和控制应该考虑快速适应、较低的正规化和更高的分散化以及基于结果的激励制度。

创建一个敏捷型组织是相对简单的。关键是招募到有对应思维方式的员工，并保持他们的自组织行动与组织的总目标和成功标准一致。

可持续组织

可持续发展的企业是一个旨在对环境、社区、经济产生最少负面影响的企业，它是一个努力坚持社会、环境和财务三重底线的企业。正如第三章所讨论的，对许多企业来说，可持续发展已经成为一个重要的约束因素。近年来，可持续发展的企业已经与联合国可持续发展目标联系在一起。可持续发展目标描述了未来的蓝图，关注我们面临的全球挑战，包括贫困、不平等、气候变化、环境恶化、共同繁荣、和平和正义。企业只有通过其核心业务、财务承诺、员工网络、面向消费者的平台和高层影响力才能完成全球挑战。因此，企业是可持续性发展的主力军。

帕里什（Parrish，2007）为可持续企业制定了两条组织原则：（1）企业活动中，关于生存和发展的价值观必须一致；（2）企业活动中，组织价值观在各层级之间必须一致。由此可见，要设计可持续企业，就要像我们在步骤1所做的那样，从组织目标开始，根据设定的目标，在多权变模型中选择其他八个组成部分。根据第二条组织原则，可持续的价值观必须渗透到整个组织中，尤其是本部门目标、组织氛围、激励制度，以及领导风格设计。一个可持续企业会将其可持续发展的原则纳入每一个商业决策中。

基于信息处理范式，摩赫曼和劳勒（Mohrman and Lawler，2014）建议，可持续组织需要关注：用以实现跨职能动态整合的结构和流程、用以实现生命周期的产品和服务的可持续性、用以发展共同价值主张的治理机制、用以实现生态系统中知识共享的网络连接、用以解决复杂问题的行动协同以及用以指导组织系统和生态系统的持续变革。如此，组织才能既有高绩效，又可持续，还能敏捷适应环境变化。可持续组织是一个持续改善的学习系统。

一家丹麦的办公家具公司根据循环经济的理念设计和落实可持续发展原则。它意识到，由于兼并收购频繁、全球化经营和产业快速迭代，办公家具的生命周期相对较短，当商业公司购买新家具时，处理旧家具经常是一个伴生需求。于是它创建了一个平台，当地的学校和慈善组织可以在该平台免费回收旧家具。之后它收到了大量的旧家具。该公司之后设计的办公家具都非常注重可回收性。后来，它尝试了一种新的商业服务模式，即客户可以不购买而是租用办公家具，同时，客户可以选择按需定制部分新家具。该公司自产的旧家具可以再利用，变成新材料和新家具。在可持续性战略目标的引导下，这家公司重新理解与环境的关系，利用变化重新设计商业模式，并匹配以新的业务流程。

从 2016 年开始，中国的快递公司菜鸟全面实施环境、社会和治理（ESG）战略。菜鸟延续控股股东阿里巴巴的可持续战略，结合菜鸟业务板块的特点，最终确认了五个大方向，即用户体验、绿色物流、应急物流、服务社区、高质量就业。关于用户体验，菜鸟希望能够在未来几年的时间内，通过菜鸟丰富多元的业务形态，为全球消费者提供优质的物流服务。关于绿色物流，菜鸟希望在物流领域打造以绿色供应链和绿色回收为特色的循环经济，并成为行业领头羊。关于应急物流，2023 年阿里巴巴为我国农村地区捐赠了价值 1.25 亿元的血氧仪，菜鸟就承担了这次捐赠的物流配送工作。菜鸟具备强大的人员队伍和成熟的配送体系，有条件在社会应急物流领域承担更多的责任。关于服务社区，菜鸟在中国以及全球有大量的物流点，不管是仓库、转运中心，还是菜鸟自营快递的配送点，这些物流点都需要和本地社区发生交互，所以服务好社区也是菜鸟在做的事情。比如菜鸟会让物流园区的员工参与周边社区的志愿活动，在新冠疫情期间帮助居委会或街道运送物资。另外菜鸟会鼓励员工参与公益宣传，比如消防安全宣传、公共安全宣传等。关于菜鸟的员工体验，即高质量就业，物流是劳动力密集型的服务行业，目前整个菜鸟的生态链加起来有几十万人，如何让这些员工满意，让大家有幸福感，同时还要保证大家的权益，也是菜鸟非常注重的。总之，对标集团公司的可持续发展目标，菜鸟形成了有行业特色的战略系统。在系统的五个方面，菜鸟又逐级细化执行过程、任务和工作绩效考评，形成一个持续改进的大系统。

回到信息处理需求与能力相匹配的总原则，对于一个可持续组织来说，收集的信息、所做的决定以及因此要处理的信息将有别于没有可持续目标和价值观的组织。因此，设计信息系统和使用原则时，公司需要考虑如何让需要管理的事项能够衡量和沟通。例如，在一个可持续组织中，资源的有效利用很重要，减少其生产、交付和使用中的负的生态效应很重要。对此，迪利克和霍克茨（Dyllick and Hockerts，2002）提出了旨在实现公司可持续发展的管理者的六个衡量标准：生态效率、社会效率、生态效益、社会效益、自给自足性和生态公平。

生态效益是通过提供有竞争力的商品和服务来满足人类的需求，同时在整个生命周期内逐步减少对生态的影响和降低资源利用强度。生态效率是在将生态破坏降到最少的条件下，最大限度地提高资源利用效率，特别是最大限度地提高公司生产过程中的资源利用效率。生态效率高的公司会使用更少的水、材料和能源，同时回收更多的资源。

社会效率和社会效益是对生态标准的补充，是指企业带来的正外部性与其社会影响力之间的关系。企业的正外部性会增加企业的社会价值。例如企业为生态伙伴举办技术培训，会有正向的社会溢出效应，社会影响力提高、社会资本也随之增加。相比而言，生态效率的核心原则是："废物等于食物，循环利用。"这一概念有局限性。只谈生态效率只是减缓了环境恶化的速度，同时强调社会效益，我们才能同时重视未使用或不可回收物的生产带来的负外部性，并设法改变。组织设计的信息系统应被用来显示企业活动的价值，帮助各层级之间保持一致，让资源使用过程清晰可见，并协调资源使用方法。信息系统可以使组织更虚拟化，支持供应商和客户的虚拟联系，降低交易成本。因此，可持续发展的原则也要落实在信息系统的设计和使用过程中。

数字化组织

人们普遍认为，我们生活在数字时代，因此需要设计出数字化组织。在前面的章节中，我们已经讨论了数字化对企业的影响。数字化组织是指那些通过数字网络和数字流程实现与员工、客户、供应商和其他外部伙伴之间核心业务联系的组织的总称。数字化对企业的信息处理需求和信息处理能力都产生了影响。在世界各国，智能城市和智能生活开始普及，它促使企业将产品和服务以及其内部流程数字化。

数字化影响了四种传统结构的组织设计，特别是商业模式、专业化和协调活动。它对组织中的任务产生了很大的影响。智能机器人可以执行大多数转换和交易任务，甚至一些社交任务。人工智能与高度集中化、基于规则的决策以及基于规则的官僚组织形态有很高的契合度。在人工智能的支持下，人们重新理解环境中的不确定性，预测能力提高，某些方面的不确定性下降。对于许多传统的任务环境，人们可以将之改造为高度规则化的决策和标准化的任务行动，这将大幅提高效率。在一个基于规则的组织中，任务可以由智能机器人完成。在银行、审计公司、律师事务所和一些医疗机构以及零售企业中有很多这样的例子。因此，人工智能可以成为企业高管的辅助手段，让层级制的中央集中式的管理模式更加完美。数字化和平台系统将改变信息孤岛现象，兼顾垂直集中领导的效率和横向沟通的效用。

在无老板组织和自组织中，有效的协调一直是一个棘手的大问题。而先进的信息系统为协调提供了便利，这些系统提供决策支持、活动记录，促进信息共享，提高了透明度。同时，作为绩效评估系统的基础，它提升了员工对组织的信任度。因此，新的数字技术可以使传统的结构和新的组织形式更加高效和有用。

在第四章中，我们将虚拟组织定义为：成员在地理上是分开的，通常通过电子邮件和群件工作，而在其他人看来是一个单一的、统一的、有真实物理位置的组织。信息技术系统是虚拟组织的骨干，系统可以协调工作活动，对应安排员工的技能和资源，支持虚拟组织实现目标。虚拟组织有许多明显的优势，包括更大的人才库、更好的可扩展性和更大的增长潜力以及更多进入新市场的路径。但它也有一些严重的缺点。虚拟工作场景下，沟通和协调管理更重要，但也可能隐含安全和合规性问题。重要的是，在虚拟组织中建设公司文化不容易。此外，如果虚拟工作跨越不同的时区，员工同时工作的时间有限，这不仅会给任务划分和委派带来难题，也可能产生工作和生活的平衡问题。

虚拟设计也能运用到高管团队中。例如，乐高有一个虚拟的高层，其中几个首席成员不在总部。但是，更常见的是团队层面的虚拟安排。虚拟团队为创建和优化技能组合提供了可能性。组建虚拟团队的原因有很多，比如快速搭建一个项目组或者全球范围的服务团队，提供跨时区跨地域的服务支持。然而，虚拟团队的地理距离给团建带来困难，成员之间的凝聚力不如传统形式，管理层对流程的监控也更困难。回到本书的理论基础，公司要格外重视虚拟团队的信息处理需求和能力，要理解它与传统团队的区别，根据网络组织和自组织团队的属性来协调。

数字化组织的战略和手段要匹配。百丽曾是中国最大的鞋类销售商，在 2007—2017 年间，百丽是港股上市公司，其市值一度超过 1 400 亿港元。百丽的主营业务是女鞋，但由于女鞋市场竞争激烈、电商渠道崛起，百丽的营业收入和利润增速不断下滑，虽然百丽的管理层早在 2010 年就开始尝试电商渠道、数字化变革，但是由于其管理层对数字化的认识停留在信息技术工具和渠道辅助上，转型失败。

2017 年高瓴资本收购百丽国际后对其进行了彻底的数字化改造，仅仅 2 年后，2019 年，分拆自百丽国际的滔搏运动在中国香港成功上市，市值一度突破 600 亿港元，百丽的数字化转型得到了市场的认可。此外百丽鞋类业务也实现了线上线下的同步增长。

百丽涉足互联网较早，在中国电商刚起步的 2009 年，百丽就创建了自己的电商平台淘秀网，2011 年，百丽又创建了优购网，并将淘秀网的资源全面转移到优购网中。应该说百丽算是较早发展电商业务的女鞋品牌。2013 年，百丽就自研上线过 IT 系统，生产制造、财务、零售甚至是物流系统也都较早开始数字化建设。

网上下单，实体店配货、送货，这种渠道模式似乎不错，但这种模式与时尚类商品的动态供应链、商品非标准化等特性并不契合。在这种渠道模式下，百丽需提前订货、备货，导致电商与仓库对接困难、效率较低，同时容易导致高缺货率和较差的客户体验。

另外，百丽仅将电商品牌作为一个清货渠道，并未结合自身优势开发出能够在互联网渠道成为爆款的鞋类产品，当时又遇上优购网高管层变动，其电商转型成效甚微。总结下来，百丽一开始就是用传统渠道思路来规划自己的电子商务。百丽负责人曾对媒体表示，百丽最初开拓线上渠道是为了多平台统一运营，这意味着 B2C 平台仅是其订单来源之一。

数据孤岛也是一个问题。作为一家传统鞋业零售公司，百丽的货品周转依靠的是数据，以保证在 20 天内出货，销量也可以动态反馈，保证畅销产品可以多次补货。但当时割裂的组织状态，让这些数据并没有真正得到利用。与大多数传统公司一样，百丽的数据曾经是分散而割裂的。数据割裂的表现有：底层数据割裂，商场数据无法及时反馈给品牌和商家；不同区域、不同渠道和不同门店的数据并不相通，无法达到"数据对齐"的效果；宏观数据和微观决策也是割裂的，数据无法快速帮助一线销售人员解答客户的问题，无法指导供应链及时调整。

组织变革领导力更是一个大挑战。百丽领导者的管理风格相对保守，对于电商以及潮流设计等新鲜事物的接受速度慢。百丽管理层曾公开表示，公司缺少的是方向感和具体行动，但公司对如何通过改变来满足消费者对性价比的需求还没有明确的想法。公司也受到既得利益的束缚，因为任何转变都可能影响短期业绩。公司自从上市后，持续增长是其主要目标，对于未来根本性的转型举棋不定。

在转型尝试均以失败告终后，2017 年领导层决定引入外部力量，全力推进企业的数字化转型。

高瓴资本认为，百丽的门店和客户就像线下的"互联网"，有着天然的大流量优势。同时，当百丽的鞋类业务利润增速出现下滑时，其运动服饰业务反而保持着稳定增长。因此，高瓴资本的张磊认为，由于鞋类业务的拖累，滔搏的潜力被掩盖，将其分拆反而能释放它的能量，并且当时百丽的现金流表现良好，没有有息负债，年净利润也较高，是有潜力的投资标的。

高瓴资本有成功打造数字化企业的经验，参与过腾讯、京东、蓝月亮等公司的转型，其线上线下的综合能力得到了百丽的认可。

高瓴资本还用数字化科技对滔搏进行了业务上的一系列革新，包括赋能前线员工，提升服务品质，提升运营效率；根据大数据改革门店的产品组合、陈列模式，改善"用户界面"；优化商品管理，数字化运营产品价格和库存，提升中台效率。总之，就是用互联网的策略进行线下零售改革。

改造后的百丽提高了电商平台的能力，提升了数字化经营水平。

一个典型的案例是，2018 年，滔搏在一家门店安装了智能门店系统，店长发现女性消费者占进店消费者的 50%，但其贡献的收入仅占门店收入的 33%。通过数据对比，店长发现 70% 的消费者从来没有逛过门店后部的购物区。

很快，店长便将店面的布局重新调整，以增加后部购物区的可视度，同时改变动线设计。结果一个月后，该店后部购物区的月销售额增长了80%，全店同期月销售额增长了 17%，可以说数字化为滔搏的重资产业务运营插上了翅膀。

除了业务上的细化以外，高瓴资本还尝试让滔搏变得"更轻"。比如滔搏在 2016 年推出了会员计划，2018 年 5 月重新调整，增加了同城快递、培训课程等附加业务，同时也加强了与其他平台的合作。此后会员在滔搏的销售中扮演着愈发重要的角色。

高瓴资本接手后，滔搏试图通过数字化技术来梳理业务上的潜在纰漏，同时用数字化社群运营来建立与消费者之间的直接互动。其中一例就是建立 C2M 模式（消费者工厂模式）的企业，把消费者的反馈信息实时通过系统反馈给工厂，加快产品的更新迭代，跟进市场变化。滔搏的供应链很强大，但是对消费者喜好的反馈很慢，高瓴资本帮助滔搏开发终端赋能工具，利用 RFID 技术为门店的鞋子配备智能芯片，收集每双鞋的试穿率和购买率数据，把数据反馈给工厂，实现供应链的瞬间触达。

和腾讯合作的智慧门店解决方案"优 Mall"则是百丽更大范围的数字化尝试。这一方案的逻辑是，通过搜集进店流量、客户店内移动线路，形成店铺热力图，帮助门店调整货品陈列。比如，一家线下门店根据惯有逻辑认为男性客户会多于女性客户，因此店内的男女鞋铺货比为 7∶3，在使用"优 Mall"后才发现，原来进店女性客户占到总客流的 50% 以上，这显示出人与货的不匹配。而后，这家门店增加了 30% 的女鞋陈列，调整后女鞋销售额增长了 40%。

百丽对于数字化的探索还包括：为店员提供货品管理工具包、通过大数据优化货品安排、借助精益管理提升供应链能力等。百丽正在做的是将数据抽象出来，把数据本身作为生产资料，然后通过算力分析等手段驱动业务转型。

通过数字化改造，高瓴资本和百丽收获巨大。

以往，百丽也曾试图将各门店的数据整合起来，但事实证明，这一策略的成本较高，且及时性和准确性不尽如人意。于是在过去一年里，百丽将"数据对齐"的任务交到每个店员手中：店员可查看客户在店内的历史消费数据，可以增加客户数据维度，可以查看自己的销售业绩，也可以根据数据反馈优化销售行为。百丽和腾讯智慧零售展开合作后，已有几万名店员利用小程序、企业微信及其他百丽自主开发的数字化工具为客户提供服务：店员通过线下添加微信，提供一对一服务，将客户引导至线上社群，并形成多个不同主题的社群；店员作为群主进行日常运营管理，比如组织线上线下活动、分享新品资讯、分享专业运动知识和建议、提供老客户群内预约到店试穿等会员服务。百丽数字化转型的案例显示，仅仅改变信息系统是不够的，组织设计的每个部件都匹配，数字化的力量才能发挥出来。

⚙ 总结

本章再次强调了前面九章的要点，即从基于信息处理理论的角度，设计多权变模型。信息处理理论指出，各个设计部件必须动态匹配。如果组织设计的信息处理能力与信息处理需求相适应，各设计部件就会匹配。这种组织设计方法适用于传统的、新形式的、敏捷的和可持续的组织。我们首先研究了传统的组织形式（简单型、职能型、部门型和矩阵型）。然后，我们转向了变种的新组织形式。对于这两种形式，组织设计的主要驱动力是组织的战略目标和业务范围。多权变模式适用于私有组织和公共组织，适用于不同的文化、环境和情况。对于每个人来说，信息的类型、信息的数量和不确定性都是不同。但无论如何，信息是必需的。与大型公共组织（如大型医院）相比，小型私有组织获取信息的方式是不同的，其获取信息的方式非常依赖数字化。然而，二者寻找组织设计的方式在概念上是相同的。我们的诊断模型会找出错位的地方，并建议如何处理这些错位问题。

我们的多权变模型从源头，也就是从总体目标开始，为后续设计提供基准。先要筹划整体设计，再使用多权变模型动态调整各个子单元经理和员工的工作任务。

当设计完成后，你可能想在开始实施前进行一些测试，以确保它确实有效。一些组织会在小范围内进行预测试，以了解组织设计的运作情况。另一些组织可能会用计算机模拟实验来测试组织设计。测试组织设计的一个非常简单的方法是在流程图中绘制出任务、代理人和信息处理流程，如第六章中的图6-2所示。在接下来的两章中，我们将讨论实施的过程。

步骤 6

设计全系统架构

第十一章
设计架构和变革顺序

⚙ 简介

到目前为止，我们已经概述了一个多权变分步骤的框架，以诊断企业在组织设计中是否存在战略性的错位。从组织目标、战略类型、组织环境、组织结构开始，一直到第九章中的激励制度设计，我们开发了一套完整的组织设计要素分类法，并对匹配和错位进行了解释，最后在表 9-1 中进行了总结。在前九章中，我们介绍了一个从整体的七个步骤到嵌入的九个设计部件的次第深入的过程。每个设计部件由两个维度描述，每个维度由 3～7 个问题来评估，每个问题都包含了维度的基本定义。组织设计的多权变模型如图 11-1 所示。

本书所介绍的方法是一种整体的、综合的方法，一步一步地考虑所有的九个设计部件。研究表明，如果采取非整体性的方法，也就是说，如果改变一些设计部件，而不改变其他设计部件，那么会造成严重的绩效损失。在这一章中，我们将提供一种架构变革方法来确定部件的变革顺序。

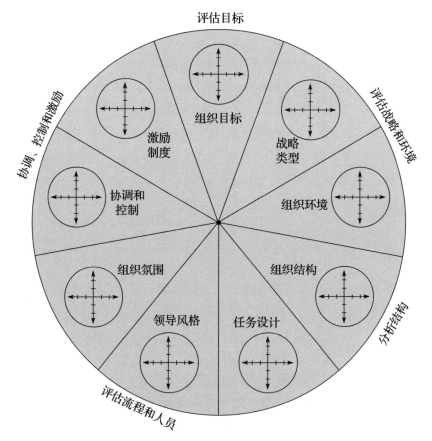

图 11-1 多权变模型

⚙ 为组织变革做好准备

　　诊断性问题，以及其所依据的每个部件的两个基本维度的得分，包含了有用的信息，显示了可以采取哪些具体的设计行动来改变这些部件。

　　考虑下面的情况：你已经诊断出战略类型（见第二章）和领导风格（见第七章）之间存在错位。如果战略类型能够满足环境需求（见第三章），并使组织能够实现其目标（见第一章），那么，你就很可能想要改变领导风格而不是战略类型，以实现成功匹配。在第七章中，你基于两个维度诊断领导风格：不确定性规避和授权偏好。如果领导风格需要改变，领导者就需要增加或减少他们对不确定性的规避和对授权的偏好。

如果你的领导风格从大师风格变成监制人风格，就需要从图 7－1 的左下角转换到右上角。因此，从领导风格的基本维度来看，你需要将不确定性规避和授权偏好这两个维度从低分转为高分。这意味着什么呢？如果思考授权偏好所依据的诊断性问题（见第七章），你会发现，你需要将更多微观参与的决策下放，并更多地关注战略和战术问题。为了将不确定性规避的得分从低分转为高分，诊断性问题会告诉你，你需要减少对宏观问题的关注，而更多地关注细节。同时，这些诊断性问题也会告诉你，你需要更谨慎一些，避免承担太多风险。如果能做出改变，你在这两个领导风格维度的诊断性问题上的得分就会随之变动（例如，有关授权偏好和不确定性规避的诊断性问题的得分变高），那么你的领导风格就会从大师风格转变为监制人风格。从这个意义上说，诊断性问题所包含的有用信息不仅可以用来评估你目前的领导风格，还可以用来评估领导风格的哪些方面可能需要改变。这就是图 11－1 所示的多权变模型的精髓：从整体的七个步骤到嵌入的九个设计部件，到把握这些部件的两个维度，再到每个维度背后的诊断性问题。

在这个例子中，我们用领导风格来说明多权变模型。同样的程序也适用于多权变框架中的其他组成部分。

再以组织氛围（见第七章）为例。如果要从理性目标氛围转变为发展氛围，就意味着公司在变革准备度方面的得分（见第七章）不需要改变，但紧张感维度的得分需要降低。为了减少紧张感，你可以看一下紧张程度高的诊断性问题，并考虑你可以采取什么行动来降低分数。紧张感维度的一个问题是奖励的公平性。为了降低紧张感得分，一个适当的行动就是改变薪酬方案，使其更加公平，这可以通过从集体分享利润转向个人奖金激励或类似的做法来实现。

你可能需要更加具体地规划你的活动。例如，如果你已经意识到需要减少组织氛围中的紧张感，并且想通过改变激励制度来做到这一点，那么你可能想让人力资源部门的员工对这种变化可能带来的财务后果进行计算，或者你可能想聘请一位外部顾问来指导这个过程。我们的设计是，每个步骤的诊断性问题不仅有助于发现你的公司是否处于错位状态，而且适合指出组织可以采取的详细变革行动，以消除错位。

⚙ 变革顺序

一旦你列出了可能的和希望的详细变革行动的清单，你就必须考虑变革的顺序，是先改变领导风格，再改变组织氛围，还是反之。或者，领导风格的改变会导致组织氛围的改变吗？成功的匹配很少只需要解决一个错位问题。鉴于各组织部件之间的相互依赖性，每当消除一个错位，你需要确保它不会衍生一系列新的错位。

许多企业在处理不同的组织部件时，都把它们当作是独立的。例如，有些组织会把精力放在一个新的战略上，却没有实施这个战略的配套部件。这些企业往往忽略了一点，即战略实施需要匹配的领导风格和组织氛围。这种忽视或低估组织部件之间相互依存关系的现象，不是因为组织不知道潜在的错位问题，而是因为它们没有一个框架来系统地变革和处理联动效果。多权变模型和七步法提供了这个框架。

然而，你应该先修正哪些错位呢？在第一章至第九章中，我们建议，在进行下一步之前，先修正一个步骤内部的错位问题，可能会更容易。也就是说，先修正每一个步骤内部的错位，然后再修正步骤间的错位。如果你能消除步骤内和步骤间的错位，你就能为公司的组织设计提供一个全面的解决方案。然而，七步法是一种分析性的解决方案，而不一定是实施组织设计的最佳顺序。下面，我们将讨论如何基于整体的七步法决定恰当的变革顺序。

决定"什么应该被改变"的顺序与实施的顺序是不同的，这一点值得反复强调。举例来说，你通常是在决定了组织结构之后再选择信息技术系统，这样信息技术系统就可以支持这个组织结构。然而，由于许多公司的信息技术系统是运营的基础，所以在你改变组织结构前，它必须到位。

奥胡斯大学实施了巨大的变革，从 9 个学院变成 4 个学院，从大约 60 个系变成 26 个系，同时伴随着行政部门的全面重组。结果，奥胡斯大学在支持性的信息技术基础设施到位之前实施变革严重阻碍了其整体结构性变革。由于奥胡斯大学是由 6 所独立的大学和国家研究机构合并而成的，因此它们各自有许多不同的信息技术系统，用于会计、人力资源、学生注册、教室分配等。新的部门型结构整合了原本独立的组织部门，这些部门曾拥有独立且不同的信息技术系统。其结果是，在重新设计后的较长的时期内，学生管理方面出现了严重的问题，因为这些班级的学生来自许多旧院系。问题涉及成绩、教室和教师安排，甚至学生进入教学楼和教室也出现了问题，因为登记学生和教师身份证的基础系统是不同的。许多教师和学生把新的院系结构作为产生问题的原因，而实际上问题是由实施顺序不对造成的。

你应该走哪条变革之路？有许多可能的途径可以选择。如果需要速战速决，你可以选择用最短的时间来修正错位。变革之路并不是一条直线：当你启动变革进程时，你会发现变革之路需要向前和向后规划。对于敏捷型组织来说，持续的变革是必要的。遗憾的是，变革并不是一个简单的修正单一错位就可以减少错位总数的过程。一个错位的修正可能会衍生出其他的错位，请看图 11 - 2。假设你在象限 B 内有一个整体的匹配。现在，让我们假设有一位新的高级管理人员上任，他采用的领导风格是领导者风格而不是经理人风格。随着领导风格的改变，现在产生了更多的错位，因为领导风格和其他特征都是错位的，即领导风格现在在象限 C，而其他特征都在象限 B。接着，假设组织战略改为勘探者战略，以适应新的领导风格，现在这两个要素是匹配的，但这两个中的每一个都与其他要素是错位的，一个错位结果造成更多错位。在这个例子中，你将继续制造更多的错位，直到你达到图 11－2 中的峰值。这一讨论对管理变革的影响是巨大的。首先，仅仅修正一个错位可能不会使情况明显改善，可能需要至少修正几个错位才能将总的错位数保持在较低的水平。其次，如果你想解决一个错位问题，你应该制订一个整体的修正计划，即一种系统的方法。否则，你可能会发现自己反复修正，却一直有新错位出现。因此，短视的修正方法不会产生好的效果。

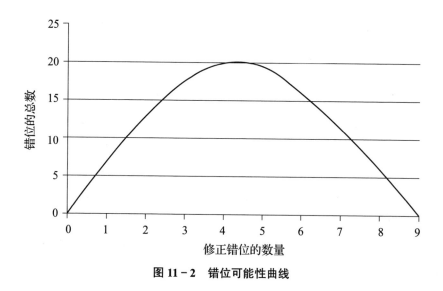

图 11－2　错位可能性曲线

虽然制订一连串的修正计划是必要的，但这并不容易。有许多潜在的路径可供选择，我们需要决定哪一条是最佳路径。评估不同路径的一个好方法是对所谓的过程成本和内容成本进行评估。基于此，你可以评估不同的路径并选择成本最低的那条。

在组织设计的环境中，内容成本与发生错位的相关成本有关。错位的程度和类型决定了内容成本。过程成本则与变革的相关成本有关，在这里，变革的顺序至关重要。

⚙ 内容成本评估

让我们先来评估一下内容成本。内容成本与发生错位的相关成本有关。

错位会降低企业的绩效，这是显而易见的。长久以来，研究表明，错位会带来明显的机会成本。

不过，错位的性质和数量与机会成本之间的确切关系还有待进一步的研究。我们还不能精确地指出错位的性质和数量是否会成比例地降低企业绩效。在一项针对 222 家丹麦中型企业的研究中，伯顿等（Burton et al., 2002）发现，只要没有达到全系统的总体匹配，即使是单一的错位，也会降低绩效，但更多的错位并没有明显地进一步增加损失。这意味着如果要解决组织设计中的问题，最好是达到全系统匹配的效果。相反，霍孔森等（Håkonsson et al., 2008a, 2008b）则重点关注组织环境和领导风格。他们发现，如果组织在组织环境和领导风格两个部件上发生错位，之后额外的错位会累积降低绩效。唐纳森（Donaldson, 2001）认为，影响业绩的决定性因素是偏离匹配的程度，意思是，即使你不能把所有的错位都修正，修正其中一些也是很有意义的。总之，目前的研究认为错位有内容成本，但对二者之间的对应函数关系有不同见解。

我们的下一个考虑是，有些错位可能比其他错位问题更大。如前所述，在现代企业中，信息技术错位对企业业绩有严重影响。具体到哪一种错位的影响特别大，那将因企业而异。

我们可以运用启发式的原则，比如，总是先改变信息技术，并考察它的正面联动影响效果，这是一个信息处理角度的指导原则。我们想考察是否解决一个错位之后，其他错位能够继而缓解，甚至消失。理论上讲，我们希望找到影响全系统设计效果的瓶颈问题，希望解决瓶颈问题能产生一连串的正向纠偏效果。

虽然特定错位的成本难以量化，但我们知道，如果企业处于动荡的环境中，错位对业绩的影响会比企业在平静的环境中更大。这表明，如果企业处在一个动荡的环境中，高管更要以全系统匹配的视角看待问题。相对而言，在一个平静的环境中，组织对错位的容忍度比较高。

⚙ 过程成本评估

我们知道，任何错位都会有机会损失，会影响业绩。因此，乍一看，似乎所有的错位都应该被立即修正。如果这些错位可以在没有任何变革过程成本的情况下修正，那么尽快修正所有的错位就值得推崇，但现实并非如此。修正组织设计错位的过程涉及相当高的成本。

当过程成本高于纠错收益时，合理的解决方案是先忍受一些错位的存在。例如，替换高级管理人员可能既费钱又费时，因此其成本超过了其潜在的收益。在这种情况下，选择忍受或"绕过"这种错位可能是一个更好的解决方案。假设领导风格对于组织设计的其他组成部分来说存在错位，但解雇现有的高管和招聘新人需要时间，并将在短期内影响团队士气，就可以容忍这个错位一段时间，然后与高级管理人员沟通，让他们认识到领导风格的问题，以减少领导风格错位带来的影响。因此，在评估过程成本时，必须考虑改变或修正错位的困难、可行性和成本。

⚙ 变革的困难是什么？

修正错位常遭遇两个选择难题。第一，有些错位比其他错位更容易修正，即改变的难易度不同。第二，如上所述，修正错位不是一个简单的线性过程，修正了一个错位后，可能会衍生出另一个。这在图 11-2 中得到了说明。

　　哪种错位是最容易修正的？我们询问了身为实践管理者的高管。图 11-3 显示出：组织的正规化是最容易改变的，而改变组织环境是最困难的。正规化反映了公司的规则，增加更多的规则或改变某个规则是相对容易的。下一步是让人们遵守规则，这可能比较困难，并且与激励制度的设计有关。组织环境是最难改变的，在实践中，它意味着具有不同程度的不确定性和环境复杂性的新的市场、产品或服务。你的公司可能必须在战略类型和组织结构上做出很大的改变，也许还有人要转移到一个新的环境中，这可能是一个非常困难的变革过程。分析这些困难还是要靠七步法。组织环境是难以改变的，所以在步骤 2，可以根据组织环境来调整战略类型。然后，在步骤 3 中，可以改变组织结构、区域分布以及临时协调形式，使其与战略类型相匹配。步骤 4 的组成部分，即委派工作、任务设计、代理人安排、选择领导风格和组织氛围，它们往往都是很难改变的，可以在采取其他步骤之后，再考虑它们。

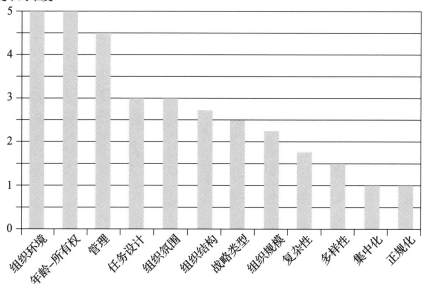

图 11-3 变革的难度

图 11-3 中显示的变革的难度评分对你的公司来说是提示性的，并不是决定性的。你必须为自己的公司制定一个类似的图表。你的图表取决于公司的特定情况和它所面临的挑战。例如，公司在改变战略类型或任务设计方面，可能存在不可逾越的政治障碍。如果最高管理层也是公司的股东，那么改变领导风格可能不太容易。在表 11-1 中，为你的公司的每个设计要素给出 1 ～ 5 分，具体如下。

表 11-1　组织变革的难度

设计要素	变革的难度（1＝低，5＝高）
组织目标	
战略类型	
组织环境	
组织结构	
任务设计	
领导风格	
组织氛围	
协调和控制	
激励制度	

改变每个部件的难度还要参照公司打算采取的具体行动，以及对变革成功的期望。也就是说，对改变某一个部件的难度的评估，将取决于你认为应该采取的变革活动。通常情况下，这些变革活动越难进行，要求越高，修正一个特定错位的过程成本就越高。例如，为提高生产效率，写一份标准化的文本要比激励员工提高专业化水平容易许多。总之，我们要在具体情境中思考和比较内容成本和过程成本。

◎ 确定变革顺序

过程成本是由修正错位的顺序决定的。变革的顺序会对变革产生重大影响。例如，如果你在建立矩阵型结构时没有准备好对应的信息基础设施，那么矩阵型结构就可能无法发挥作用。

继续这个例子，假设你想建立一个矩阵型组织，以提高跨部门的横向协调能力，但在目前的职能型结构中没有办法实现，那么你所在的组织就存在结构错位，与之相关的就是内容成本。目前的职能型结构在职能专业化维度得分较高，但在产品／服务／客户导向维度得分较低。矩阵型结构在职能专业化和产品／服务／客户导向维度的得分都很高。然而，要建立一个成功运作的矩阵型结构，不是画一张新的组织结构图就完事了，还要变革其他部件。运用多权变框架，你可以识别哪些部件也需要随之改变。例如，你可能需要先改变信息系统，还要同步建立匹配的激励系统，逐步调整组织范围等。

因此，变革顺序是非常重要的，它的影响能顺着九个组织部件次第传导，并可能让下一个环节的变革更难或更容易。所以，评估变革方案时，组织应该考虑到各种内部障碍以及它们对执行变革方案的影响。这些都属于过程成本评估范围。

在效用－效率空间中，步骤 1 的诊断可能已经清楚地表明，组织需要从图 11-4 中的象限 A 移到象限 D。也就是说，该组织需要从对效率和效用的低度关注转变为对两者的高度关注。从象限 A 到象限 D 的移动顺序在每个公司可能非常不同，这取决于公司及其所处的环境。你可以先在效率上下功夫，然后再关注效用，即沿着标有（---）的路径。你也可以先在效用上下功夫，然后在稍后阶段转而关注效率，即沿着标有（…）的路径，或者你可以在两条路径上并行。

一旦确定了内容成本和过程成本，你就可以评估不同的变革路径和采取不同路径的结果。在确定变革顺序之前，评估每个步骤内与变革相关的过程成本和内容成本是值得的。

理想的变革顺序是使内容成本和过程成本都最小化，或者是总成本最小化。

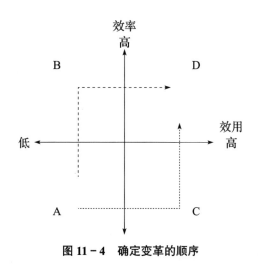

图 11 - 4   确定变革的顺序

也许你可以以"跨越转型"的方式进行所有的变革，从而大大降低内容成本（例如，在图 11 - 4 中直接从象限 A 移到象限 D）。然而，跨越步骤太大，可能会产生大量过程成本。当组织存在一系列的错位却打算一次性转型时，分步骤的过程成本并没有消失，而是叠加在总成本中。例如，在改变组织结构之前，组织需要先改变人们的行为、任务设计等。（参照图 11 - 4，你可能要从象限 A 到象限 B 再到象限 D）。

理想情况下，变革顺序最好一次到位，特别是涉及根本性或整体性战略变化的变革。现实中，变革更需要渐进式或分步式的执行方案。不仅如此，除了在一个步骤内修正错位，各个步骤之间的动态修正也是必要的。

设计变革顺序时，时间也要考虑在内，要评估变革期间是否会受到外部环境变化的冲击。在不同的时间段，外部环境的冲击的性质和力度也会有差异。假如环境变化会影响修正效果，那还不如选择忽视当前的一些细节问题，而直接朝着新战略目标推进。我们说，在发展中解决问题，其中的一个含义是权衡不同时间段的首要任务，不被随着发展会消失的细节问题困扰。

情境规划是用未来时态预想变革选择和顺序的一种方法。设想当前的趋势力量在未来聚合离散的效果，同时想象不确定因素对未来可能的影响，情境规划把未来时态分为多种（一般 3 ～ 4 种）战略发展轨迹。顺着不同的战略发展轨迹，组织成员可以共同讨论对应未来情境的组织设计。这个方法的优点不在于对未来预测的准确度，而是发挥了组织成员集体预想的能力，会产生一种认知协同的效果。

研究人员在调研锦江集团组织变革中发现，大企业组织变革的课题可能不止一个。每个课题中变革的顺序也可以不同。例如，锦江集团从国有企业改制成为现代股份制企业和上市公司。这个阶段的变革课题既有提高效率，又有保障转型过程成功的制度方面的考虑。锦江集团保留了一些附属企业，把缺乏效率、与现代股份制企业不兼容的业务转移到附属企业中，逐步消化冗余和低效率的业务。这个举措可以看成是把部分业务单元转回到象限 A，让时间去消化有历史沿革问题的人事安排。

⚙ 原型设计和实验

原型设计（prototype）本来是设计工业产品或建筑的一种方法，它力求快速构建最根本的设计维度，然后持续完善。原型可以加快设计进程，因为它可以快速识别出解决方案的优势和劣势，并促使人们产生新的想法。实施过程的核心是原型设计：将设计思想转化为实际的方案，然后进行测试、评估、迭代和重新修正。一个原型，甚至是一个粗略的模拟，都有助于组织收集反馈信息，继而改进设计。

关于组织设计"是什么和可能是什么"的实验，是探索和检验"什么是好设计"的出发点。实验允许我们研究那些还没有被很好理解或可能尚不存在的组织设计可能是什么。正如伯顿和奥伯尔（2018）指出的，组织是一个人工制品，在现实中被创造出来之前，它必须先在概念中被创造。卢默（Romme，2003，p.558）在西蒙（Simon，1996）的研究的基础上，提出"设计的概念涉及对尚不存在的系统的探究"，这里说的系统要么是完整的新系统，要么是现有系统的新状态。因此，组织设计就是规定一个组织如何建构，如何有效率地运作并带来一定的效用。组织设计是一种系统化的方法，用于协调结构、环境、领导风格、任务设计、实践和衡量标准，使组织能够实现其使命和战略。其基本前提是，不存在一种最佳的组织方式，且不同的组织具有不同的效用和效率。这就引入了权变思维的概念，即组织的设计应适应特定的环境，这种环境可能是新的、以前没有的。设计一个组织是一个反复的过程。在很多情况下，用户会参与到设计过程中，特别是当设计是快速适应变化的敏捷型思维的结果时。所以，组织设计过程离不开设计思维的指导。

设计思维指的是设计师和设计团队开发设计概念（关于新产品、建筑、机器等的提议）的认知、规划和实践过程。通过对不同设计领域的研究，设计思维的许多关键概念和维度已经被确定下来了。设计思维也与商业和社会背景下的产品和服务的创新方式有关。

最后，组织设计在保持敏捷性和适应不可预见的变化方面，也应与时俱进。也就是说，如果发生不可预见的变化，有必要改变计划的变革顺序。

为提高可持续变革的能力，锦江集团设计了"一个中心，三大平台"：全球创新中心，全球财务平台、采购平台和酒店会员服务共享平台。其中，全球创新中心的重要任务就是做原型设计和新产品实验。然后，它们被放到成熟的品牌和成长的品牌环境中去完善。前者是"轨道"业务，即已经被证明行之有效的品牌经营活动。后者是"赛道"业务，即需要通过竞争，对品牌经营活动进行筛选。原型创新产品可能是一个初始模型，需要在具体品牌经营环境中不断打磨。

⚙ 与时俱进管理错位

如何随着时间的推移管理错位？乐高是一个很好的例子。多年来，乐高是一家非常成功的玩具公司，也是一个采用了防御者战略的职能型组织。在 20 世纪 90 年代中期，乐高开始出现组织设计错位。可以说，导火索是电子玩具的出现，如任天堂和类似的网络游戏。经过战略调整，乐高从 20 世纪 90 年代中期到 2004 年开展了多元化业务，进入了视频游戏、电视节目和零售商店领域。这些领域的环境更加复杂和动荡。乐高改变产品战略，以理解和适应新环境。为此，乐高采用了更复杂的矩阵型结构。

乐高看到了环境的变化，然后改变了战略类型、组织结构和领导风格，试图从象限 B 进入象限 D。象限 D 有很多机会，但也伴随着管理挑战。后来乐高转型失败，因为它没有一个配套的激励制度、信息和知识系统，也没有与新任务匹配的管理能力。结果，其发展停滞不前，成本增加，利润下降。2004 年，年轻的首席执行官约尔根·维格·克努斯托普上任后，迅速将乐高移回象限 B，将乐高变回产品较少且专注于乐高积木的玩具公司。他从一开始就是经理，并兼任首席运营官和首席执行官，所以非常熟悉生产和供应链的细节。他努力削减成本以获得所需的短期结果。在削减成本方面，他将生产外包并转向用户驱动型设计，简化了组织结构，并重新采用了职能型结构。这些举措非常成功，乐高很快又开始盈利。然而，生产的外包并不奏效，于是生产又转回了公司内部，以加强质量管控。

表 11-2 对错位的类型进行了说明，左边是内部错位，右边是外部错位，中间是内外结合部错位。

表 11-2　来自内部、外部和内外结合部的组织错位的例子

内部错位：管理行为引发错位	内外结合部错位	外部错位：环境因素引发错位
● 组织战略的改变	● 管理层试图改善组织氛围，力求提高信任度和士气，但由于行业的不确定性，组织氛围仍然很紧张	● 竞争者推出新的、意料之外的产品或服务，引起环境动荡

续表

内部错位：管理行为引发错位	内外结合部错位	外部错位：环境因素引发错位
	• 一个国际分公司的激励制度被改为以奖金为基础的激励制度，但由于当地的文化理念，员工认为新的激励制度是不公平的	• 政府施行了新的法规，要求建立更严格的控制体系
• 部门型结构被转变为矩阵型结构		
• 独立的多国业务部门被整合成一个国际部门	• 基于代理人驱动模式的专业知识交换系统过时，因为外部客户开始注重社会关系系统	• 政府出台新的贸易协定，提供了新的市场机会
• 晋升或者聘用新人改变领导风格		• 政治环境变得高度动荡以及难以预料
• 大量员工被解雇，带来人事关系的改变		• 环境开始变得动荡，而人们几乎没有准备
• 员工忽视了持续的技能提升，因此随着时间的推移，他们的专业化程度下降		• 公众舆论压力导致了组织对员工安全和环境的高度关注
• 从家庭模式转变为更有纪律的机器模式以提升专业化和正规化		• 企业社会责任成为一种约束，但也提供了提高效率的新机会
• 组织与一个在结构、流程和人员方面完全不同的组织合并		• 以上这些都改变了你公司的风险状况

资料来源：Burton and Obel，2004，p.395.

　　一般来说，环境会自行演变，管理者几乎无法改变。竞争对手可以推出新的产品和服务，政府会实施新的法规或发布新的贸易协定，经济可能刺激商业活动，政策条件可能造成动荡或平静的环境。内部变化却在管理者的掌控之中。高管可以制定一个新的战略，即步骤 2。他们能改变高级管理层，以形成理想的领导风格，并且能重新设计任务和任务的完成方式，即步骤 4，尽管难度比较大。高管还能引入新的信息技术系统或激励制度等，即步骤 5。处于中间位置的是部分在管理者控制下的替代方案，但不完全是。例如，尽管管理层能施加影响，这与步骤 4 有关，高管有权力改变激励制度，员工如何看待它却不可控，这涉及步骤 5。

许多人认为，环境正变得越来越动荡不安，因此将公司推向象限 D。但乐高的案例表明这可能是非常困难的。同时，如果你能够通过战略选择降低环境的复杂性，并且创造一个在其他象限中没有错位的组织，那么你仍然能获得巨大的成功。乐高在 2004 年采取了一项战略行动，就是缩小其业务范围，选择它了解的商业环境。然后，它调整组织设计，减少内部的错位。

由于管理者对来自内部的错位有更大的控制权，接下来我们更详细地讨论如何管理错位。作为管理者，你更有可能成功地改变组织设计。

你有很多方法可以潜在地改变你的组织，从而创造匹配或修正错位。如果你的公司处于良好匹配状态，但尚未开发出全部成长潜力，在未来将会出现错位，那么你就可以利用短期的错位获得组织更好的长期表现。当目前的良好状况无法维持时，即使当前的组织设计是匹配的，你也应该现在就行动起来，以未来为导向，改变某些组织部件。你的选择也许会造成短期错位，但从长远来看，这很有意义。换句话说，以短期的内容成本为代价可能是值得的，特别是预期的内容成本相对于你在长期内会产生的过程成本来说很少的时候。在七步法中，组织部件的变革可能包括以下例子：

- 为公司制定新战略。
- 推出新产品或新产品线。
- 设计工作任务的新方法，以满足新的客户需求。
- 建立新的信息系统。
- 设计针对不同人员的管理和激励制度。
- 雇用或提拔具有不同领导风格的高管。
- 优化采购方法。
- 实施重大的扩张或增长项目。

- 利用外部协议与其他公司合并。
- 利用外部协议与其他公司缔结战略联盟或建立伙伴关系。
- 建立持续变革体系。

上述任何一种情况都可能导致短期的错位。一旦产生了错位，你就应该按照我们在本书中讨论的那样，努力使组织恢复正常。如果错位持续存在，那么就会产生巨大的机会损失。上面列出的大多数情况在本书的前面已经讨论过了。

对于外部因素导致的错位，管理者能够做些什么？如果外部冲击是渐进的、不断变化的、可预测的，你可能有时间来规划和调整，并及时消除错位的影响。然而，外部冲击可能是巨大的、突然的和不可预测的，这也被称为间断性再均衡。所谓间断性就是可预测的环境突然改变，而管理者无法提前发现；或者，即使发现了这种改变，组织也无法在足够的时间内做出反应。在这种情况下，即使是拥有分析者战略的企业也可能发现自己处于防御者战略模式，因为企业难以有所作为。加罗和伯顿（Gallo and Burton，2012）曾用一个模型证实了在环境突变期间，管理者没有最优的反应步骤，因为没有足够的反应时间，只能见招拆招。那么，次优的选择是什么呢？有两个方法：首先，从战略变革开始，让企业适应变化的环境。其次，制订阶段性更新的创新计划，给新计划一段培育发展的时间，到规定的时间阶段反思错误，出台新计划。对于无法预测的间断性环境突变，组织要设计阶段性更新的时间节奏。例如，吉列（Gillette）定期推出新的剃须刀。一些欧洲上市公司根据年龄而不是表现来更换行政领导（即强制退休）。这些公司希望拥有系统重启的设计，利用新的领导风格适应环境。按照类似的逻辑，嘉士伯（Carlsberg）每年都会推出一款新的圣诞啤酒。一些高科技初创企业每六个月重组一次，以使员工保持技术熟练并为变化做好准备。简而言之，你总要想办法掌控事情，而不是对事情被动做出反应。某种程度上，管理者可以改变一部分环境条件，而不是一味地等待。例如，即使在无法预测的突变环境中，企业也可以建立自己的工作节奏，暂时把环境的干扰放在一边。这样做的坏处是，你会经历与环境脱节的时期，而好处是，你按自定的时间节奏进行管理，会消除外部偶然性干扰带来的恐慌和混乱。从过程成本和内容成本的角度来看，持续变革可以最大限度地降低内容成本，但会增加过程成本。不过，有文献表明，持续变革的企业学习能力更强，从而它们的过程成本比同行企业低。

⚙ 预想未来

预想未来，提前布局，是全系统变革的一个部分。组织设计要考虑未来一系列活动安排。改变一个部件可能会触发连锁反应，带来比你想象中更多的错位。在任何情况下，组织都应该以全局视角看待变革的一系列步骤。

尽管环境变化难以准确预测，但可以预想。我们可以预想环境关键因素变化带来的冲击和机会。例如，随着人工智能和数字化的发展，未来会是什么样子。每个公司基于其综合条件，可能需要转向防御者或勘探者战略。那么下一个危机是什么呢？过去 10 年发生了许多危机，如自然资源稀缺、贫困、污染等。现阶段可持续经营、企业社会责任和道德领导力等问题都是值得预想的关键问题。未来 3 ~ 5 年，大数据、数字化和人工智能等关键技术因素将考验许多公司的预想和布局能力，特别是对中小企业。

我们也要思考下面的风险：适应短期的新环境条件可能会对组织造成较长时间的影响。因为当环境再次发生变化时，组织会错过提升长远价值的机会。类似的重新适应环境的风险还出现在另外两种情况中：一种是环境又回到似乎是原有的状态；另一种是组织的预想有误，环境与新战略还是错位，需要再次修正。前面几章讨论的四个案例公司（乐高、海尔、利勃登和微软）都出现过类似的情形。一旦一个组织确定或已经进入了象限 B，再想进入象限 C 或 D，即常态化创新，就很困难，成本也很高。现实中，有些企业发现预想有误后，再改变组织设计的过程成本是极高的。因此，动态匹配的能力很重要。

⚙ 动态匹配中的时间要素

根据上面讨论的情况，组织设计中的动态匹配最有挑战性。它没有一定之规，一切都视条件而定。动态匹配像是在飞行中造飞机，一边观察变革效果，一边调整变革策略。在这个过程中，时间成本是需要重点关注的关键因素。

当组织处于动态稳定期时，通过分析错位时间段的机会成本，我们可以明确判断修正错位需承担的时间成本。变革需要时间，也需要资源，时间就是变革时最关键的资源。图 11 - 3 显示，改变一个维度的难度与变革所需的时间有很大关系。塞斯崔（Sastry，1997）运用系统动力学变化模型发现，变革既花费较多又影响绩效。动态稳定性是指组织能够承受外部冲击的时长。机会损失是指误时、误工的损失大小，修正错位需要的时间越长，损失越大。如果在给定的外部冲击下，机会成本较小，那说明你的组织有很高的动态稳定性。时间是与组织机动性相关的核心要素。组织机动性是指在组织内部调度资源、完成新旧组织设计转型的能力。它显示了组织调整或改变新旧战略所需的时间。如果变革过程中内部冲击造成的机会成本较低，你的组织的机动性就更高。俗话说"时间就是金钱"，这句话对于组织变革尤其适用。因此，变革者要把时间看作一种稀缺资源，把它结合到动态匹配的设计中。

毋庸置疑，领导者通过自身经验也知道时间是一种稀缺资源，甚至可能是最有限的资源。那么，不同领导风格的领导者在处理信息的过程中是怎样利用时间的呢？四种领导风格的领导者以不同的方式利用时间。象限 A 的领导者（大师领导风格）参与大多数决策和控制运营，他们关注的是

"此时此地"的事情。象限 B 的领导者（经理人领导风格）则倾向于规避不确定性，并深入参与具体的控制运营。对于这两种领导者来说，他们的时间集中在当前运作的细节上。象限 C 的领导者（领导者领导风格）较少参与日常运作，而是把时间花在思考战略和设计整体组织结构、系统流程和组织氛围上。象限 D 的领导者（监制人领导风格）更关注运营的细节，但同时将大量时间花在战略问题上。四种领导风格的领导者把时间花在不同的任务上，因此要相应地分配他们的时间。时间的优先顺序是根据领导风格来确定的。如果领导者不按新战略来调整他们的时间分配，就会产生错位，从而导致巨大的损失。有些人可能会觉得这种调整很困难。不要忘记，虽然领导者的时间利用受组织设计的约束，他们也有主观能动性。总而言之，在各个组织部件都匹配的条件下，管理者的时间利用率最高，正如我们在下面的步骤中所讨论的那样。

在步骤 1 中，你确定了组织的目标，即效率和效用。效用是指对组织产品和服务的关注，效率是指对投入资源的关注，组织的目标是用最少的资源得到同样的结果。要做到高效，领导者的时间和组织的时间都必须得到高效利用。也就是说，组织应意识到时间要素的特殊效果并懂得如何利用时间。关于时间要素的特殊效果，乍一看，我们可能会认为，决策的速度过快可能会导致做出错误的决定。然而，艾森哈特和布朗（Eisenhardt and Brown，1998）指出，在一个行动时间非常有限的环境中，情况恰恰相反，也就是说，时间越有限，对替代方案的审查就越广泛，最终的决策就越好。因此，时间限制可以促使组织做出有效的决策。例如，步骤 1 中的设定目标极为重要，它是组织设计的基石，但这并不意味着它需要过多的盘算和审查时间。

组织结构往往内置了时间分配的优先次序。在步骤 3 中，你研究了四种组织结构：简单型、职能型、部门型和矩阵型。每一种组织结构中，领导者的决策和沟通都有不同的时速特征。简单型结构（象限 A）中，领导者一般能对环境的变化做出快速反应，因为基本上是领导者一个人做决策，这也意味着组织具有高度机动性，能快速调整目标。组织的机动性高，机会损失就能减少。简单型结构的优势是有一个能快速调整的工作时间表，劣势在于信息过载，领导者可能不容易适应，决策任务太重。简单型结构有很高的错位风险。职能型结构（象限 B）有严格的运营时间表，是由协调各功能单元之间精细化操作的需要驱动的。时间利用的首要任务是使各职能活动环环相扣，协同工作。职能型结构的风险在于高度关注精细化的流程，领导者无暇思考战略问题。部门型结构（象限 C）需要一个容忍偏差的柔性时间表。一旦每个部门设立了目标、配置了资源，总部就不需要参与运行的细节。每个部门都可以按自己的时间节奏执行任务。总部侧重制定年度部门预算和战略指导原则等长期目标。对于矩阵型结构（象限 D），时间节奏具有双重性，即短期的业务协调及对目标和战略的长期关注。当矩阵型组织运作良好时，它就是一个校准的时钟；当它运作不良时，就意味着组织要花较多的时间在决策上。对于每一种结构来说，组织的任务时间表和时间优先级都有不同的特征。

在步骤 5 中，你用分散化和正规化的概念把握协调和控制系统。家庭模式，即象限 A，是非正规的，却是集中的。象限 B 的机器模式依赖于高度的正规化和集中化。它能支持多个职能单位之间的精细化作业和紧密的协调节奏。象限 C 的市场模式具有较低的正规化程度和较高的分散化程度，此时，各个部门之间的协调是最少的，时间也是柔性管理的，允许出现偏差。象限 D 的部落模式或共同体模式要求组织在两个或更多的维度上进行精确的业务协调，它用的是双表盘的时间表。部落模式的任务时间节奏接近象限 B；共同体模式的任务时间节奏接近象限 C。

我们也可以从短期和长期两方面考虑时间因素，特别是它对变革机会成本的影响。以领导风格和组织氛围之间短期和长期的关系为例，在短期，领导者应该了解和适应组织氛围，因为它具有很强的惯性，很难在短期改变。为了避免短期的机会损失，适应当前组织氛围就是较好的选择。但若能长期规划，领导者可以致力于改变组织氛围，使其更符合领导风格。

短期和长期的两难困境也可能存在于其他错位的情况中。例如，假设组织环境和战略类型之间存在错位，那么应该改变哪一个？在短期，组织环境很难改变（见图 11 - 3），战略类型比较容易调整，但有难度。为了最大限度地减少机会损失，最常见的方法是通过改变战略类型来消除错位。如果新战略为了提高效率而放弃研发，那么它会产生长期的负面影响。未来，组织选择新的产品和服务时，组织就可能缺乏创新能力。所以，短期变革要为长期发展预留空间，保持一定程度的机动性，可以做一些人员储备，也可以预留能够机动反应的部门。

有许多短期、长期变革节奏失调的例子。如上述分析，企业容易落入战略类型和组织结构调整节奏不一致的困境。在短期，战略类型可以迅速改变，但配套的组织结构的改变要更久，其间，机会成本不可避免。另外一种常见的节奏失调发生在信息系统，因为开发适配的信息系统耗时费力，常常拖延组织变革。例如，新近合并的两家企业被迫双轨运行信息系统。等待整合的过程中，客户产生不满，导致公司丢失市场机会，这样的现象比比皆是。全球物流企业马士基（Maersk）就遇到过类似的情况。它和另外一家物流企业（P&O）合并后，新 IT 系统迟迟不能上线。据估计，整个过程的成本超过了 3 亿美元。银行业、制药业等领域也有相关的例子。

前车之鉴，后事之师。组织全系统变革时，我们需要综合评估错位的设计要素，检查它们的时间要求，考量短期内容易启动的，平行规划长期行动序列。如此，过程成本和内容成本才能最低。我们在每个步骤提出的诊断性问题也可以用来评估行动的可行性、规划变革顺序。

致远互联特别关注组织变革中的时间因素。一方面，公司必须把时间因素植入迭代更新的战略。商业模式成功的一个因素就是持续发布不同版本的软件产品。另一方面，公司要小心翼翼地利用时间因素。变革周期既不能太短，否则用户替换的内容成本太高，也不能时长时短，以至于用户无法预计更新周期，难以计算过程成本。致远互联选择"三浪叠加"的时间周期。它的 V5 平台产品是基于用户桌上系统的低代码平台，而 V8 平台则是基于公有云和私有云的线上平台。同时，致远互联致力于开发人工智能软件。当三种产品有节奏地推出时，用户有学习时间，能从容判断引进下一代产品的时间节点。所以，如果一种信息技术产品能影响用户的商业模式更新和组织系统变革，那么，其创新产品的推出节奏就很讲究。

⚙ 组织的生命周期

组织的生命周期是对时间因素的另一种表达。从阶段性特征的角度，它描述了组织发展的时间规律。通常，依照生命周期理论，企业会走过创业期、发展期、成熟期、转型期或衰落期。在这个过程中，企业从简单型结构向职能型结构发展，甚至向部门型结构发展。许多企业从象限 A 的简单型结构发展到象限 B 的职能型结构，然后再发展到象限 C 的部门型结构。也就是说，在一个组织的生命周期中存在着不同的路径。然而，如果不考虑矩阵型结构，组织的发展路径通常是从初创企业到职能型组织，再到部门型组织。逆转周期也是可能的，例如，从部门型组织转变为职能型组织。在今天这个复杂的世界里，许多组织都希望走向象限 D，成为双灵活型组织。前面我们讨论过，这不一定适合所有企业。

考虑一下你的组织的发展，并尝试将其对应到这四个象限中。如果你的组织处于早期阶段，那么试着想想你如何看待它的未来发展。你可以使用情境分析或设计思维来帮助你预想未来。从动态匹配的角度来看变革，我们还可以刻意制造短期错位，引导下一步的变革，在不断修正错位的过程中理顺全系统的组织部件。组织可以选择不同领导风格的领导者执行系统变革，一些公司采用渐进的方式进行变革，而另一些公司可能选择跨越式的方式，例如收购和兼并。无论选择哪一种方式，组织从一个象限转移到另一个象限，肯定会出现一系列错位。领导者要站在大系统和全周期的角度去统筹规划行动序列。

从象限 A 移动到象限 B 时，你可以比较表 9-1 中的 A 列和 B 列，以思考必要的变革。对于每一个步骤，我们都讨论了从一个象限到另一个象限所需要的改变。例如，从象限 A 进入象限 B，重点转向效率、防御者战略、职能型结构、专业化的员工、经理人领导风格、机器模式的协调和控制方法以及大数据信息系统。生命周期的阶段性转变并不容易，有些企业成功了，有些企业却失败了。

进入象限 C 后，企业的目标就从效率转为效用。同样，请参考表 9-1。那时，市场已经成熟，市场环境呼唤创新和探索，这是组织继续增长的驱动力和进入象限 C 的理由。

如上所述，向矩阵型结构，即象限 D 的移动更富有挑战性。公司可以从图 11-4 中的象限 B 或象限 C 移动到象限 D。值得注意的是，对于职能型或部门型公司来说，转变为矩阵型公司（象限 D）的变革需求是非常不同的。

此外，也有从矩阵型结构转回职能型或部门型结构的例子。电气自动化企业 ABB 集团早期采用了矩阵型结构，但后来又转回了部门型结构，因为矩阵型结构的协调成本太高。生命周期不是单一方向、固定序列的，发展有许多可能的路径。

⚙ 总结

本章回顾了分步式的方法，讲解了变革过程中的困难。

我们列举了从步骤 2 到步骤 5 中的诊断性问题来标识需要变革的地方。我们推荐先检查和修正步骤内的错位，然后解决步骤之间的错位，以理顺全系统的组织设计。我们还引入了内容成本和过程成本的概念，以评估备选的变革顺序，并提出了总成本最低的原则。我们将错位的概念扩展到动态匹配和兼顾时间要素的思考中。决策的快慢、变革周期的长短以及行动的先后都涉及时间要素。至此，诊断公司错位和设计新组织架构的步骤已经清楚，第十二章将讨论实施方案。

步骤 7

实施变革

第十二章
实施变革：何人应该在何时做何事

⚙ 简介

第十一章中，你已经决定要改变哪些详细的组织设计要素来修正组织中的错位。我们的目标是选择一个能使过程成本和内容成本最低的变革顺序。在考虑过程成本和内容成本时，我们谈到了不同类型的错位以及错位之间的关联性。这意味着我们需要全面地设计新的组织架构，仔细盘算变革顺序，不能头痛医头、脚痛医脚。

本章将重点讨论实施。变革计划要通过项目实施才能实现。通过执行部署矩阵，我们将第十一章中的计划一一落实。

在第十一章中，我们描述了奥胡斯大学在处理结构变革和信息技术基础设施变革的顺序方面遇到的问题。除了这些，还存在其他问题。在建立行政机构和合并许多部门时，员工的满意度急剧下降。这些变革也对一些教学项目和外部资助的研究产生了负面影响，导致预算缩减。于是，学校任命了一位新校长，解雇了行政部门的负责人和一位院长。新校长启动了一个新的变革，目的是创建一个新的组织架构。新的组织架构包括部门结构的重组和行政机构的减少。创建新的组织架构的目的是使奥胡斯大学更加分散化。然而，奥胡斯大学遇到的许多问题并不是由于不正确的架构设计，而是由于糟糕的实施过程。变革的实施过程很糟糕，教职员工不理解变革，因此不支持。最初的小问题不断升级，而成本高昂的临时补救措施又引发了更严重的问题。一个恶性循环就这样产生了。媒体的广泛报道也损害了这所公立大学的声誉，并影响了招募新生和吸引捐赠。新校长吸取了教训，他认识到变革设计和项目实施之间的联系和不同。正确的执行方法产生了立竿见影的效果，教职员工对领导层的满意度和信任度逐渐提升。

致远互联投资超过 2 亿元人民币，耗时超过 2 年，完成基于云端的 V8 平台。当新产品推向市场时，管理层意识到，如果让研发人员营销新产品，他们可能会选择低风险的客户，以避免一系列挑战。用无错证明新产品的正确性和可靠性是人之常情，但是，对公司而言，新软件产品肯定需要一个系统除错的过程。尽快发现问题，尽快找到系统的盲点，是有战略价值的。因此，组建一支不同的团队，做有难度的交付，及时暴露可控的脆弱盲点，是新产品发布后的下一个执行步骤。把新产品的战略目标先定在效用而非效率上是成功的关键。新产品的成功营销应该包括快速失败，快速除错。50% 以上的变革过程都是失败的，为什么呢？许多变革失败的原因是没有明确的实施计划，或者是在发生延误时没有继续行动。正确执行变革计划、持续推进和后续跟踪与评估是至关重要的。同时，在保持总体目标的前提下，能够对不断变化的情况进行敏捷[1] 反应也很必要。为此，沟通是必不可少的。沟通不仅有助于保持组织对变革过程的动态掌握，也有助于鼓励员工积极参与。

---

[1] 请注意，在本章中，我们对把敏捷作为一个动词和把敏捷作为一种项目管理方法进行了区分。作为一种项目管理方法，敏捷在软件开发中广为人知。我们在这里提到它，是因为我们相信敏捷作为一种方法可以帮助变革责任人（和团队）通过增量、迭代工作序列的方式来应对不可预测的情况。

⚙ 指定和实施变革项目

企业必须一边变革一边开展日常活动。因此，在改变组织设计的过程中，组织必须将变革项目与公司的正常活动有机结合，两者不能相互干扰。这种看法似乎与那些认为变革有破坏性的文献记载不一致。我们的方法对大多数公司来说更现实。嵌入式的变革是复杂的，因为在确保新组织设计实施成功的同时，还要关注正常的运营。正如第十一章所述，修正错位的速度和顺序很重要。因此，选择顺序并把所需的资源投入项目的各个环节，是完成变革的一个重要部分。成功地实施变革需要消除错位。

我们提出的变革项目规定了变革的"对象""时间""内容"，这些都可以转入电子表格模板。"何事"是需要修正的错位；"何时"是变革的最佳顺序即哪些错位应该首先被修正，以及变革的确切时间；"何人"是每项变革活动的负责人。评估信息处理的要求，以及确保有充足的资源用于分配也很重要。如果你通过对过程成本和内容成本的评估，发现存在许多错位并需要同时采取措施处理，那么你不仅要确保资源充足，还要保证分配合理。这种评估应该阶段性地持续进行（例如，每天、每周或每月，这取决于环境的波动性），因为过程成本和内容成本可能会随时间而变化，这使得在实施阶段调整"何时"是值得的。换句话说，组织可能需要把规划阶段的政策部署与敏捷的实施过程相结合，而不是照本宣科、机械地执行规划。

同时，变革活动必须与正在进行的运营活动相结合，我们需要确保组织能够继续开展运营活动。因此，时间管理变得至关重要。在我们的变革方法中，我们借助关键事件的概念来实施新的组织设计。关键事件是指我们在考虑过程成本和内容成本的基础上应首先处理的错位事件。因此，关键事件涉及的活动及其连带事项是修正这些错位的执行要点。关键事件影响着变革项目执行的时间表。关键事件的概念帮助我们将变革过程与当前的运营活动联系起来。进一步，我们在执行变革项目的同时，还需要保障常规运营活动。因此，我们扩展了传统的信息处理范式，把时间、紧迫性和重要性等属性纳入关键事件管理中，并在信息系统中表现出来。收集、整理和应用关键事件信息时，我们也会关注各项活动的相对紧迫性和重要性并在信息系统中标注。这是我们对信息处理范式的扩展。

实施变革项目的四个部分都与"何事""何人""何时"有关。

1. 何事，即确定活动内容属性：对需要开展的活动进行概述是非常重要的。在变革管理框架中讨论活动时，需要将活动定义为项目（和子项目）。这与我们在第十一章中讨论的详细设计活动有关。活动内容描述就是"何事"。

2. 何人，即分配执行任务的行动人或代理人：知道谁会参与，清晰地描述职责，分配完成任务所需要的资源等都在"何人"范围内，这些都需要明确界定。

3. 何时，即确定阶段性目标和完成目标的期限：认真对待时间管理，明确阶段性目标，设定完成任务的最后期限，标示评估执行效果的时间节点，约定更新的时期，这就是"何时"的内容。

4. 跟进阶段性目标。变革像接力赛跑，如果没有后续跟进，运动员将无法跑到终点线。不能接力到达终点，我们就会倒退回初始起点。

执行这四个部分，组织需要不断地沟通。组织不仅需要持续协调人力和物力的投入，还需要不断提醒各个环节动态对齐、自觉响应，强化协同效果。沟通可以帮助组织微调过程成本和内容成本，校对各个部门的次级目标，使其与公司总目标保持一致。

下面详细介绍这四个部分。

⚙ 何事：分解任务

在第二章到第十章中，你专注于诊断你的组织和它的错位。在第十一章中，我们概述了消除错位所需的设计活动，并讨论了开展这些活动的顺序的重要性。

在第十一章中，我们还研究了评估多权变模型不同的组成部分所依据的诊断性问题，例如，行政人员在授权偏好和不确定性规避方面的得分所依据的诊断性问题。到了实施阶段，我们把设计活动划分为项目和子项目。也就是说，如果你知道行政人员对授权的偏好需要改变，你可以把改变他们对授权的偏好看成一个变革过程。

例如，如果从领导风格着手解决错位问题就把它视为一个项目。此外，我们还可以在次第拆解过程中利用这些诊断性问题来确定相关的子项目，如图 11 - 1 所示。

正如我们在第十一章中所做的那样，假设我们已经诊断出将大师领导风格改变为监制人领导风格的变革需求。这就对应提高领导者对授权的偏好，降低其对不确定性的规避倾向。然而，"提高领导者对授权的偏好"或"使其更加关注大局"可能过于宽泛，难以转化为能采取的行动。如果是这样的话，你应该从一个宽泛的观点出发，找出详细并可行的具体行动。

回到提高领导者对授权的偏好的方法，如果领导者天生喜欢关注细节，而对关注大局感到力不从心，那么，主持变革的人就要考虑如何才能让领导者不抵触对大局的关注。如果下属受过高等教育，领导者是不是会更放心地把任务交给他们？如果是，那么选择可授权的下属也应该在变革设计的考虑中。如果对工作任务的描述更全面、更正式，是不是领导者就会更愿意下放权力？上述讨论的重点是，有许多方法可以让当事人更愿意改变、更愿意授权。其背后的逻辑是，我们要具体问题具体分析，设计可以落地执行的变革措施。

次第拆解是指具体说明哪些活动是可行的，这些活动是对应变革效果的行动，是能够可靠地完成的任务。这里还有几个层次。在第 1 级，变革者的出发点是确认需要改变的事态，然后，通过诊断性问题，深入到具体的组织设计活动中，根据可行性进行调整，直至能够具体描述和衡量变革任务。

首先，表 12 - 1 说明了第 1 级，即总体要改变的事态，也就是将领导风格从一种类型转变为另一种类型。其次，为了实现从大师领导风格到监制人领导风格的转变，我们需要深入到第 2 级，改变领导风格的两个基本维度（不确定性规避和授权偏好）的评分。再次，为了改变这两个维度的评分，我们要以这两个维度的诊断性问题为出发点，锁定具体的活动和行为。最后，就是得到能够具体描述和衡量的变革任务。

表 12 - 1　次第拆解第 1 级：领导风格

目标：从大师领导风格转变为监制人领导风格		
要改变的维度	不确定性规避（例如：评分从 1 增加到 5）	授权偏好（例如：评分从 1 增加到 5）
要改变的变量	减少对微观层面细节的关注，更多地关注大局	更多地授权给低级别的员工
	更加关注长期而非短期的观点	让直接下属做出更多重要决定
	对风险的接受程度更高	撰写关于决策授权的正式声明

在表 12 - 2 中，重点是对授权的偏好（也可以是对不确定性的规避）。因此，第 2 级的目标是提高对授权的偏好。表 12 - 2 列出了一些可能与实现这一目标有关的行动：针对让直接下属做出更多重要决定的目标，合理的做法可能是对员工进行更多培训。为了将决策授权制度化，我们要采取的行动之一是编写正式的工作说明。此外，为了实现向员工授权的目标，首席执行官可能会参加人事管理课程，重点是改变他们的行为，如委派工作的方法、时间管理等。

表 12 - 2　次第拆解第 2 级：授权偏好

目标：授权偏好——评分从 1 增加到 5
设计活动：
培训员工
正式的工作说明
管理类课程

现在，再往下深入一个层次。在表 12 - 3 中，目标是编写正式的工作说明（这是改变授权偏好所需的活动之一），通过为员工编写工作说明、在销售人员的雇佣合同中增加具体工作描述等方法来实现。

表 12 - 3　次第拆解第 3 级：工作说明

目标：编写正式的工作说明
设计活动：
为员工编写工作说明
在销售人员雇佣合同中增加具体工作描述
⋮

通过深入和具体化，到第 3 级，对应的变革行动就变得非常细化，能直接行动，同时又与总体目标保持一致。这里只是举例说明层层深入的逻辑和过程。围绕每个变革目标，我们可以深入到许多层次，直至任务能够被描述，可以采取行动，允许监测。

为了在整个实施阶段保持敏捷性，有必要对整体情况进行持续监测。监测反馈会提醒组织对子项目的实施计划做微调，与总目标和系统流程同频。例如，组织可能意识到，在编写工作说明之前，应该先对员工进行培训，或者可能意识到，工作说明并不那么重要，因为新的 SAP 系统将自动提供工作代码。因此，为了保持敏捷性，子项目应该受到定期监督并被重新评估。在大多数情况下，子项目的微调和对标不会动摇整体变革项目的优先排序。

通过对多权变框架的分析和对两个维度的诊断性问题的排查，我们不仅可以诊断出错位，还可以将所需开展的活动定义为项目和子项目。因此，第 1 级涉及要变革的任务，下一级是要实施的项目，再下一级，则是落实到执行活动的子项目。

表 12 - 1 至表 12 - 3 展示了领导风格方面的次第拆解过程。但是，同样的拆解过程和逻辑也适用于其他任何动态匹配活动，比如，修改结构或

战略。具体做法是：看一下你需要改变的部件的两个基本维度，是这两个维度都需要改变，还是只需要改变其中一个维度。接下来，看看哪些诊断性问题会影响到相关的维度，并关注这些诊断性问题指出的需要详细设计的活动。根据需要，多次深入，层层递进，以获得执行变革任务的对应的具体活动。

接下来，我们要讨论委派任务给具体的执行人，并为他们的工作活动划分职责范围，规定职责内容。

◎ 何人：委派任务

有了项目和子项目分类，现在就要把它们委派给专职人员，定岗、定责、定人。也就是说，每个项目（如改变领导风格）都应该有一个主要负责人，而每个子项目（例如，改变执行者对授权的偏好）应该有一个次要的责任人。依此类推，对于每一项任务，在每一个向下落实的过程中都要指定一个项目负责人。第3级向下落实的项目负责人向第2级的项目负责人汇报，第2级的项目负责人向第1级的项目负责人或总负责人汇报。为了敏捷执行变革计划和持续调整，项目负责人（第1级）有责任监督项目，并与子项目的负责人定期举行后续会议。在现实中，实施要依靠整个组织，实施小组事事落实，项目才能成功。项目负责人还负责招募和发展项目团队，团队本身必须承担项目实施的责任。项目负责人负责项目、团队，以及寻找实施项目所需的资源。（如前所述，负责人和团队除了实施变革外，通常还有其他正在进行的活动要完成。）

为了明确指定项目负责人以及他们汇报对象的责任，团队可以创建一个电子表格。表12-4举例说明了使用电子表格对上述第2级落实团队（见表12-2）进行项目责任分配的情况。

表 12 - 4 分配项目责任

目标：授权偏好——评分从 1 增加到 5（次第拆解第 2 级）			
	彼得	苏珊	罗宾
设计活动：			
培训员工	×		
正式的工作说明		×	
管理类课程			×

在表 12 - 4 中，作为示范，只有三个员工和三个设计活动。当然，现实中可能会有更多的活动，每位员工也将被委派多个任务活动。而且真实案例中也可能超过三个员工，一个员工可能承担整个项目（第 1 级）的责任，同时负责特定的子项目。换言之，整个项目的负责人（负责第 1 级活动的人）也可能被指派负责其他活动，例如位于第 2 级的任务活动。

项目负责人除了要保证在规定期限内完成任务外，还要帮助子项目负责人获得所需的支持。在这种情况下，项目负责人要和子项目负责人一起工作，并肩战斗，相互提醒任务进程和实施盲点。

除了明确项目所有权，项目资源分配也是成功实施变革的保障条件。如果项目负责人没有得到足够的资源，那么委派谁去主持项目都很难成功。项目资源包括资金、人员、信息、时间等。人员还包括专业技术人员和其他人员。

在资源分配时，应考虑项目完成的速度和时限。当丹麦金融银行丹斯克银行与瑞欧丹麦（RealDanmark）以及另一个更小的丹麦银行比酷本（Bikuben）合并时，丹斯克银行意识到，一个共享的信息技术平台可以降低成本，并使合并后的机构更加高效。于是它决定将各家银行现有的信息系统完全整合。考虑到转型的时间要求，它们雇用了 400 名程序员以确保尽快交付成果。丹斯克银行对组织变革有自己独特的理念：为求速度，平行变革。这样，组织可以迅速解决不同环节错位的问题。为此，它配备足够的资源以实现快速转型。

因此，如果要快速实施变革，时间和金钱方面的资源配置是必不可少的。

一般而言，投入更多的资源，可以帮助你更快地从图 11－2 中错位曲线的左侧移动到右侧。换句话说，你在变革项目中投入的资源越多，你就能越快地降低内容成本和过程成本。当你从图 11－2 的左侧向右侧移动时，内容成本就会减少，从而在移动过程中尽量减少错位的总数；而过程成本则会随着项目时间的减少而减少。必须指出，可能会有一些特定的错位无法很快消除，此时必须遵循内在的时间逻辑。比如，组织氛围的改变不可能在一夜之间实现。在这里，聘请专业人员和投入培训辅导资源会带来提速效果。

需要强调的是，仅靠增加人员数量不足以确保变革成功。许多问题不能靠资源量的增加而解决。人们的技能水平，也就是说，指派合适的人也是至关重要的。知识经济背景下，一位懂行的专家能抵得上几十位技术员。

以上，我们从关键事件的角度讨论了资源分配，以及降低内容成本和过程成本的目标。我们或多或少地假设资源是可获得的。当然，资源也可能是稀缺的，要么是因为没有足够的钱，要么是因为我们理想中的专业人员很少。尽管如此，无论资源是否稀缺，资源的分配仍应基于对关键事件的具体评估遵循变革总成本最低的原则。

丹斯克银行的变革与奥胡斯大学的变革之间的一个重要区别是，丹斯克银行有足够的资源投入到变革过程中，而奥胡斯大学作为一所公立大学，并没有这些资源。因此，两个组织看似遇到同样的信息系统转型的问题，实际上能选择的变革模式和顺序是不一样的。这就是资源约束的例子。

上述讨论的要点是，你可以很快做，也可以慢慢来。如果变革转型需要时间，顺序就变得更加重要。两种方式都可以选择，这取决于目标和可用的资源。无论如何，千万不要想做得非常快，然后又拖延不决。这是一个经常发生的、成本高昂的错误。

⚙ 何时：明确阶段性目标和截止日期

现在，变革的项目和子项目已经确定，任务职责已经划分，资源也分配完毕，接下来就要明确阶段性目标和截止日期了。要明确这些内容，必须考虑变革的整体紧迫性，有哪些资源、什么时候可以用以及能用到什么程度。设立阶段性目标和截止日期是为了能在需要的地点和时间（何地、何时）利用好资源，从而确定优先次序。

没有明确的阶段性目标和截止日期，许多关于变革的项目将无法实施。即使在这两个方面已经明确，变革出现延迟也是很常见的。没有解决延迟的方法，项目也会失败。简而言之，管理者要对项目时间线做细致监测，如果出现延误，应采取纠正措施。同样，如果在变革项目的过程中，子项目需要重新安排时间或做出调整，项目时间表也应进行调整并重新确定优先次序。

不现实的项目截止日期和阶段性目标会带来灾难。设立变革项目截止日期和阶段性目标时，要考虑组织正在进行的正常活动，要估算项目人员能够投入的时间和精力。也就是说，即使是关键事件，也不应该占用维持日常运作的组织资源，包括时间。不能随意指定阶段性目标和截止日期；要共同讨论、认真估算。每个项目（子项目）的负责人都应该参与规划和安排，并每月说明进展情况。

此外，截止日期应该是具体的和可衡量的。截止日期越具体、越可衡量，组织就越容易跟进实施情况。以表 12-2 中的次第拆解第 2 级为例。这里，"培训员工"或"正式的工作说明"作为阶段性目标并不十分有效，因为很难确定这些目标是否得到了充分的实现。换一个角度，使"培训员工"的目标可衡量的一个方法是，规定到 3 月 15 日，20% 的员工接受培训，到 4 月 20 日，50% 的员工接受培训等。这使得何事、何人、何时都很容易评估。

为了跟踪计划和时间表，每个项目组可以创建自己的电子表格。表 12-5 是依据表 12-2 的设计活动得到的一个电子表格。

表 12-5　追踪计划与实际进度电子表格

领导者	设计活动		1 月	2 月	3 月	4 月	5 月	6 月	7 月
彼得	培训员工	计划	10%	10%	20%	50%	70%	90%	100%
		实际	0%	10%	20%	40%	60%	80%	85%
苏珊	正式的工作说明	计划							
		实际							
罗宾	管理类课程	计划							
		实际							

所有的项目都有风险。在设立阶段性目标和截止日期时，组织应该使用一种更正式的方式来思考影响项目实施的潜在风险。表 12-6 提供了一个表格模板，领导者可以用来思考每个设计活动的风险，评估风险发生的概率、影响以及为阻止风险发生能采取的行动。很明显，风险可以是高概率和低影响的，也可以是低概率和高影响的。这两种类型的风险都值得关注，特别是在影响范围很大的情况下。

表 12-6　风险概览——次第拆解第 2 级的相关活动

风险	可能性	影响	应对办法
培训员工：员工不一定关注或接受新指令	中	延迟，特别是在 4 月	与培训机构讨论 5 月招聘新员工的可能性
正式的工作说明：来自工会的阻力	低	需要再次协商合同内容	目前没有
管理类课程：高层不愿意分散他们在其他管理任务上的精力	中/高	潜在的项目失败	探索雇用个人辅导员的可能性　讨论培训项目的灵活性

最后，如果项目实施落后于计划，或需要重新安排优先次序以保持敏

捷性，那么我们就要跟进阶段性目标并使时间线回到正轨。项目成功实施，上面的步骤缺一不可。

⚙ 跟进阶段性目标

如果没有后续跟进，设立阶段性目标也就是做做样子，效果有限，因此后续的跟进活动很重要。如果达标，那就庆祝；如果延期，那就要采取补救措施，设立新的进度表。

在表 12-5 中，我们在电子表格中增加了一行来说明计划实际完成情况。在这里可以看到，彼得在 1 月未完成计划。此时，领导者应该与项目负责人召开项目会议，讨论出了什么问题，但更重要的是立即采取补救措施。在表 12-5 中，这些补救措施使彼得在 2 月完成了计划。然而，在 4 月彼得又出现了新的延迟，而这个延迟一直延续到 7 月。负责整个项目的人（即在本案例中，负责改变领导风格这一主要项目的人）应该监督彼得的进展，并采取补救措施来处理延迟。这是一个简单的延迟问题。该案例中彼得可能在该项目之前，有另一个必须完成的项目。同样，负责项目的人需要保证规划的敏捷性。表格使这些权变关系变得清晰。导致彼得延迟的原因有很多，也许他没有足够的资源，也许是他手下的员工在培训日生病了。彼得的延迟将对改变领导风格这整个项目产生影响，因此应该及时处理。我们越早发现"偏离轨道"的活动越好。即使是小的延迟，也会对其他方面产生严重的影响。因此，它们不应该被忽视。一些组织有标准的模板，用于记录、跟进和评估延迟的最终后果。

在奥胡斯大学变革过程中，校方花了特别大的力气来寻找方案。在这一过程中，各部门开始各行其是，创建自己的解决方案，即使新的总体变革方案很快就会发布。总体变革方案延迟发布造成了严重的后果。校方反思后发现，如果校方及时沟通延误情况，许多问题就可以避免。

使用电子表格甚至常规模板，有助于参与变革的人了解项目进展情况，同时也帮助其他人了解变革进展。庆祝成功对组织中的每个人来说都非常重要。后续跟进活动不仅是一种控制机制，也是一种庆祝的方式。

⚙ 沟通工具

沟通对于变革成功至关重要。我们再次强调，多权变模型可以作为一种沟通工具来使用。步骤 1 到步骤 5 提供了具体的概述，说明了组织现在的处境和它应处的境地以及因此需要的变革。多权变模型提供了一个直观的解释工具，用于向员工以及外部利益相关者沟通组织设计的理由和路径。

在步骤 6 和步骤 7 中，我们介绍了一些电子表格，有的表格可以用来设计组织架构，有的表格可以用来敏捷地实施变革。后者反映了项目的资源分配、阶段性目标和截止日期。这些电子表格对项目负责人和员工来说是很有用的管理工具，同时也让人清楚地知道每个子项目是如何体现在整个组织变革目标中的。它们也是有用的沟通工具。

沟通不仅仅报告项目的状况，还是项目实施的整体思路的基础，是成功实施变革的根本。多权变模型及其附带的变革电子表格可以为战略沟通服务。

至此，本书提供了一个系统地处理变革的整体框架：从诊断变革的需要，到以敏捷的方式实际执行变革项目。我们诊断了组织的匹配和错位，探讨了如何解决错位问题。我们讨论了许多不同的组织部件之间的相互依赖性，以及在诊断、设计和实施时，我们需要如何全面地考虑这些组织部件之间的相互依赖性。最后，我们讨论了详细的计划、项目职责和明确的截止日期对于变革成功的重要性。

⚙ 总结

　　本章重点讨论变革的实施方法。我们把实施过程当作项目管理过程。利用第十一章的例子，我们用项目管理的设计明确成功变革的内容、对象和时间。对于"何事"，我们使用了向下拆解的方法，将变革行动具体化为项目和子项目。我们为每个项目和子项目安排了负责人，即"何人"；明确了阶段性目标和截止日期，即"何时"。也就是说，我们把重点放在实施变革所需的具体行动上，并讨论了能够使活动付诸实施的项目团队。我们强调了沟通的重要性，并讨论了如何把整本书的框架当作一个沟通工具来使用。到这里，你已经完成了从诊断、设计到实施的步骤。本书也完成了它的使命：提供了一个系统地处理变革的整体框架，包括从诊断变革的需要，到以敏捷的方式实际执行变革项目。

致　谢

我要感谢剑桥大学出版社中国总经理孙偲，没有她的耐心协调，本书不可能出版。中国人民大学出版社的丁一和杨扬老师是我希望的灯塔。每次遇到难以逾越的障碍时，两位老师都全力给予作者支持。

在本书校样、参考文献整理和案例原始材料收集过程中，复旦大学商业文明和共同体研究所的邓贻龙博士做出了很大贡献。

本书收录了多家中国企业的案例。许多企业主管在接受我们的访谈时对案例提出了修改意见。在此，特别感谢来伊份董事长郁瑞芬、来伊份人事总监高莉莉、锦江酒店总经理朱虔、安踏集团人力资源总监段璇琦、致远协同研究院院长刘古权博士。

复旦大学商业文明和共同体研究所的研究小组为本书的案例编写提供了毫无保留的支持。小组成员严珏、吴忱松、金溥谦、汪梦苇、于昕卉、李孝慧、张乐洋、陈乐都做出了有价值的贡献。

复旦大学管理学院院长陆雄文始终关心和支持本书的出版。他在中国管理学科研究和发展过程中的领导力有目共睹。

复旦大学商业文明和共同体研究所一向致力于中外学术交流。自2019年成立以来，研究所支持出版了多部管理学著作。本书的出版也得益于研究所各位同人的鼎力相助。

我在加拿大莱斯布里奇大学迪隆商学院的学生们对本书也提出了许多建设性的意见。他们对本书英文版的喜爱，激发了我与三位教授合作出版中文版的兴趣。

本书是我的第九本学术著作。如果你想知道什么是地球上小时工资最低的工作，什么是认知满意度最高的工作，那就是写作！

参考文献

1. 2020 年中核集团社会责任报告. https://www.cnnc.com.cn/cnnc/shzr11/zrbg/1024751/index.html.

2. 鲍勇剑，奥雷克谢·奥西耶夫斯基，邓贻龙. 数字化时代的商业模式转型. 杭州：浙江大学出版社，2021.

3. 鲍勇剑，涂威威，黄缨宁. 高维智慧企业的认知协同策略. 清华管理评论，2021（7）：112-113.

4. 标杆企业：中建五局的组织变革之路.（2022-02-11）. https://zhuanlan.zhihu.com/p/466318961.

5. 才秀敏，赵雪柱. 公牛集团：以品质为根本，拓展创新边界. 电器工业，2021（10）：77-78.

6. 蔡春华，刘林青. 赢得当下 探索未来：企业如何实现"双重转型". 清华管理评论，2022（3）：98-104.

7. 蔡恩泽. 揭开象牙塔内的腐败. 产权导刊，2015（6）：5-7.

8. 陈明，封智勇，余来文. 方正集团：组织变革者的赢家之道. 化工管理，2006（5）：19-21.

9. 电商行业专题报告：SHEIN，数字化供应链，多样化营销手段.（2021-07-07）. https://www.vzkoo.com/read/9bd02500d7bd52046e258d6993922e15.html.

10. 福耀玻璃工业集团股份有限公司 2021 年度报告. https://www.fuyaogroup.com/upfiles/investor/202203/1648111029191.pdf.

11. 福耀玻璃工业集团股份有限公司全球发售招股说明书. https://www1.hkexnews.hk/listedco/listconews/sehk/2015/0319/ltn20150319020_c.pdf.

12. 高洪浩. B 站最有权力的人：3 位核心高管和 23 位业务负责人.（2021-08-20）. https://mp.weixin.qq.com/s/NC0ixRBpe2ysNaevJjeLeg.

13. 高若瀛. 数字化转型亲历者讲述：鞋王百丽如何转身.（2020-12-31）. http://www.eeo.com.cn/2020/1231/452056.shtml.

14. 高洋洋，叶明. 大型建筑业企业组织结构变革应是系统性和全方位的. （2021–05–06）. https://www.thepaper.cn/newsDetail_forward_12540204.

15. 管泉森. 金融知识普及月丨家电是一个什么样的行业？. （2021–09–14）. https://investor.szse.cn/warning/t20210914_588364.html.

16. 海尔宣布进入第六个战略发展阶段 生态品牌战略三大看点. （2020–01–02）. http://business.china.com.cn/2020/01/02/content_41019872.html.

17. 何苗. 体育服装企业战略转型动因及经济后果研究：基于361度和安踏的对比分析. 郑州：郑州航空工业管理学院，2022.

18. 黄梦婷. 安踏2020年营收突破350亿，电商业务增长超50%. （2021–03–25）. https://www.jiemian.com/article/5862654.html.

19. 黄姗. 干掉Zara：中国百亿美元跨境电商SHEIN的供应链之谜. （2020–09–01）. https://www.jiemian.com/article/4912957.html.

20. 姜建. 娃哈哈"六制"打造扁平化组织. 企业管理，2021（12）：58–60.

21. 蒋颖. 哔哩哔哩深度报告：内容边界扩张，夯实泛娱乐社区价值. （2021–08–06）. https://www.bilibili.com/read/cv12516874/.

22. 金忠生. 组织变革下员工关系管理策略研究：以沃尔玛中国公司为例. 北京：对外经济贸易大学，2013.

23. 锦江酒店（600754）研究报告：改革激发经营活力，酒店龙头强者恒强. （2022–02–24）. https://www.vzkoo.com/document/20220224eb513c3d0efcadedccbafb40.html.

24. 黎诗韵. 揭秘SheIn：中国最神秘百亿美元公司的崛起. （2020–08–04）. https://www.huxiu.com/article/373212.html.

25. 李紫轩，王萌萌，王娟. 互联网经济下企业商业模式转型研究：以娃哈哈集团为例. 电子商务，2019（7）：31–33.

26. 林敏瑜. 百丽国际退市动机案例研究. 广州：华南理工大学，2019.

27. 刘工昌. 深度解析北大方正解体之谜. （2021–07–19）. https://finance.sina.com.cn/stock/s/2021-07-19-doc-ikqcfnca7704349.shtml.

28. 刘剑民，廖志超，余希晨. 多元化程度与内部资本市场配置效率关系研究：以方正集团为例. 会计之友，2019（4）：101–107.

29. 刘旌. 36氪专访丨"鞋王"百丽转型的600天. （2019–03–12）. https://www.36kr.com/p/1723344715777.

30. 刘颂辉. "插座一哥"公牛集团的"垄断生意"：借聊天群管控价格被罚近3亿. 中国经营报，2021.

31. 刘运国，李思琪，刘洋. 我国酒店业海外并购动因与效果研究：以锦江股份并购卢浮酒店为例. 财会通讯，2018（12）：3–9.

32. 卢道新. 百丽时尚：数字化转型持续释放品牌年轻化活力. 西部皮革，2022，44（7）：7–8.

33. 孟斯硕，王洁婷，韦香怡. 来伊份（603777）：多管齐下，静待突破.（2022–02–23）. http://stock.tianyancha.com/ResearchReport/eastmoney/1a7c3166608b14304e04ebaaa23040f8.pdf.

34. 钱潜. 来伊份品牌整合营销策略研究. 上海：华东理工大学，2013.

35. 邱伟年. 企业社会资本、组织学习与经营绩效：转型升级的机制和路径：对格力电器案例的研究. 学术研究，2012（6）：80–85+160.

36. 屈先进. 零售企业的内部组织探索. 集团经济研究，2007（20）：183–184.

37. 任腾飞. 中粮七十年 敢为天下先.（2020–03–08）. http://www.sasac.gov.cn/n2588025/n4423279/n4517386/n13941296/c13992650/content.html.

38. 任峥，王富，宋合义. 基于组织前因视角的双元性创新路径研究：以格力为例. 中国人力资源开发，2017（6）：116–122.

39. 盛安陵. 深改进行时 | 中核八所：破局，唯有改革.（2021–07–31）. https://mp.weixin.qq.com/s/AfwwUg28rP6GUPqMm9IeSA.

40. 石欣平. 电子商务环境下鞋业公司的营销策略探究：以百丽鞋业为例. 西部皮革，2021（11）：38–39.

41. 苏勇，王芬芬，陈万思. 宁高宁领导下的中粮集团战略变革实践. 管理学报，2021（2）：159–170.

42. 孙志东，刘佳，刘欣畅. 福耀玻璃（600660）公司深度报告：30年成长复盘 继往开来 再创辉煌.（2020–07–07）. https://stock.finance.sina.com.cn/stock/go.php/vReport_Show/kind/company/rptid/647406665228/index.phtml.

43. 田雪. 沃尔玛公司的内部控制审计. 现代经济信息，2015（1）：210–210.

44. 汪烨. 来伊份恶补线上业务. 农经，2020（6）：72–74.

45. 王婧. 锦江股份国有企业混合所有制改革的绩效分析：基于引入战略投资者的视角. 南昌：江西财经大学，2017.

46. 王品辉，龚里，张晓云，等. 菜鸟网络研究之一：数智化赋能快递行业.（2019–11–25）. https://finance.sina.com.cn/stock/stockzmt/2019-11-25/doc-iihnzhfz1570222.shtml.

47. 邹爱其. "效率王"娃哈哈的组织体制. 经理人，2020（1）：52–55.

48. 小文子. 估值3 000亿直逼亚马逊的SHEIN被曝侵权 品类单一或陷低端制造陷阱.（2021–06–23）. https://www.163.com/dy/article/GD765AMS05118D5B.html.

49. 肖蕴轩. 一文带你了解快时尚跨境电商企业新秀: SHEIN!. (2020–01–03). https://www. qianzhan.com/analyst/detail/220/200102-a0d33bfd.html.

50. 谢小丹. 被禁一年后, Shein 重返印度. (2021–07–22). https://www.thepaper.cn/newsDetail_ forward_13681626.

51. 信息化赋能 | 中建智慧安全平台试点上线!. (2020–12–30). https://www.thepaper.cn/ newsDetail_forward_10606461.

52. 徐晖. 公牛集团: 插座专家与领导者. 电器工业, 2018 (2): 54–55.

53. 闫国龙, 陈劲. 多元化战略企业的技术创新体系: 以方正为例. 创新与创业管理, 2014 (1): 21–39.

54. 严冬青. 娃哈哈营销渠道管理研究. 现代商贸工业, 2019 (33): 69–71.

55. 杨紫东. 组织学习视角下迭代创新模式对企业战略绩效的影响. 呼和浩特: 内蒙古大学, 2020.

56. 耀华. 28 年 200 倍涨幅里的 "福耀启示录". (2022–08–12). https://36kr.com/p/1867687843107328.

57. 俞瑶, 刘谧. 美的、海尔、格力, 谁是最后的白电老大?. (2021–11–13). https://www.sohu. com/a/500925065_116237.

58. 张申佳. 来伊份公司竞争战略研究. 北京: 对外经济贸易大学, 2019.

59. 赵焕焱. 忆上海锦江集团开拓者任百尊, 用一生诠释儒商典范. (2018–03–23).https:// mp.weixin.qq.com/s/2zu6p7Q4WYBFXxKlhz79zQ.

60. 赵毅, 朱晓雯. 组织文化构建过程中的女企业家领导力特征研究: 以董明珠的创新型组织文化 构建为例. 中国人力资源开发, 2016 (8): 80–87.

61. 中国建筑股份有限公司 2021 年年度报告. (2022–04–28). https://www.shclearing.com.cn/xxpl/ cwbg/nb/202204/t20220428_1045887.html.

62. 中粮集团. 历史与荣誉. http://www.cofco.com/cn/AboutCOFCO/HistoryandHonor/.

63. 中粮集团 2016 年社会责任报告. http://www.cofco.com/uploads/soft/170726/9-1FH6152914.pdf.

64. 组织发展 | 五大建筑央企国际业务集团化发展架构解析. (2022–02–15). https://www.sohu. com/a/522859725_100113069.

65. Adler, P. S. and Heckscher, C. C. (eds.) (2006). The Firm as a Collaborative Community: Reconstructing Trust in the Knowledge Economy, New York: Oxford University Press, pp. 11–106.

66. Adler, P. S., Kwon, S. W., and Heckscher, C. (2008). " Perspective-Professional Work: The Emergence of Collaborative Community," Organization Science, 19 (2), pp. 359–76.

67. Alonso, R., Dessein, W., and Matouschek, N. (2008). " When Does Coordination Require Centralization?" American Economic Review, 98 (1), pp. 145–79.

68. Amis, J., Slack, T., and Hinings, C. R. (2004). "The Pace, Sequence and Linearity of Radical Change," Academy of Management Journal, 47 (1), pp. 15–39.

69. Arrow, K. (1974). The Limits of Organization, New York: W. W. Norton.

70. Aschenbrücker, K. and Kretschmer, T. (2018). "Balanced Control as an Enabler of Organizational Ambidexterity," in J. Joseph, O. Baumann, R. Burton, and K. Srikanth (eds.), Organization Design, Vol. 40: Advances in Strategic Management, Bingley, UK: Emerald Publishing, pp. 115–44.

71. Ashby, W. R. (1952). Design for a Brain: The Origin of Adaptive Behavior, New York: John Wiley & Sons.

72. Ashby, W. R. (1956). Introduction to Cybernetics, London: Methuen.

73. Baldwin, C. Y. (2007). "Where Do Transactions Come from? Modularity, Transactions, and the Boundaries of Firms," Industrial and Corporate Change, 17 (1), pp. 155–95.

74. Baldwin, C. Y. (2012). "Organization Design for Business Ecosystems," Journal of Organization Design, 1 (1), pp. 20–3.

75. Bartlett, C. A. and Ghoshal, S. (1998). Managing across Borders: The Transnational Solution, 2nd edn., Cambridge, MA: Harvard Business School Press.

76. Basu, A. and Blanning, R. W. (2000). "A Formal Approach to Workflow Analysis," Information Systems Research, 11 (1), pp. 17–36.

77. Beer, M. and Nohria, N. (2000). "Cracking the Code of Change," Harvard Business Review, 78, pp. 133–41.

78. Benkler, Y. (2002). "Coase's Penguin, or, Linux and 'The Nature of the Firm '", Yale Law Journal, 112 (3), pp. 369–446.

79. Bercovitz, J. E. L. and Tyler, B. B. (2014). "Who I Am and How I Contract: The Effect of Contractors' Roles on the Evolution of Contract Structure in University-Industry Research Agreements," Organizational Science, 25 (6), pp. 1840–59.

80. Berman, S. and Marshall, A. (2014). "The Next Digital Transformation: From an Individual-Centered to an Everyone-to-Everyone Economy," Strategy & Leadership, 42 (5), pp. 9–17.

81. Bernstein, E., Bunch, J., Canner, N., and Lee, M. (2016). "Beyond the Holacracy Hype," Harvard Business Review, 94 (7–8), pp. 38–49.

82. Bharadwaj, A., El Sawy, O. A., Pavlou, P. A., and Venkatraman, N. (2013). "Digital Business Strategy: Toward a Next Generation of Insights," MIS Quarterly, 37 (2), pp. 471–82.

83. Bourgeois, L. J. (1980). " Strategy and Environment : A Conceptual Integration," Academy of Management Review, 5 (1), pp. 25–39.

84. Bourgeois, L. J. and Eisenhardt, K. (1988). " Strategic Decision Processes in High Velocity Environments : Four Cases in the Minicomputer Industry," Management Science, 34 (7), pp. 816–835.

85. Brown, S. L. and Eisenhardt, K. M. (1997). " The Art of Continuous Change : Linking Complexity Theory and Time-Paced Evolution in Relentlessly Shifting Organizations," Administrative Science Quarterly, 40 (1), pp. 1–34.

86. Brown, T. (2008). " Design Thinking," Harvard Business Review, 86 (6), pp. 84–92.

87. Brynjolfsson, E. and Hitt, L. M. (1998). " Information Technology and Organizational Design : Evidence from Micro Data," MIT working paper.

88. Brynjolfsson, E. and McAfee, A. (2014). The Second Machine Age : Work, Progress, and Prosperity in a Time of Brilliant Technologies, New York: W. W. Norton.

89. Burns, T. and Stalker, G. M. (1961). The Management of Innovation, London: Tavistock.

90. Burton, R. M. and Obel, B. (1980). " A Computer Simulation Test of the M-Form Hypothesis," Administrative Science Quarterly, 25 (3), pp. 457–466.

91. Burton, R. M. and Obel, B. (1984). Designing Efficient Organizations : Modelling and Experimentation, Amsterdam: North Holland.

92. Burton, R. M. and Obel, B. (1988). " Opportunism, Incentives and the M-Form Hypothesis : A Laboratory Study," Journal of Economic Behavior and Organization, 10 (1), pp. 99–119.

93. Burton, R. M. and Obel, B. (2004). Strategic Organizational Diagnosis and Design : The Dynamics of Fit, 3rd edn., Dordrecht: Kluwer Academic Publishers.

94. Burton, R. M. and Obel, B. (1995). Strategic Organizational Diagnosis and Design : Developing Theory for Application, Boston, MA and Dordrecht: Kluwer Academic Publishers.

95. Burton, R. M. and Obel, B. (2018). " The Science of Organizational Design : Fit between Structure and Coordination," Journal of Organization Design, 7 (5), https://doi.org/10 .1186/ s41469-018-0029-2.

96. Burton, R. M., Håkonsson, D. D., Nickerson, J., Puranam, P., Workiewicz, M., and Zenger, T. (2017). " GitHub : Exploring the Space between Boss-Less and Hierarchical Forms of Organizing," Journal of Organization Design, 6(1), pp. 1–19.

97. Burton, R. M., Lauridsen, J., and Obel, B. (2004). " The Impact of Organizational Climate

and Strategic Fit on Firm Performance," Human Resource Management, 43 (1), pp. 67–82.

98. Burton, R. M., Lauridsen, J., and Obel, B. (2002). "Return on Assets Loss from Situational and Contingency Misfits," Management Science, 48 (11), pp. 1461–85.

99. Burton, R. M., Minton, J. W., and Obel, B. (1991). "Organizational Size and Efficiency: An Information Processing View," Scandinavian Journal of Management, 7 (2), pp. 79–93.

100. Burton, R. M., Obel, B., and Håkonsson, D. D. (2015). "How to Get the Matrix Organization to Work," Journal of Organization Design, 4 (3), pp. 37–45.

101. Burton, R. M., Obel, B., and Håkonsson, D. D. (2017). "Contingency Theory, Dynamic Fit, and Contracts," in J. Qiu, B. N. Luo, C. Jackson, and K. Sanders, Advancing Organizational Theory in a Complex World, New York: Routledge, pp. 1–15.

102. Cameron, K. S. and Quinn, R. E. (2011). Diagnosing and Changing Organizational Culture: Based on the Competing Values Framework, San Francisco, CA: John Wiley & Sons.

103. Carroll, T. N., Burton, R. M., Levitt, R. E., and Kiviniemi, A. (2005). "Fallacies of Fast Track Heuristics: Implications for Organization Theory and Project Management," Duke University Fuqua School of Business working paper.

104. Casey, D. (2011). X Matrix: Strategy Deployment and Execution Process for Breakthrough Business Performance, Raleigh, NC: Lulu Press, p. 141.

105. Cennamo, C. (2019). "Competing in Digital Markets: A Platform-Based Perspective," Academy of Management Perspectives, in press.

106. Chandler, A. D. (1962). Strategy and Structure: Chapters in the History of the Industrial Enterprises, Cambridge, MA: MIT Press.

107. Chen, J. (2016). "Haier Is the Sea: CEO Zhang Ruimin's Innovative Management," Management and Organization Review, 12 (4), pp. 799–802.

108. Choo, C. (1998). The Knowing Organization, New York: Oxford University Press.

109. Collins, A. L., Lawrence, S. A., Troth, A. C., and Jordan, P. J. (2013). "Group Affective Tone: A Review and Future Research Directions," Journal of Organizational Behavior, 34 (S1), pp. S43–S62.

110. Collins, E. C. (2019). "Drawing Parallels in Human-Other Interactions: A Trans-Disciplinary Approach to Developing Human-Robot Interaction Methodologies," Philosophical Transactions of the Royal Society B, 374 (1771), https://doi.org/10.1098/rstb.2018.0433.

111. Corkindale, G. (2011). "The Importance of Organizational Design and Structure," Harvard

Business Review.

112. Cross, E. S., Hortensius, R., and Wykowska, A. (2019). "From Social Brains to Social Robots : Applying Neurocognitive Insights to Human-Robot Interaction," Philosophical Transactions of the Royal Society B, 374 (1771), https://doi.org/10.1098/rstb.2018.0024.

113. Csaszar, F. A. (2018). "A Note on How NK Landscapes Work," Journal of Organization Design, 7 (1), p. 15.

114. Cullen, J. B. (2002). Multinational Management : A Strategic Approach, New York : Southwestern Thompson Learning.

115. Cyert, R. M. and March, J. G. (1963). A Behavioral Theory of the Firm, Englewood Cliffs, NJ: Prentice Hall.

116. Denison, D. R. (1996). "What Is the Difference between Organizational Culture and Organizational Climate? A Native's Point of View on a Decade of Paradigm Wars," Academy of Management Review, 21 (3), pp. 619–654.

117. Dobrajska, M., Billinger, S., and Karim, S. (2015). "Delegation within Hierarchies : How Information Processing and Knowledge Characteristics Influence the Allocation of Formal and Real Decision Authority," Organization Science, 26 (3), pp. 687–704.

118. Donaldson, L. (2001). The Contingency Theory of Organizations, Thousand Oaks, CA: Sage.

119. Doty, D., Glick, H. W. H., and Huber, G. P. (1993). "Fit, Equifinality and Organizational Effectiveness : A Test of Two Configurational Theories," Academy of Management Journal, 38 (6), pp. 1196–1250.

120. Duncan, R. B. (1972). "Characteristics of Organizational Environments and Perceived Environmental Uncertainty," Administrative Science Quarterly, 17 (3), pp. 313–327.

121. Duvald, I. (2019). "Exploring Reasons for the Weekend Effect in a Hospital Emergency Department : An Information Processing Perspective," Journal of Organization Design, 8 (1), https://doi.org/10.1186/s41469-019-0042-0.

122. Dyllick, T. and Hockerts, K. (2002). "Beyond the Business Case for Corporate Sustainability," Business Strategy and the Environment, 11 (2), pp. 130–141.

123. Eisenhardt, K. M. and Brown, S. L. (1998). "Time Pacing : Competing in Markets that Won't Stand Still," Harvard Business Review, 76 (2), pp. 59–69.

124. Elfenbein, H. A. (2007). "Emotion in Organizations : A Review and Theoretical Integration," Academy of Management Annals, 1 (1), pp. 315–386.

125. Fang, C., Lee, J., and Schilling, M. A. (2010). "Balancing Exploration and Exploitation through Structural Design : The Isolation of Subgroups and Organizational Learning," Organization Science, 21 (3), pp. 625-642.

126. Fenton, E. M. and Pettigrew, A. M. (2000). "Theoretical Perspectives on New Forms of Organizing," in A. M. Pettigrew and E. M. Fenton(eds.), The Innovating Organization, London : Sage.

127. Fernandez, D. J. and Fernandez, J. D. (2008). "Agile Project Management-Agilism versus Traditional Approaches," Journal of Computer Information Systems, 49 (2), pp. 10-17.

128. Fjeldstad, Ø. D., Snow, C. C., Miles, R. E., and Lettl, C. (2012). "The Architecture of Collaboration," Strategic Management Journal, 33 (6), pp. 734-750.

129. Ford, J. D. and Ford, L. W. (2009). " Decoding Resistance to Change," Harvard Business Review, 87 (4), pp. 99-102.

130. Forgas, J. P. and George, J. M. (2001). "Affective Influences on Judgment and Behavior in Organizations : An Information Processing Perspective," Organizational Behavior and Human Decision Processes, 86 (1), pp. 2-34.

131. Foss, N. J. (2003). "Selective Intervention and Internal Hybrids : Interpreting and Learning from the Rise and Decline of the Oticon Spaghetti Organization," Organization Science, 14 (3), pp. 331-349.

132. Gabel, T. J. and Tokarski, C. (2014). "Big Data and Organizational Design : Key Challenges Await the Survey Research Firm," Journal of Organization Design, 3 (1), pp. 37-45.

133. Galbraith, J. R. (1973). Designing Complex Organizations, MA: Addison-Wesley.

134. Galbraith, J. R. (1974). "Organization Design : An Information Processing View," Interfaces, 4 (3), pp. 28-36.

135. Galbraith, J. R. (2010). "The Multi-Dimensional and Reconfigurable Organization," Organizational Dynamics, 39 (2), pp. 115-125.

136. Galbraith, J. R. (2014). "Organization Design Challenges Resulting from Big Data," Journal of Organization Design, 3 (1), pp. 2-13.

137. Galbraith, J. R. (1995). Designing Organizations : An Executive Briefing on Strategy, Structure, and Process, San Francisco, CA: Jossey-Bass.

138. Gallo, P. and Burton, R. (2012). "Sequencing Organizational Change for Post-Shock Adaptation: A Simulation Model," Journal of Organization Design, 1 (3), pp. 37-50.

139. Garicano, L. (2000) . " Hierarchies and the Organization of Knowledge in Production, " Journal of Political Economy, 108 (5), pp. 874–904.

140. Gawer, A. and Cusumano, M. A. (2014) . " Industry Platforms and Ecosystem Innovation, " Journal of Product Innovation Management, 31 (3), pp. 417–433.

141. George, G. R. and Zhou, J. (2002) . " Understanding When Bad Moods Foster Creativity and Good Ones Don't : The Role of Context and Clarity of Feelings, " Journal of Applied Psychology, 87 (4), pp. 687–697.

142. Gibbons, R. (2005) . " Four Formal (izable) Theories of the Firm? " Journal of Economic Behavior & Organization, 58 (2), pp. 200–245.

143. Gibbons, R. and Henderson, R. (2012) . " Relational Contracts and Organizational Capabilities, " Organization Science, 23 (5), pp. 1350–1364.

144. Gibson, C. B. and Birkinshaw, J. (2004) . " The Antecedents, Consequences and Mediating Role of Organizational Ambidexterity, Academy of Management Journal, 47 (2), pp. 209–226.

145. Gittell, J. H. (2003) . The Southwest Airlines Way, New York : McGraw-Hill.

146. Goold, M. and Campbell, A. (2002a) . Designing Effective Organizations : How to Create Structured Networks, San Francisco, CA : Jossey-Bass.

147. Goold, M. and Campbell, A. (2002b) . " Do You Have a Well-Designed Organization? " IEEE Engineering Management Review, 30 (3), pp. 38–45.

148. Gresov, C. (1989) . " Exploring Fit and Misfit with Multiple Contingencies, " Administrative Science Quarterly, 34 (3), pp. 431–454.

149. Grossman, S. J. and Hart, O. D. (1986) . " The Costs and Benefits of Ownership : A Theory of Vertical and Lateral Integration, " Journal of Political Economy, 94 (4), pp. 691–719.

150. Guadalupe, M., Li, H., and Wulf, J. (2013) . " Who Lives in the C-Suite? Organizational Structure and the Division of Labor in Top Management, " Management Science, 60 (4), pp. 824–844.

151. Gulati, R. and Puranam, P. (2009) . " Renewal through Reorganization : The Value of Inconsistencies between Formal and Informal Organization, " Organization Science, 20 (2), pp. 422–440.

152. Hahn, G. J. (1999) . " The Impact of Six Sigma Improvement - a Glimpse into the Future of Statistics, " The American Statistician, 53 (3), pp. 208–216.

153. Hambrick, D. C. (2003) . " On the Staying Power of Defenders, Analyzers, and Prospectors, "

Academy of Management Perspectives, 17 (4), pp. 115–118.

154. Hammer, M. and Stanton, S. (1999). "How Process Enterprises Really Work," Harvard Business Review, 77, pp. 108–120.

155. Hannan, M. T. and Freeman, J. (1984). "Structural Inertia and Organizational Change," American Sociological Review, 49 (2), pp. 149–164.

156. Hansen, M. T. and Nohria, N. (2004). "How to Build Collaborative Advantage," MIT Sloan Management Review, 46 (1), pp. 22–30.

157. Hennart, J. F. (1993). "Explaining the Swollen Middle : Why Most Transactions Are a Mix of Market and Hierarchy," Organization Science, 4 (4), pp. 529–547.

158. Hinings, C. R. and Greenwood, R. (1988). The Dynamics of Strategic Change, Oxford : Blackwell.

159. Holmström, B. and Roberts, J. (1998). "The Boundaries of the Firm Revisited," Journal of Economic Perspectives, 12 (4), pp. 73–94. References253.

160. Håkonsson, D. D. (2006). "How Misfits between Managerial Cognitive Orientations and Situational Uncertainty Affect Organizational Performance," Simulation Modelling Practice and Theory, 14 (4), pp. 385–406.

161. Håkonsson, D. D., Burton, R. M., Obel, B., and Lauridsen, J. T. (2012a). "Strategy Implementation Requires the Right Executive Style : Evidence from Danish SMEs," Long Range Planning, 45 (2), pp. 182–208.

162. Håkonsson, D. D., Eskildsen, J. K., Argote, L., Mønster, D., Burton, R. M., and Obel, B. (2016). "Exploration versus Exploitation : Emotions and Performance as Antecedents and Consequences of Team Decisions," Strategic Management Journal, 37 (6), pp. 985–1001.

163. Håkonsson, D. D., Klaas, P., and Carroll, T. N. (2012b). "The Structural Properties of Sustainable, Continuous Change : Achieving Reliability through Flexibility," Journal of Applied Behavioral Science, 49 (2), pp. 179–205.

164. Håkonsson, D. D., Obel, B., and Burton, R. (2008a). "Can Organizational Climate Be Managed? Making Emotions Rational," Journal of Leadership Studies, 1 (4), pp. 62–73.

165. Håkonsson, D. D., Obel, B., Burton, R., and Lauridsen, J. (2008b). "How Failure to Align Climate and Leadership Style Affects Performance," Management Decision, 46 (3), pp. 406–432.

166. INSEAD. (1994). "The 3M Company : Integrating Europe (A) and (B)," ECCH case collection 494-023-1 and 494-023-2.

167. Jensen, K. W., Håkonsson, D. D., Burton, R. B., and Obel, B. (2010). "The Effect of Virtuality on the Functioning of Centralized versus Decentralized Structures: An Information Processing Perspective," Computational Mathematical Organizational Theory, 16 (2), pp. 144–170.

168. Jensen, P. D. Ø., Larsen, M. M., and Pedersen, T. (2013). "The Organizational Design of Off-Shoring: Taking Stock and Moving Forward," Journal of International Management, 19 (4), pp. 315–323.

169. Jung, D., Wu, A., and Chow, C. W. (2008). "Towards Understanding the Direct and Indirect Effects of CEOs' Transformational Leadership on Firm Innovation," Leadership Quarterly, 19 (5), pp. 582–594.

170. Jung, M. and Hinds, P. (2018). "Robots in the Wild: A Time for More Robust Theories of Human-Robot Interaction," ACM Transactions on Human-Robot Interaction (THRI), 7 (1), art. 2, DOI: 10.1145/3208975.

171. Kahneman, D. (2011). Thinking, Fast and Slow, New York and London: Macmillan.

172. Keen, P. G. W. and McDonald, M. (2000). The E-Process Edge: Creating Customer Value and Business Wealth In the Internet Era, Berkeley, CA: McGraw-Hill.

173. Kerr, S. (1975). "On the Folly of Rewarding A While Hoping B," Academy of Management Journal, 18 (4), pp. 769–783.

174. Klaas, P., Lauridsen, J., and Håkonsson, D. D. (2006). "New Developments in Contingency Fit Theory," in R. M. Burton, B. Eriksen, D. D. Håkonsson, and C. C. Snow (eds.), Organizational Design: The Evolving State-of-the-Art, New York: Springer, pp. 143–164.

175. Klahr, D. and Kotovsky, K. (eds.)(2013). Complex Information Processing: The Impact of Herbert A. Simon, Psychology Press.

176. Knott, A. M. and Turner, S. F. (2019). "An Innovation Theory of Headquarters Value in Multibusiness Firms," Organization Science, 30 (1), pp. 19–39, https://doi.org/10.1287/orsc.2018.1231.

177. Kolbjørnsrud, V. (2017). "Agency Problems and Governance Mechanisms in Collaborative Communities," Strategic Organization, 15 (2), pp. 141–173.

178. Kolbjørnsrud, V., Amico, R., and Thomas, R. J. (2016). "How Artificial Intelligence Will Redefine Management," Harvard Business Review, 2, pp. 2–6.

179. Kotler, P. (2000). Marketing Management: The Millennium Edition, Upper Saddle River, NJ: Prentice Hall.

180. Kotter, J. P. (1988) . The Leadership Factor, New York: Free Press.

181. Kretschmer, T. and Puranam, P. (2008) . " Integration through Incentives within Differentiated Organizations," Organization Science, 19 (6), pp. 860–875.

182. Larsen, M. M., Manning, S., and Pedersen, T. (2013) . " Uncovering the Hidden Costs of Offshoring : The Interplay of Complexity, Organizational Design and Experience," Strategic Management Journal, 34 (5), pp. 533–552.

183. Lawrence, P. R. and Lorsch, J. W. (1967) . Organization and Environment, Boston, MA : Harvard Business Press.

184. Leavitt, H. J. (1964) . " Applied Organization Change in Industry : Structural, Technical and Human Approaches," in W. W. Cooper, H. J. Leavitt, and M. W. Shelly, Ⅱ (eds.), New Perspectives in Organization Research, New York: John Wiley &Sons, pp. 55–70.

185. Leavitt, R. E., Thomsen, J., Christiansen, R. R., Kunz, J. C., Jin, Y., and Nass, C. (1999) . " Simulating Project Work Processes and Organizations : Toward a Micro-Contingency Theory of Organizational Design," Management Science, 45 (11), pp. 1479–1495.

186. Lewin, A. Y., Välikangas, L., and Chen, J. (2017) . " Enabling Open Innovation : Lessons from Haier," International Journal of Innovation Studies, 1 (1), pp. 5–19.

187. Liedtka, J., King, A., and Bennett, K. (2013) . Solving Problems with Design Thinking. 10 Stories of What Works, New York: Columbia Business School Publishing.

188. Likert, R. (1967) . The Human Organizations, New York: McGraw-Hill.

189. Macneil, I. R. (1980) . " Power, Contract, and the Economic Model," Journal of Economic Issues, 14 (4), pp. 909–923.

190. Makadok, R. (2001) . " Toward a Synthesis of the Resource-Based and Dynamic-Capability View of Rent Creation," Strategic Management Journal, 22 (5), pp. 387–401.

191. March, J. G. (1991) . " Exploration and Exploitation in Organizational Learning," Organization Science, 2 (1), pp. 71–87.

192. March, J. G. and Simon, H. A. (1958) . Organizations, New York: John Wiley & Sons.

193. Marschak, J. and Radner, R. (1972) . Economic Theory of Teams, New Haven, CT : Yale University Press.

194. McGregor, D. (1969) . The Human Side of Enterprise, New York: McGraw-Hill.

195. Milakovich, M. E. and Gordon, G. J. (2001) . Public Administration in America, Thorofare, NJ: Thompson Learning Inc.

196. Miles, R. E. and Snow, C. C. (1978) . Organizational Strategy, Structure and Process, New York: McGraw-Hill.

197. Miller, D. (1992) . "Environmental Fit versus Internal Fit," Organizational Science, 3 (2), pp. 159–178.

198. Mintzberg, H. (1983) . Structures in Fives, Englewood Cliffs, NJ: Prentice Hall.

199. Mohrman, S. A. and Lawler, E. E., Ⅲ (2014) . " Designing Organizations for Sustainable Effectiveness : A New Paradigm for Organizations and Academic Researchers," Journal of Organizational Effectiveness: People and Performance, 1 (1), pp. 14–34.

200. Moore, J. F. (1993) . " Predators and Prey : A New Ecology of Competition," Harvard Business Review, 71 (3), pp. 75–86.

201. Naman, J. L. and Slevin, D. P. (1993) . " Entrepreneurship and the Concept of Fit : A Model and Empirical Tests," Strategic Management Journal, 14 (2), pp. 137–153.

202. Nissen, M. and Burton, R. M. (2011) . " Designing Organizations for Dynamic Fit : System Stability, Maneuverability and Opportunity Loss," IEEE Transactions on Systems, Man and Cybernetics-Part A: Systems and Humans, 41 (3), pp. 418–433.

203. Nonaka, I. and Takeuchi, H. (1995) . The Knowledge Creating Company : How Japanese Companies Create the Dynamics of Innovation, New York: Oxford University Press.

204. Obel, B. (1993) . " Strategi og ledelse-Er der en sammenhæng?" in S. Hildebrandt (ed.), Strategi og ledelse, veje og visioner mod år 2000, Herning: Systime, pp. 396–408 (in Danish) .

205. Ocasio, W. (1997) . " Towards an Attention-Based View of the Firm," Strategic Management Journal, 18 (S1), pp. 187–206.

206. Ouchi, W. G. (1980) . " Markets, Bureaucracies and Clans," Administrative Science Quarterly, 25 (1), pp. 129–141.

207. O'Reilly, C. A. and Tushman, M. L. (2013) . " Organizational Ambidexterity : Past, Present, and Future," References 255Academy of Management Perspectives, 27 (4), pp. 324–338.

208. Parrish, B. D. (2007) . "Designing the Sustainable Enterprise," Futures, 39 (7), pp. 846–860.

209. PHP Institute (1994) . Matsushita Konosuke: His Life and His Legacy, Tokyo: PHP Institute.

210. Polanyi, M. (1966) . The Tacit Dimension, London: Routledge and Kegan Paul.

211. Porter, M. E. (1985) . Competitive Advantage : Creating and Sustaining Superior Performance, NewYork: Free Press.

212. Powley, E. H., Fry, R. E., Barrett, F. J., and Bright, D. S. (2004) . " Dialogic Democracy

Meets Command and Control : Transformation through the Appreciative Inquiry Summit," Academy of Management Executive, 18 (3), pp. 67–81.

213. Pugh, D. S., Hickson, D. J., Hinings, C. R., and Turner, C. (1969). " The Context of Organization Structures," Administrative Science Quarterly, 14 (1), pp. 91–114.

214. Puranam, P. (2018). The Microstructure of Organizations, New York: Oxford University Press.

215. Puranam, P. and Maciejovsky, B. (2017). " Organizational Structure and Organizational Learning," in L. Argote and J. M. Levine (eds.), The Oxford Handbook of Group and Organizational Learning, New York: Oxford University Press.

216. Puranam, P., Alexy, O., and Reitzig, M. (2014). " What's ' New ' about New Forms of Organizing?" Academy of Management Review, 39 (2), pp. 162–180.

217. Puranam, P., Raveendran, M., and Knudsen, T. (2012). "Organization Design: The Epistemic Interdependence Perspective," Academy of Management Review, 37 (3), pp. 419–440.

218. Quinn, R. E. and Kimberly, J. R. (1984). " Paradox, Planning and Perseverance : Guidelines for Managerial Practice," in J. R. Kimberly and R. E. Quinn (eds.), Managing Organizational Transitions, New York: Dow-Jones-Irwin, pp. 295–314.

219. Raisch, S. and Birkinshaw, J. (2008). "Organizational Ambidexterity : Antecedents, Outcomes and Moderators," Journal of Management, 34 (3), pp. 375–409.

220. Raymond, L. and Bergeron, F. (2008). " Enabling the Business Strategy of SMEs through E-Business Capabilities : A Strategic Alignment Perspective," Industrial Management & Data Systems, 108 (5), pp. 577–595.

221. Reve, T. (2000). " The Firm as a Nexus of Internal and External Contracts," in N. J. Foss (ed.), The Theory of the Firm : Critical Perspectives on Business and Management, Abingdon : Taylor&Francis, Vol.4, pp. 310–334.

222. Roberts, J. (2004). The Modern Firm : Organizational Design for Performance and Growth, New York: Oxford University Press.

223. Robinson, C. V. and Simmons, J. E. (2018). " Organising Environmental Scanning : Exploring Information Source, Mode and the Impact of Firm Size," Long Range Planning, 51 (4), pp. 526–539.

224. Robinson, D. T. (2008). " Strategic Alliances and the Boundaries of the Firm," Review of Financial Studies, 21 (2), pp. 649–681.

225. Romme, A. G. L. (2003). " Making a Difference : Organization as Design," Organization Science, 14 (5), pp. 558–573.

226. Rosenblat, A. (2018). Uberland: How Algorithms Are Rewriting the Rules of Work, Oakland, CA: University of California Press.

227. Sastry, M. A. (1997). "Problems and Paradoxes in a Model of Punctuated Organizational Change," Administrative Science Quarterly, 42 (2), pp. 237–275.

228. Schepker, D. J., Oh, W. Y., Martynov, A., and Poppo, L. (2014). "The Many Futures of Contracts Moving beyond Structure and Safeguarding to Coordination and Adaptation," Journal of Management, 40 (1), pp. 193–225.

229. Schmitt, J., Decreton, B., and Nell, P. C. (2019). "How Corporate Headquarters Add Value in the Digital Age," Journal of Organization Design, 8 (1).

230. Schoemaker, P. J. (1995). "Scenario Planning: A Tool for Strategic Thinking," MIT Sloan Management Review, 23 (2), pp. 25–34.

231. Scott, W. R. and Davis, G. (2006). Organizations, Rational, Natural and Open Systems, Englewood Cliffs, NJ: Prentice Hall.

232. Siggelkow, N. and Rivkin, J. (2005). "Speed and Search: Designing Organizations for Turbulence and Complexity," Organization Science, 16 (2), pp. 101–122.

233. Simon, H. A. (1955). "A Behavioral Model of Rational Choice," Quarterly Journal of Economics, 69 (1), pp. 99–118.

234. Simon, H. A. (1996). The Architecture of Complexity, Cambridge, MA: MIT Press.

235. Sinha, K. K. and Van de Ven, A. (2005). "Design of Work within and between Organizations," Organization Science, 16 (4), pp. 389–408.

236. Sisney, L. (2013). Organizational Physics: the Science of Growing a Business, Raleigh, NC: Lulu Press, p. 228.

237. Smith, A. (1776). The Wealth of Nations, New York: The Modern Library.

238. Snow, C. C., Fjeldstad, Ø. D., and Langer, A. M. (2017). "Designing the Digital Organization," Journal of Organization Design, 6 (1).

239. Sorenson, O., Rivkin, J., and Fleming, L. (2004). "Complexity, Networks and Knowledge Flow," Research Policy, 33 (10), pp. 1615–1634.

240. Sy, T. and Côté, S. (2004). "Emotional Intelligence: A Key Ability to Succeed in the Matrix Organization," Journal of Management Development, 23 (5), pp. 437–455.

241. Tagiuri, R. and Litwin, G. H. (1968). Organizational Climate, Cambridge, MA: Harvard University Press.

242. Taylor, F. W. (1911). The Principles of Scientific Management, New York: Harper & Brothers.

243. Thompson, J. D. (1967). Organizations in Action, New York: Oxford University Press.

244. Tushman, M. L. and Nadler, D. A. (1978). "Information Processing as an Integrating Concept in Organizational Design," Academy of Management Review, 3 (3), pp. 613–624.

245. Tushman, M. L. and Romanelli, E. (1985). "Organizational Evolution: A Metamorphosis Model of Convergence and Reorientation," in L. L. Cunnings and B. M. Stacer (eds.), Research in Organizational Behavior, San Francisco, CA: SAI Press, pp. 171–222.

246. Tushman, M., Lakhani, K. R., and Lifshitz-Assaf, H. (2012). "Open Innovation and Organization Design," Journal of Organization Design, 1 (1), pp. 24–27.

247. Ulhøi, J. and Nørskov, S. (2019). "The Emergence of Social Robots: Adding Physicality and Agency to Technology," submitted to Journal of Engineering Technology.

248. Van Zandt, T. (1999). "Real-Time Decentralized Information Processing as a Model of Organizations with Boundedly Rational Agents," Review of Economic Studies, 66 (3), pp. 633–658.

249. Velstring, T., Rouse, T., and Rovit, S. (2004). "Integrate Where It Matters," MIT Sloan Management Review, 46 (1), pp. 15–18.

250. Venkatraman, N. (1989). "The Concept of Fit in Strategy Research: Towards a Verbal and Statistical Correspondence," Academy of Management Review, 14 (3), pp. 423–444.

251. Volberda, H. W., van der Weerdt, N., Verwaal, E., Stienstra, M., and Verdu, A. J. (2012). "Contingency Fit, Institutional Fit and Firm Performance: A Metafit Approach to Organization Environment Relationships," Organization Science, 23 (4), pp. 1040–1054.

252. Walker, K., Ni, N., and Dyck, B. (2013). "Recipes for Successful Sustainability: Empirical Organizational Configurations for Strong Corporate Environmental Performance," Business Strategy and the Environment (wileyonlinelibrary. com), DOI: 10.1002/bse.1805.

253. Weber, M. (1948). "Bureaucracy," in H. H. Gerth and C. W. Mills (eds.), From Max Weber: Essays in Sociology, New York: Oxford University Press, pp. 196–262.

254. Westerman, G., Bonnet, D., and McAfee, A. (2014). Leading Digital: Turning Technology into Business Transformation, Boston, MA: Harvard Business Press.

255. Westerman, G., Tannou, M., Bonnet, D., Ferraris, P., and McAfee, A. (2012). "The Digital Advantage: How Digital Leaders Outperform Their Peers in Every Industry," MIT Sloan Management and Capgemini Consulting, MA, 2, pp. 2–23.

256. Williamson, O. E. (1975). Markets and Hierarchies: Analysis and Antitrust Implications, New York: Free Press.

257. Woodward, J. (1965). Industrial Organization, Theory and Practice, New York: Oxford University Press.

258. Worren, N., Christiansen, T., and Soldal, K. (2019). "Using an Algorithmic Approach for Grouping Roles and Sub-Units," paper submitted to Journal of Organizational Design, under review.

259. Yoo, Y., Henfridsson, O., and Lyytinen, K. (2010). "Research Commentary-the New Organizing Logic of Digital Innovation: An Agenda for Information Systems Research," Information Systems Research, 21 (4), pp. 724–735.

260. Yuan, Y., Lu, L. Y., Tian, G., and Yu, Y. (2018). "Business Strategy and Corporate Social Responsibility," Journal of Business Ethics, 1-19, https://doi.org/10.1007/s10551-018-3952-9.

261. Zammuto, R. F. and Krakower, J. Y. (1991). "Quantitative and Qualitative Studies in Organizational Culture," in W. A. Pasmore and R. W. Woodman (eds.), Research in Organizational Change and Development, Greenwich, CT: JAI Press, pp. 83–114.

262. Zuboff, S. (1988). In the Age of the Smart Machine: The Future of Work and Power, New York: Oxford University Press.

263. Zysman, J. and Kenney, M. (2018). "The Next Phase in the Digital Revolution: Abundant Computing, Platforms, Growth, and Employment," Communications of the Association of Computing Machinery, 61 (2), 54–63.

词汇表

affective event　情感事件

agile organization　敏捷型组织

agility　敏捷性

agreements for external activities　外部活动协议

ambidexterity　双灵活性

ambidextrous organization　双灵活组织

analyzer strategy　分析者战略

analyzer with innovation strategy　有创新的分析者战略

analyzer without innovation strategy　没有创新的分析者战略

architecture design　架构设计

balancing competing design dimensions　相互冲突的设计维度之间的平衡

behavioral incentive　行为激励

boss-less organization　无老板组织

bottom-up approach　自下而上的设计

bounded rationality　有限理性

buffer inventory　缓冲库存

cellular configuration　蜂窝式结构

change path　变革路径

change project　变革项目

circular economy　循环经济

clan model 部落模式

collaborative community 协作社区

content cost assessment 内容成本评估

content cost 内容成本

contingency theory 权变理论

control perspective 控制的角度

control system 控制系统

coordination and control space 协调和控制空间

coordination system 协调系统

coordination, control, and incentive 协调、控制和激励

creative task 创造性任务

critical event 关键事件

CRM（customer relationship management） 客户关系管理

CSR（corporate social responsibility） 企业社会责任

data-driven organization 数据驱动的组织

defender strategy 防御者战略

diagnostic question 诊断性问题

digital business strategy 数字化商业战略

digital corporation 数字公司

digital ecosystem 数字生态系统

digital organization 数字化组织

divisibility 可分性

divisional configuration 部门型结构

dynamic fit 动态匹配

effectiveness goal 效用目标

efficiency goal 效率目标

event-driven communication 事件驱动的沟通

event-driven 事件驱动

explicit knowledge 显性知识

agreements for external people 外部人员协议

external shock 外部冲击

organizational performance　组织绩效

organizational redesign　组织再设计

tension　紧张感

performance stock award　绩效股票奖励

preference for delegation　授权偏好

process costs　过程成本

process innovation　流程创新

producer（leadership style）　监制人（领导风格）

product/service/customer orientation　产品／服务／客户导向

prospector strategy　勘探者战略

reactor strategy　反应者战略

readiness to change　变革准备度

relationship-driven organization　关系驱动型组织

results-based incentive　基于结果的激励

rule of two　"两人规则"

SBU（strategic business unit）　战略业务单元

scenario analysis　情境分析

self-organizing organization　自组织

sequence of change　变革的顺序

simple configuration　简单型结构

Six Sigma programs　六西格玛

size of organization　组织规模

skill-based incentive　技能薪酬

Smart Home Solution　智能家居解决方案

social robot　社交机器人

social task　社交任务

span of control　控制跨度

step-by-step approach　分步式方法

strategic alliances　战略联盟

goals fit　目标匹配

structured network　结构化网络

图书在版编目（CIP）数据

组织设计：七步构建高效协同的组织：第四版 /
（美）理查德·伯顿等著. -- 北京：中国人民大学出版
社，2024.3
　　ISBN 978-7-300-32352-7

　　Ⅰ. ①组… Ⅱ. ①理… Ⅲ. ①组织管理学 Ⅳ.
① C936

中国国家版本馆 CIP 数据核字（2023）第 242217 号

组织设计

——七步构建高效协同的组织（第四版）

［美］ 理查德·伯顿
［丹］ 伯格·奥伯尔
［丹］ 多尔特·多伊巴克·霍孔森　　著
［加］ 鲍勇剑

Zuzhi Sheji —— Qi Bu Goujian Gaoxiao Xietong de Zuzhi

出版发行	中国人民大学出版社			
社　　址	北京中关村大街 31 号		**邮政编码**　100080	
电　　话	010－62511242（总编室）		010－62511770（质管部）	
	010－82501766（邮购部）		010－62514148（门市部）	
	010－62515195（发行公司）		010－62515275（盗版举报）	
网　　址	http://www.crup.com.cn			
经　　销	新华书店			
印　　刷	北京联兴盛业印刷股份有限公司			
开　　本	720 mm × 1000 mm　1/16		**版　　次**	2024 年 3 月第 1 版
印　　张	24 插页 2		**印　　次**	2024 年 3 月第 1 次印刷
字　　数	319 000		**定　　价**	98.00 元